INGVAR RÖNDE

Schottlands beste
WHISKYS

Geschichte, Brennereien, Marken

Copyright der schwedischen Originalausgabe:
Skotlands bästa whisky
© Tukan förlag 2018
Örlogsvägen 15
426 71 Västra Frölunda
www.tukanforlag.se

Umschlaggestaltung: Kristin Lidström
Layout: Gyllene Snittet bokformgivning AB
Redaktion: KAP Pernilla Karlsson AB

Copyright der deutschsprachigen Ausgabe 2019
© Delphin Verlag GmbH
Emil-Hoffmann-Straße 1
D-50996 Köln
Gesamtherstellung: Delphin Verlag GmbH
www.delphinverlag.de

Deutsche Übersetzung: Anne Wulff

Inhalt

N. Highlands
ORKNEYS
MAINLAND
Kirkwall
HOY
Pentland Firth
W. Highlands
ÄUSSERE HEBRIDEN
LEWIS
Stornoway
The Minch
NORTH UIST
SOUTH UIST
Wick
Loch Shin
Loch Fannich
Speyside
Moray Firth
E. Highlands
Elgin
Inverness
SKYE
INNERE HEBRIDEN
Beauly
Loch Ness
Spey
SKOTLAND
Dee
Aberdeen
Fort William
Loch Ericht
S. Highlands
Loch Rannoch
Fay
MULL
Oban
Loch Tay
Lowlands
Firth of Lorn
Islay / Jura
Loch Awe
Perth
Dundee
NORDSEE
JURA
NORD-ATLANTIK
Loch Lomond
Stirling
Kirkcaldy
Falkirk
Fifth of Forth
Sound of Jura
ISLAY
Greenock
Dumbarton
Dunfermline
Glasgow
Edinburgh
Rinns Point
Paisley
Motherwell
Hamilton
ARRAN
Kilmarnock
Tweed
Campbeltown
Ayr
Firth of Clyde
Londonderry
Hawick
NORD-IRLAND
ENGLAND
Dumfries
Larne
Newtownards
Lough Neagh
Bangor
Belfast
Solway Firth
Carlisle
Tyne
Newcastle upon Tyne

Vorwort

Vor vielen Jahren wurde ich von CBS in New York kontaktiert. Sie planten einen Beitrag über schottischen Whisky und wollten ein Interview führen. Sie fragten unter anderem, warum schottischer Whisky so beliebt sei. Ich erzählte von traditionellen Produktionsmethoden und der Vielfalt an Aromen und Stilen. Dabei wurde mir klar, dass dies nur ein kleiner Teil der Erklärung ist. Und so sprach ich in den nächsten fünf Minuten über die Römer und Wikinger und ihren ständigen Kampf um Unabhängigkeit gegen die Engländer. Über Dudelsäcke, Kilts und Haggis. Über trostlose Heiden, verzauberte Seen und windgepeitschte Inseln. Und nicht zuletzt über die Schotten selbst – ein stolzes Volk mit einer einzigartigen Sprache. Der Produzent hörte meiner leidenschaftlichen Predigt geduldig zu, aber in der späteren Sendung fanden leider nicht viele meiner Gedanken Platz.

Einige Jahre später meldete sich die BBC bei mir. Sie wollten eine Fernsehserie über Whisky machen, und dieses Mal sollte ich Teil des Programms sein. Zugegeben, es ging nicht nur um schottischen Whisky, aber darauf lag der Schwerpunkt. Diesmal hatte ich das Gefühl, dass ein vollständiges Bild gezeichnet werden würde. Die Serie wurde ein Erfolg. Zu diesem Zeitpunkt entstand auch die Idee, ein Buch über schottischen Whisky zu schreiben, in dem das Land, die Menschen und die Geschichte des Getränks beschrieben werden, das ich so sehr liebe. Dank zahlreicher Treffen mit Whiskyenthusiasten habe ich festgestellt, dass ich mit dieser Liebe zu Schottland und zum Whisky nicht allein bin. Nach 16 Büchern, in denen es ausschließlich um Whisky geht, habe ich „Schottlands beste Whiskys“ geschrieben – ein Buch über die vielen Aspekte, die Scotch zu etwas Einzigartigem machen. Für mich war es eine Reise in die Vergangenheit und in die Gegenwart, mit vielen unerwarteten und aufregenden Umwegen. Dieses Buch ist eine Liebeserklärung an schottischen Whisky und an Schottland.

Ich habe mich entschieden, die Brennereien geografisch vorzustellen – nicht, weil nahe beieinander liegende Brennereien ähnliche Whiskys produzieren, sondern weil ich einen Überblick über das Angebot eines bestimmten Gebiets geben möchte. Die Brennereien werden entweder mit einem ausführlichen Porträt auf vier Seiten oder in der Liste weiter hinten im Buch vorgestellt. Zusammen ergeben sie ein Bild von dem faszinierendsten Getränk der Welt.

Das mythenumwobene Steinzeitdorf Skara Brae auf Orkney.

Der Hadrianswall war zwischen drei und sechs Meter hoch.

Schottlands Geschichte

Wie die meisten anderen Länder entstand Schottland durch eine Kombination aus Kriegen und gewaltsamen Zusammenstößen und friedlichen Treffen, bei denen das Gemeinwohl im Mittelpunkt stand. Das Land war sowohl ein mächtiges Königreich als auch eine arme, abgelegene Gegend in Europa. Viele Jahrhunderte lang wurde Schottland von ausländischen Königen und großen Herrschern regiert. Der Kampf um die Unabhängigkeit zieht sich wie ein roter Faden durch die Geschichte. Das Land war aber auch die Wiege des modernen Bankwesens, und erfahrene schottische Unternehmer und Ingenieure haben die industrielle Revolution ab dem 18. Jahrhundert mitgeprägt. Um Schottland heute zu verstehen, muss man seine Geschichte verstehen.

Einfach ausgedrückt war Schottlands frühe Geschichte die Geschichte von vier Völkern: Pikten, Skoten, Briten und Angeln. Aber bevor wir uns mit ihnen befassen, drehen wir die Zeit ein paar tausend Jahre zurück.

Im Winter 1850 legte ein Sturm eine Reihe von Steingebäuden in der Bucht von Skaill auf Orkney frei. William Watt, ein neugieriger Grundbesitzer, begann daraufhin damit, vier Gebäude auszugraben. Nach ein paar Jahren gab er das Projekt auf. Erst 1924 wurde die Arbeit von professionellen Archäologen wieder aufgenommen, die bald auf eine Weltsensation stießen. Der Fundort Skara Brae erwies sich als die am besten erhaltene steinzeitliche Siedlung Europas. Die acht Häuser waren zwischen 3.200 und 2.500 v. Chr. bewohnt gewesen. Dies waren jedoch nicht die ersten Spuren von Menschen in Schottland: Auf den Hebriden wurden 12.000 Jahre alte Gegenstände gefunden. Aber Skara Brae war einzigartig, weil die gesamte Dorfstruktur erhalten geblieben war. Wir wissen heute nicht, woher die Leute von Skara Brae kamen. Vielleicht über den Seeweg aus Frankreich oder Spanien oder aus Skandinavien, ähnlich wie die Wikinger der späteren Zeit. Es ist auch nicht bekannt, warum sie vor 4.500 Jahren ihre Heimat verlassen haben.

Während der Eisenzeit besiedelten verschiedene keltische Stämme Schottland. Kurz nach Beginn unserer Zeitrechnung begannen die Römer, ihr ohnehin schon riesiges Reich auf die britischen Inseln auszudehnen. Die südlichen Teile wurden schnell erobert, aber als die römischen Legionen sich im Jahr 71 *Caledonia* – wie sie Schottland nannten – näherten, war es vorbei. Die Kelten im Norden leisteten viel stärkeren Widerstand, so dass die Römer schließlich aufgaben. Um die Grenze nach Norden zu sichern, ließ Kaiser Hadrian im Jahr 122 von Küste zu Küste eine 120 Kilometer lange Mauer errichten. Der Hadrianswall ist heute noch hervorragend erhalten und ein beliebtes Touristenziel. Es ist ein weit verbreitetes Missverständnis, dass die Mauer immer noch die Grenze zwischen England und Schottland bildet. Sie befindet sich komplett auf englischem Boden. Hadrians Nachfolger Antoninus Pius forderte die Kelten im Norden erneut heraus, scheiterte aber ebenfalls. Auch er baute eine Mauer, 160 Kilometer nördlich des Hadrianswalls, von der Mündung des Flusses Clyde im Westen bis zum Firth of Forth im Osten (also vom heutigen Glasgow bis nach Edinburgh).

Es zeigte sich bald, dass beide Mauern nötig waren, um sich vor Angriffen der Kelten zu schützen. Der Stamm, der den Römern die größten Probleme bereitete, waren die Pikten. Sie wurden erstmalig im Jahr 297 erwähnt und haben ihren Namen wahrscheinlich von den Römern erhalten, weil sie sich ihre Gesichter und Körper bemalten. Am Ende wurde „Pikten" zum Sammelbegriff für alle keltischen Stämme, die in Schottland lebten. Noch heute sind sie uns rätselhaft, was auch daran liegt, dass sie sehr wenig geschriebene Geschichte hinterlassen haben.

Bis 843 regierten die Pikten den größten Teil Schottlands, waren jedoch mindestens vierhundert Jahre lang ständigen Angriffen von drei anderen Völkern ausgesetzt. Beginnen wir mit den Skoten – auch ein keltisches Volk. Sie waren in Irland zu Hause, kamen aber immer wieder zum Plündern nach Schottland. Dort trafen sie auf die Pikten. Den Namen Skoten erhielten sie von den Römern, die sie *Scotti* nannten, was der Ursprung der Begriffe „Schottland" und „Schotten" war. Nach einigen Jahrhunderten gelegentlicher Plünderungszüge gelang es den Skoten im 6. Jahrhundert, sich in Argyll in Westschottland dauerhaft niederzulassen. Aber die Skoten waren nicht das einzige Problem der Pikten. Die Briten, die auch Kelten waren, lebten in England und im Süden Schottlands jahrhundertelang unter dem Einfluss der Römer. Aber die Briten trafen bald auf ein weiteres Volk: die Angeln. Während Pikten, Skoten und Briten alle keltischen Ursprungs waren, kamen die Angeln aus Norddeutschland. Sie hatten in Yorkshire, im Norden Englands und an der Grenze zu Schottland, ein Königreich namens Deira gegründet und rückten stetig nach Norden vor.

Die Wikinger – Plünderer und Händler

Im Jahr 843 vereinigte Kenneth MacAlpin, der Herrscher von Dalriada, die vier Völker. Sein Hintergrund ist unter Historikern umstritten, aber er wird oft als der erste schottische König bezeichnet. Fast 200 Jahre lang wurde Schottland von seinen Nachkommen regiert, zuerst als „König der Pikten", dann als „König der Schotten". Wie gelang es MacAlpin, die jahrhundertelangen Konflikte zu überwinden? Die Lösung war, wie so oft, ein gemeinsamer äußerer Feind: die Wikinger.

Die Wikinger pflegten seit dem 6. Jahrhundert Handelsbeziehungen mit vielen Ländern. Manchmal friedlich, manchmal aber auch durch Plünderungen. Letztere trafen hauptsächlich den Teil der Nordseeküste, der heute zu Deutschland, Holland und Frankreich gehört. Es gibt viele Theorien, warum die Wikinger aus Dänemark und Norwegen ihr Jagdrevier auf England und Schottland ausdehnten. Die ersten, die um 780 in Shetland und Orkney ankamen, waren wahrscheinlich arme Bauern und Siedler, die keine

Möglichkeit mehr sahen, im kargen und übervölkerten Norwegen zu überleben. Ihnen folgten aber bald Männer, die Reichtum suchten. Im Januar 793 griffen sie das Kloster Lindisfarne in Northumberland an der englischen Ostküste an. Es wurde geplündert, in Trümmer gelegt und die Mönche wurden getötet. Dies war der Ausgangspunkt für die mehr als 250 Jahre andauernde Wikingerära auf den britischen Inseln.

Während das schottische Festland von 843 an von einheimischen Königen regiert wurde, hielten die Nordmänner die Inseln im Norden, Shetland und Orkney bis 1469, als Jakob III. von Schottland die dänische Prinzessin Margareta heiratete. Ihr Vater Kristian I., König von Dänemark und Norwegen, wollte ein Bündnis mit Schottland schließen, um seinen Krieg gegen Schweden uneingeschränkt fortsetzen zu können. Er wollte es um jeden Preis vermeiden, an zwei Fronten zu kämpfen. Um seinen guten Willen gegenüber den Schotten zu zeigen, verpfändete er Orkney und Shetland als Hochzeitsgeschenk für das junge Paar. Kristian rechnete damit, sie wieder auslösen zu können, sobald der Krieg gegen die Schweden gewonnen und die Wirtschaftslage verbessert war. Aber die Schotten hatten andere Pläne. Sie setzten den norwegischen Jarl ab, und obwohl bis zum Beginn des 17. Jahrhunderts auf den Inseln das norwegische Recht galt, zählten beide Inselgruppen zu Schottland. Da das Pfandabkommen nie förmlich beendet wurde, behaupten manche noch heute, dass Norwegen für 58.000 Gulden (oder den entsprechenden Betrag) Shetland und Orkney zurückbekommen könnte.

Die Engländer expandieren nach Norden

Die vier Jahrhunderte, nachdem Kenneth MacAlpin die schottischen Stämme vereinigt hatte, waren von Kämpfen zwischen den Clans geprägt. Das Haus Alpin bestand aus zwei Familienzweigen, die abwechselnd den Regenten stellten. Oft wechselten die Herrscher, weil der Rivale den regierenden König töten ließ. Diese Tradition setzte sich auch fort, als das Haus Dunkeld übernahm. Die Engländer lauerten schon die ganze Zeit und waren gelegentlich in die südlichen Teile Schottlands eingefallen. Als Alexander III., der Letzte der Dunkelds, 1286 starb, wurde die Situation hoffnungslos.

Alle seine drei Kinder waren tot, und die einzige lebende Verwandte war Alexanders dreijährige Enkelin Margaret, die mit ihrem Vater in Norwegen lebte. Zu dieser Zeit war Schottland zerrissen, weil zwei neue Geschlechter – Balliol und Bruce – Anspruch auf den Thron erhoben. Eine Gruppe von Bischofen und Adligen, die sich die *Guardians of Scotland* nannte, erkannte, dass die Spaltung für das Land verheerend sein könnte und traf eine Vereinbarung mit dem englischen König Eduard I. Der Vertrag von Salisbury besagte, dass Margaret unter Edu-

Auf der Spitze von Abbey Craig in der Nähe von Stirling steht ein monumentales Denkmal zur Erinnerung an den Nationalhelden William Wallace.

ards Patronat von Norwegen nach Schottland gebracht werden und Schottlands neue Regentin werden sollte. Gleichzeitig wurde beschlossen, dass sie später Eduards Sohn heiraten würde. Eduard seinerseits garantierte die Unabhängigkeit Schottlands.

Im Herbst 1290 bestieg die kleine Prinzessin mit ihrem Gefolge ein Schiff. Während der Überfahrt wurde sie krank und starb. Nun wurde die Situation gefährlich. Mindestens vierzehn verschiedene Personen behaupteten, rechtmäßiger Thronfolger zu sein. Um die Angelegenheit zu klären, wandten sich die *Guardians of Scotland* an Eduard I., der nun die Möglichkeit sah, Schottland endgültig England einzuverleiben. Er ordnete an, dass John Balliol König und sein eigener Sohn Eduard dessen Nachfolger werden sollte. Balliol erwies sich als schwacher Regent. Nach vier Jahren beschloss Eduard, in Schottland einzudringen und John Balliol zu vertreiben. Dies war die Gelegenheit, die Schotten ein für alle Mal zu schlagen. Eduards Armee besiegte sie in Berwick und Dunbar, und er wurde zum König von Schottland ernannt. Aber Eduard hatte nicht mit William Wallace gerechnet. Der junge Adlige sammelte eine Armee, die 1296 die Engländer in Stirling besiegte, und setzte seinen Siegeszug nach Nordengland fort. Eduard musste Verstärkung schicken und besiegte schließlich die Schotten in Falkirk. 1305 wurde Wallace von den Engländern gefangengenommen, wegen Hochverrats verurteilt und auf bestialische Weise hingerichtet: gehängt, enthauptet und erstochen. Heute steht nördlich von Stirling das mächtige Wallace-Monument. Noch immer gilt er als Schottlands größter Held. Und wohl jeder kennt den großartigen (wenn auch historisch nicht korrekten) Film *Braveheart*.

Ein neuer Held

Aber der schottische Unabhängigkeitskrieg war mit William Wallaces Tod noch nicht vorbei. In seine Fußstapfen trat Robert the Bruce, der sich schon lange als legitimen Erben des schottischen Thrones sah. Gemeinsam mit John Comyn,

Als Robert the Bruce 1329 starb, wurde sein Körper in der Dunfermline Abbey beigesetzt, während sein Herz in der Melrose Abbey ruht.

Lord of Badenoch, schmiedete er Pläne, um dem Einfluss der Engländer in Schottland ein Ende zu setzen. Aber diese Zusammenarbeit war nicht von Dauer. Im Februar 1306 ermordete Robert the Bruce John Comyn in einer Kirche in Dumfries und ließ sich, als der Rivale aus dem Weg geräumt war, im März desselben Jahres zum König von Schottland krönen. Eduard I. fühlte sich daraufhin erneut gezwungen, in Schottland einzumarschieren, um seine Interessen zu verteidigen. Es folgten acht Jahre des Kampfes, in denen die Schotten meist siegreich waren. Der Konflikt endete 1314 in Bannockburn, nur wenige Kilometer von Stirling entfernt. Eduard I. war tot, und sein Sohn mit seinen 14.000 Männern forderte Robert the Bruce heraus, dessen Armee nur halb so groß war. Dennoch siegten die Schotten klar. Sowohl Robert the Bruce als auch die Schlacht von Bannockburn sind auch heute noch ein wichtiger Bestandteil des nationalen Selbstwertgefühls der Schotten.

Wie sich herausstellte, war es eine Herausforderung, das Land zu regieren. Im Laufe der Jahrhunderte hatten sich die verschiedenen Clans an ihren Einfluss gewöhnt und sahen nicht ein, dass alle Macht beim König liegen sollte. Das Geschlecht, das Schottland nach Robert the Bruce und seinem Sohn David fast dreihundert Jahre lang regierte, war das Haus Stuart. Zu dieser Zeit wurden Shetland und Orkney offiziell Teile von Schottland, was das Ende der Herrschaft des *Lord of the Isles* auf den Hebriden bedeutete. Zudem wurden Bündnisse mit anderen Ländern, insbesondere mit Frankreich, angestrebt, um sich gegen die Engländer zu schützen. Bereits Ende des 13. Jahrhunderts wurde die sogenannte *Auld Alliance* zwischen Schottland und Frankreich geschlossen, die den Einfluss Englands auf Europa begrenzen sollte. In St. Andrews (1413), Glasgow (1450) und Aberdeen (1495) wurden die ersten Universitäten gegründet, und die Kultur blühte besonders während der Regentschaft von Jakob IV. im frühen 16. Jahrhundert auf.

Zu dieser Zeit näherten sich Schottland und England einander wieder an. Jakob IV. heiratete 1503 Margaret Tudor, die Tochter von Heinrich VII. von England. Dieser Eheschließung folgte der erste echte Friedensvertrag zwischen den beiden Ländern seit 1328. Aber der Frieden erwies sich als fragil. Nachdem Heinrich VIII. König von England geworden war, führte sein Krieg gegen Frankreich, Schottlands Alliiertem, zu neuen Auseinandersetzungen. Auf Jakob IV. von Schottland folgte sein Sohn Jakob V., auf den dessen Tochter Maria Stuart (*Mary, Queen of Scots*) folgte. Im Alter von 25 Jahren zwang der schottische Adel sie zum Abdanken, auch weil sie sich weigerte, vom Katholizismus zum Protestantismus zu konvertieren. Sie floh nach England, wo sie die letzten 18 Jahre ihres Lebens unter Hausarrest verbrachte, bevor Elisabeth I. sie 1587 wegen Hochverrats hinrichten ließ.

Der Weg zur verlorenen Unabhängigkeit

Die folgenden Jahre gaben bereits eine Vorahnung des späteren Zusammenschlusses von Schottland und England. Elisabeths Nachfolger auf dem englischen Thron wurde Jakob VI. von Schottland, der in England als Jakob I. regierte. Er nannte sich selbst „König von Großbritannien" – das erste Mal, dass der Titel verwendet wurde. Doch beide Länder verfügten weiterhin über unabhängige Parlamente.

Einige Jahre lang waren die schottisch-englischen Beziehungen friedlich, aber neue Konflikte standen bevor. Als Karl I. das Parlament auflöste, um im Alleingang zu regieren, betrat Oliver Cromwell die Bühne. Er war Mitglied des Parlaments und führte einen Aufstand gegen den König an, der bald zu einem Bürgerkrieg heranwuchs. Cromwell ging als Sieger hervor, ließ Karl I. hinrichten und übernahm die Macht mit dem Titel „Lordprotektor von England, Schottland und Irland". Seine Macht war von kurzer Dauer. Er starb 1658, und zwei Jahre später übernahm Karl II. die Macht, der während Cromwells Diktatur im Exil gelebt hatte. Karl II. erhielt den Beinamen *der fröhliche Monarch* (*The Merry Monarch*) und wurde einer der beliebtesten Regenten in der Geschichte Großbritanniens. Nach Cromwells brutaler, puritanischer Herrschaft war diese Regierungszeit eine Befreiung für die meisten Untertanen. Während seiner Regentschaft betrat Karl II. nie schottischen Boden. Beide Länder hatten eigene Parlamente, und die königliche Macht wurde in Schottland von einem *Commissioner* ausgeübt.

Karl II. wurde ein beliebter Regent.

Die ganze Zeit schwelten Konflikte zwischen Katholiken und Protestanten in England und Schottland. Nachfolger Karls II. wurde 1685 sein Bruder Jakob VII. (Jakob II. von England), ein Katholik mit engen Beziehungen zu Frankreich. Ein Großteil des Adels befürchtete, dass die britischen Inseln nun erneut von den Fran-

Der Strand von Loch Shiel, an dem Bonnie Prince Charlie nach der Versammlung der Clans seine Standarte erhob.

zosen bedroht würden, und bat den niederländischen Adligen und Gouverneur Wilhelm von Oranien um Hilfe. Dies war quasi eine Einladung an Wilhelm, der mit dem englischen Königshaus verwandt war, in England einzufallen. Er mobilisierte eine Armee, die Jakob VII. in der so genannten *Glorious Revolution* stürzte. Wilhelm und seine Frau Mary (die protestantische Tochter von König Jakob) wurden zu Herrschern von England und Schottland ernannt. Beide unterzeichneten die *Bill of Rights*, die die absolute Monarchie abschaffte und den Grundstein für den britischen Parlamentarismus legte.

Die 1603 geschlossene Union zwischen Schottland und England mit einem gemeinsamen Monarchen beruhte auf zwei unabhängigen Parlamenten und einem Regenten mit absoluter Macht. Durch die *Bill of Rights* fehlte eine übergeordnete Kraft, und es drohten neue Spaltungen. Von englischer Seite wurde vorgeschlagen, beide Parlamente aufzulösen und gemeinsam ein neues zu bilden. Der Vorschlag stieß zunächst auf heftige Proteste in Schottland, doch nach Verhandlungen wurde er angenommen. Aus der Vereinigung beider Parlamente ging das britische Parlament hervor. Dies markierte im Jahr 1707 das Ende Schottlands als unabhängiges Land. Gleichzeitig sollte Schottland seine eigenen Gesetze und seinen Einfluss auf die Kirche behalten. Für England bedeutete der Frieden im Norden, dass man sich nun auf die Bedrohung durch Frankreich konzentrieren konnte. Und für beide Länder bot der Zusammenschluss eine gute Grundlage für den Handel – nicht nur miteinander, sondern auch mit dem Rest der Welt.

Bonnie Prince Charlie und die Jakobiter

Die Union zwischen Schottland und England erwies sich bald als schwer umsetzbar. Das Stärkeverhältnis zwischen den beiden Ländern war unausgeglichen, und viele Schotten warfen England vor, sie als Kolonie zu behandeln. Die lautesten Proteste kamen von den Jakobitern. Ihr Ziel war es, einen Nachkommen des gestürzten Jakob VII. nicht nur auf dem schottischen Thron, sondern auch als Herrscher von England, Irland und Frankreich wiedereinzusetzen. Ihre erste Wahl war James Edward Stuart, bekannt als *The Old Pretender* und Sohn von König Jakob, der in Frankreich im Exil lebte. Die Verbindungen der Jakobiter zum französischen Königshaus waren stark, und mit ihrer Hilfe wurden in der ersten Hälfte des 18. Jahrhunderts mehrere (missglückte) Versuche unternommen, in Schottland Fuß zu fassen. Als James Edward Stuart schließlich aufgab, war es an seinem Sohn, es weiter zu versuchen. Charles Edward Stuart (*The Young Pretender*) wurde bekannt als Bonnie Prince Charlie. Nachdem er sein ganzes Leben in Italien verbracht hatte, landete er als 25-Jähriger mit zwei Schiffen und einigen Männern auf der Insel Eriskay der Äußeren Hebriden. Sie machten sich auf den Weg zum Festland und trafen in Glenfinnan, am Strand von Loch Shield, auf Vertreter des MacDonald-Clans, die treue Jakobiter waren. Weitere Clans (Cameron, Macfie und MacDonnell) schlossen sich ihnen an, und als der Prinz genug Männer um sich versammelt hatte, erhob er seine Standarte und marschierte los.

Die Engländer wiederum wurden von Clans in den Lowlands unterstützt. Prince Charlie war in den ersten Wochen erfolgreich und stieß mit seinen Truppen bis nach Manchester vor. Dort wendete sich das Blatt, und mit englischen Truppen auf den Fersen floh er wieder nach Norden. Im April 1745 trafen die beiden Armeen schließlich in Culloden Moor bei Inverness aufeinander. Es dauerte keine Stunde, bis die Regierungstruppen die Armee des Prinzen niedergeschlagen hatten. Bonnie Prince Charlie selbst gelang die Flucht, und trotz einer Belohnung von 30.000 Pfund für seine Festnahme wurde er nie verraten. Die Schlacht bei Culloden war der letzte schottische Versuch, die Engländer herauszufordern – zumindest auf dem Schlachtfeld. Vor allem in den Highlands weckt der Name Culloden auch heute noch starke Emotionen.

Die Folgen für die Jakobiter waren brutal. Ihre Führer galten als Verräter und wurden – wie auch viele Offiziere – hingerichtet. Viele Soldaten wurden in die Kolonien geschickt, und es wurden Gesetze eingeführt, die unter anderem die gälische Sprache und das Tragen von Schwertern oder Tartans (Kleidung mit Clan-Mustern) untersagten.

Noch härtere Zeiten erwarteten die Menschen in den Highlands Ende des 18. Jahrhunderts. Die Großgrundbesitzer wollten sich durch Schafzucht im großen Stil weiter bereichern. Um Zugang zu Weideland zu erhalten, wurden Tausende von Bauern von ihren gepachteten Feldern vertrieben. Sie zogen an die Küste, um sich als Fischer zu verdingen, oder arbeiteten in Kohlengruben. Viele wanderten aus, um sich in den USA oder in Australien ein neues Leben aufzubauen. Diese brutalen Vertreibungen wurde als *The Highland Clearances* bekannt.

Die Industrialisierung

Jahrhundertelang basierte Schottlands Wirtschaft auf Landwirtschaft und Viehzucht, aber nach 1790 entstanden Tausende Arbeitsplätze in der Textilindustrie. Baumwolle wurde aus Amerika importiert, um insbesondere in Westschott-

Die 1890 eingeweihte Forth Bridge ist ein Weltkulturerbe und ein hervorragendes Beispiel schottischer Ingenieurskunst.

land gesponnen und gewebt zu werden. Der Ausbruch des amerikanischen Bürgerkriegs 1861 und die Drosselung des Baumwollimports waren der Todesstoß für das Geschäft. Die Krise der Textilindustrie kam aber dem Schiffbau zugute, da die für den Betrieb der Webereien benötigte Kohle nun für den Schiffbau sowie die gesamte Eisen- und Stahlindustrie genutzt werden konnte. Ein Meilenstein war der Winderhitzer (*Hot Blast*), den der Schotte James Beaumont Neilson 1828 patentieren ließ. Diese Methode verbrauchte erheblich weniger Brennstoff und wurde bald weltweit genutzt. Obwohl seit dem frühen 18. Jahrhundert Schiffbau entlang dem Fluss Clyde in Glasgow betrieben wurde, nahm das Geschäft erst richtig Fahrt auf, als die Holzboote durch große Eisen- und Stahlschiffe ersetzt wurden. Glasgow entwickelte sich zur weltweit größten Werft, und *Clydebuilt* galt als Qualitätsmarke im Schiffbau. Anfang des 20. Jahrhunderts kam ein Fünftel der weltweit gebauten Schiffe vom Ufer des Clyde. Die Eisenindustrie war auch eine Voraussetzung für den Bau von Brücken, Eisenbahnen, Lokomotiven und vielem mehr, aber der größte Teil der Entwicklung fand in Südschottland statt. Der Außenhandel erforderte große Häfen, und diese befanden sich in Glasgow und Edinburgh. Der wirtschaftliche Aufschwung, der der industriellen Revolution folgte, erreichte die nach wie vor armen Highlands kaum.

Die schnelle wirtschaftliche Entwicklung in weiten Teilen Schottlands wäre ohne ein gut entwickeltes Bankensystem kaum möglich gewesen. Die Bank of Scotland war bereits 1695 gegründet worden und viele andere Banken folgten. Sie wurden deutlich weniger reguliert als englische Geldinstitute.

Ende des 18. Jahrhunderts gab es in Schottland fünf Universitäten, während England nur zwei vorweisen konnte. Hier wirkten auch Philosophen, die einen großen Einfluss auf die Aufklärungszeit und bis in unsere Zeit haben würden. Die bekanntesten waren David Hume und Adam Smith, deren Vorstellungen von Moral und

Inspiriert von Königin Victoria reisten viele Engländer nach Schottland, um ein „Leben in der Wildnis" zu führen.

Ökonomie auch heute noch unsere Denkweise beeinflussen. Adam Smith wird oft als Vater des Liberalismus bezeichnet und gilt als Begründer der modernen Wirtschaft. Für die Literatur standen Walter Scott, der Schöpfer der ersten historischen Romane, und Robert Burns, der heute als Schottlands Nationaldichter gilt. Beide suchten Inspiration im schottischen Nationalismus und in der Geschichte.

Das Herz der Whiskyenthusiasten schlägt besonders für Burns. Am 25. Januar, dem Geburtstag des Dichters, werden weltweit Burns Supper mit „haggis, neeps and tatties" (Haggis, Steckrüben und Kartoffeln) und einem großzügigen Schluck Whisky gefeiert.

Schottland heute

Der wirtschaftliche Fortschritt in Schottland war also ungleich verteilt. Der Süden genoss die Vorteile der Entwicklung, während der Norden „vergessen" wurde. Erst im 20. Jahrhundert rückten die Highlands ins Rampenlicht. Dafür gab es drei Gründe. Der erste war der Tourismus, der begann, als Königin Victoria und ihr Gatte Prinz Albert 1852 Balmoral Castle in den Highlands erwarben, was zu einer Welle des Interesses wohlhabender Engländer führte. Plötzlich reiste jeder, der es sich leisten konnte, nach Schottland, um dort ein „Leben in der Wildnis" zu führen. Heute ist der Tourismus ein stetig wachsender Wirtschaftszweig. Wesentlich wichtiger aber – zumindest kurzfristig – war die Öl- und Gasindustrie. 1966 wurden erstmals große Ölvorkommen in der Nordsee entdeckt, deren Förderung zehn Jahre später begann. Aberdeen wurde schnell zum Zentrum der britischen Ölindustrie. Trotz aller Unsicherheiten hinsichtlich des Einsatzes fossiler Brennstoffe und der globalen Ölindustrie wird erwartet, dass dort Öl im Wert von fast 100 Milliarden Euro schlummert! Der dritte Faktor, der uns am meisten interessiert, ist die Whiskyindustrie. Der schottische Whisky nimmt im internationalen Spirituosengeschäft eine herausragende Stellung ein. Whisky ist weltweit die Sorte Alkohol, die das meiste Geld einbringt. Schottland verdient mit Whisky jährlich fast fünf Milliarden Euro. In Großbritannien leben 40.000 Menschen vom Whisky. Darüber hinaus besuchen mehr als eine Million Menschen jährlich die schottischen Brennereien.

Politisch hat Schottland in den letzten Jahrzehnten ein beträchtliches Maß an Selbstverwaltung erlangt, nicht zuletzt durch die Einrichtung des schottischen Parlaments 1997. Trotzdem kommt die Frage der schottischen Unabhängigkeit regelmäßig auf den Tisch. 2014 wurde zuletzt ein Referendum durchgeführt. Eine Mehrheit der Wähler (55,3 %) stimmte dagegen, aber mit dem Brexit ist die Angelegenheit wieder akut. Die Mehrheit der Schotten stimmte für eine Fortsetzung der Mitgliedschaft in der EU, und heute wird ein weiteres Referendum über Schottland als unabhängiges Land gefordert.

Schottland und die Schotten sind nicht immer leicht zu verstehen – und damit ist nicht die Sprache gemeint. Durch ihre Geschichte, den Kampf gegen Eroberer und Autoritäten wie Wikinger und Engländer haben sie ein Nationalgefühl entwickelt, das manchmal überwältigend wirkt. Die Feindseligkeit gegenüber den Engländern zeigt sich am deutlichsten, wenn die englische Fußballnationalmannschaft eine Niederlage einfährt – egal gegen wen.

Den größten Keil trieb Margaret Thatcher, die 1979 Premierministerin wurde, zwischen Schottland und England. Nur zwei Jahre später waren 20 % der schottischen Arbeitsplätze durch Stilllegungen in der Kohle-, Stahl-, Textil- und Schiffbauindustrie verschwunden. Seitdem hat es die Konservative Partei schwer, sich im schottischen Parlament durchzusetzen, das heute von der Scottish National Party (SNP) und der Labour-Partei dominiert wird. Gleichzeitig gab es im Land historische Widersprüche, die auf Religion und auf dem Clansystem beruhten. Im heutigen Schottland geht es beim Clanwesen hauptsächlich um gemeinsame Treffen und Geschichte. Trotzdem gibt es immer noch Vertreter der MacLeans, die niemals etwas Gutes über ein Mitglied des Campbell-Clans sagen würden. Historische Feindschaften (in Schottland wie auch in anderen Ländern) halten in der Regel lange an.

Für Amerikaner mit schottischen Wurzeln ist das Clansystem sehr lebendig, und sie reisen nach Schottland, um an Clantreffen teilzunehmen. Das schottische Nationalgefühl ist zweifellos etwas Besonderes. Es scheint nicht so sehr auf alten Traditionen und Ereignissen zu basieren, sondern vielmehr auf dem Gefühl, historisch so viel erreicht zu haben, dass man genauso gut ein unabhängiges Land sein könnte. Ob das für eine Mehrheit der Schotten ausreicht, bei einem nächsten Referendum für die Unabhängigkeit zu stimmen, bleibt abzuwarten. Denn die Schotten sind auch ein sehr pragmatisches Volk.

Mit Mönchen aus Irland kam die Kunst des Destillierens nach Schottland.

Über schottischen Whisky

Bestellt man in einer Bar einen Whisky, ohne genauer anzugeben, welchen man haben möchte, ist die Wahrscheinlichkeit hoch, dass etwas aus Schottland eingeschenkt wird. Es könnte aber auch ein amerikanischer Bourbon oder ein Jameson aus Irland sein. Es kommt darauf an, wo man ist. Wenn man jedoch nach einem Scotch fragt, bekommt man zweifellos einen schottischen Whisky! Kein Whisky ist so offensichtlich mit dem Land verbunden, in dem er hergestellt wird. Niemand würde nach einem „Amerikaner" oder einem „Iren" fragen, ohne das Wort Whisky hinzuzufügen, während „Scotch" ganz klar für sich allein steht. Whisky aus Schottland ist die weltweit eindeutig dominierende Whiskysorte. So scheint es demnach logisch, dass Schottland die Heimat des Whiskys sein muss. Aber so einfach ist es nicht.

Die Kunst des Destillierens

Der Versuch, den Ursprung des Whiskys zu finden, stützt sich eher auf Indizien und Interpretationen alter Schriften als auf eindeutige Beweise. Die Whiskyherstellung – wie die Herstellung von Spirituosen mit höherem Alkoholgehalt allgemein – beruht auf der Destillation, bei der im weitesten Sinne versucht wird, einzelne Bestandteile zu extrahieren, zu konzentrieren und zu veredeln. Die Destillation wurde bereits vor mehr als 3.000 Jahren in Ägypten, Babylonien und Indien praktiziert, um Konzentrate verschiedener Substanzen zu erhalten. Verwendet wurden sie in der Medizin oder für Parfum. Arabische Alchemisten schrieben vom 8. bis 11. Jahrhundert ihre Beobachtungen auf, und als die Araber ihr Königreich auf Südspanien ausweiteten, wurden ihre Schriften in Städten wie Segovia und Toledo zugänglich. Frühe britische Wissenschaftler wie Robert of Chester und Michael Scot reisten im 12. Jahrhundert dorthin, um von den Arabern zu lernen. Robert von Chester, der Jabir ibn Hayyans Texte ins Lateinische übersetzte, wird manchmal der „the father of early chemistry" genannt. Michael Scot wurde in Schottland geboren, verbrachte aber den größten Teil seines Lebens in Südeuropa und schrieb Texte – basierend auf Experimenten Al-Razis – über die Destillation und die erforderliche Ausrüstung.

Bei alldem geht es jedoch um das Destillieren von Produkten, die nicht zum Trinken bestimmt waren. Wir brauchen also eine neue Spur

Hier, auf der fruchtbaren Black Isle nördlich von Inverness, befand sich die Ferintosh Distillery.

zur Whiskyherstellung – und diese führt uns nach Irland. Viele (sogar Schotten) glauben heute, dass dort der Whisky geboren wurde. Einige Mitglieder des irischen Clans Mac Beatha (englisch: Beaton), bekannt für ihre Heilkunst, wanderten bereits im 13. Jahrhundert nach Schottland aus. Die Beatons hatte lange Zeit Texte von brennkundigen Wissenschaftlern studiert und übersetzt. Einer davon war Arnoldus Villanova, der oft „the father of distilling" genannt wird. Es ist möglich, dass auf Islay oder auf Jura, wo die Beatons an Land gingen, irgendwann im 13. Jahrhundert der erste schottische Whisky destilliert wurde.

Das Lebenswasser

1494 wurde in Schottland erstmals ein destillierter Schnaps aus gemälzter Gerste erwähnt (den wir heute Malt Whisky nennen). In den *Exchequer Rolls* steht geschrieben: „To Brother John Cor, by order of the king, to make *aqua vitae* VIII balls of malt". Der Mönch John Cor, der am Hof von König Jakob IV. arbeitete, hatte also 500 Kilo Gerstenmalz erhalten, um Aquavit für den König zu destillieren, der gute Getränke schätzte. *Aqua Vitae* ist lateinisch und bedeutet Lebenswasser. Auf Gälisch wird dies zu *uisge beatha* oder *usquebaugh*, ein Begriff, der 1610 schriftlich auftaucht. Mit der Zeit wurde der erste Teil des Wortes zu *whiskie* (1715) und dann zu *whisky* (1746) verzerrt.

Wie schmeckte dieser erste Whisky? Mit einem ähnlichen Destillationsvorgang und einer Basis aus gemälzter Gerste (obwohl auch andere Getreidearten verwendet wurden), waren die Voraussetzungen gut, dass das Getränk dem heutigen Whisky sehr ähnlich war. Das Destillat wurde jedoch oft für medizinische Zwecke verkauft, und den Spirituosen wurden Heilkräuter wie Salbei, Rosmarin, Thymian und Lavendel beigemischt. Und von einer Langzeitlagerung in Eichenfässern, heute eine Grundvoraussetzung für guten Whisky, konnte keine Rede sein. Zwar wurden Holzfässer verwendet (in denen in Europa seit dem 4. Jahrhundert Wein gelagert wurde), aber diese waren aus wahllosen Hölzern hergestellt und nie so präpariert, dass die negativen Auswirkungen von neuem Holz ausgemerzt waren. Außerdem waren die Fässer zum Transport bestimmt, nicht zur längeren Lagerung.

Whisky-Steuern

Im 16. Jahrhundert wurde die schottische Whiskyvariante *Aqua Vitae* genannt, die irische *usquebaugh*. Irischer Whisky hatte einen viel besseren Ruf, da die Iren Rosinen und Fenchelsamen beimischten, um den rohen Alkoholgeschmack zu dämpfen. Trotzdem wuchs die Whiskyproduktion in Schottland, und die Behörden erkannten den finanziellen Vorteil. Inspiriert von den Niederlanden verabschiedete das schottische Parlament 1644 das erste Gesetz zur Alkoholsteuer, die von Inspektoren (*gaugers*) eingetrieben wurde. Fast überall in Schottland war die Whiskyproduktion zu diesem Zeitpunkt nur eine von vielen Tätigkeiten auf den Bauernhöfen. Die erste bekannte kommerzielle Brennerei war Ferintosh, um 1650 von Duncan Forbes nördlich von Inverness gegründet. Forbes hatte in der *Glorious Revolution* die presbyterianische Seite unterstützt, und als Rache brannten die Jakobiter im folgenden Jahr seine Destillierie nieder. Als Entschädigung gestattete ihm das neue Regime die steuerfreie Produktion von Whisky aus Gerste, die auf dem Grundstück der Familie angebaut wurde. Die Familie Forbes baute drei weitere Brennereien und war Mitte der 1750er-Jahre für zwei Drittel der gesamten legalen Whiskyproduktion in Schottland verantwortlich, mit einem Jahresgewinn von umgerechnet fast 2,8 Millionen Euro. Erst 1784 wurde die Steuerbefreiung der Familie aufgehoben.

Die schottische Whiskyindustrie war stets von verschiedenen Steuern geprägt, und je nach Gesetzgebung wurden verschiedene Teile der Branche bevorzugt oder benachteiligt. Die *Malt Tax*, 1725 eingeführt, um Englands Krieg gegen Frankreich zu finanzieren, erhob auf das Gerstenmalz und nicht auf das Endprodukt Steuern. Sie belastete die Bierproduktion am stärksten, da dafür mehr Malz verarbeitetet wurde als für die Whiskyproduktion. Nach der Einführung der Steuer kam es unter anderem in Glasgow und Edinburgh zu Streiks und Unruhen. Daniel Campbell, der im Stadtrat von Glasgow saß, stimmte für die Steuer, und sein Haus wurde von Gegnern geplündert. Er wurde mit 9.000 Pfund entschädigt – und kaufte mit diesem Geld die Insel Islay. Die *Malt Tax* traf Brennereien in den Highlands hart, in denen neben Gerste nur Hafer angebaut wurde, der nicht für die Whiskyproduktion geeignet ist. In den Lowlands hingegen stellte man sich schneller auf eine Mischung verschiedener Getreidearten um, einschließlich nicht-gemälzter Gerste.

Als die Brennereien die Produktion umstellten und weniger gemälzte Gerste verwendeten, erhob die Regierung eine neue Steuer, und zwar diesmal auf die Ausrüstung selbst. Damit wurden große Brennereien bevorzugt: *Wash stills* mit einer Kapazität von weniger als 400 Gallonen wurden verboten. Für *spirit stills* lag die Grenze bei 100 Gallonen. Grundlage der Steuer war, dass in diesen Brennblasen zwei- bis dreimal täglich eine Destillation durchgeführt werden konnte. Es dauerte nicht lange, bis sich die großen Brennereien in den Lowlands etwas Neues ausdachten: Mit breiteren, flacheren Brennblasen, die fast wie Teller geformt waren, konnte die Destillationszeit auf eine Stunde verkürzt und zehnmal so viel Alkohol produziert werden, ohne dass mehr Steuern gezahlt werden mussten. Eine scheinbar geniale Idee, die aber eine enorme Qualitätsminderung bedeutete. Schnelle Destillation und wenig Kupferkontakt sind keine gute Kombination für guten Whisky. Unterdessen litten die kleinen Highlands-Brennereien mit ihren kleinen Brennblasen unter den Entwicklungen, denn sie konnten nach dem neuen Gesetz nicht weiter produzieren. Daher zog die Regierung 1784 eine fiktive Grenze zwischen den Highlands und den Lowlands, die ungefähr von Glasgow nach Nordosten bis nach Dundee führte. Nördlich der Grenze waren Brennblasen zugelassen, die ein Zehntel der Größe von denen des Südens hatten. Schnell wurde bekannt, dass der Whisky aus den Highlands dem starken, rohen Alkohol aus den Lowlands qualitativ überlegen war. Ein Großteil des Lowland-Whiskys konnte nur zur Herstellung von Gin verwendet werden. Das einzige Problem war, dass die Highlands-Brennereien ihre Produkte nicht südlich der Grenze verkaufen durften.

Schmuggler auf dem Vormarsch

Ende des 18. Jahrhunderts produzierten also die großen Brennereien in den Lowlands Mengen an mittelmäßigem Alkohol, während die kleinen Brennereien im Norden ihre qualitativ hochwertigen Produkte nicht außerhalb der Region verkaufen durften. Ein weiterer Krieg zwischen England und Frankreich wurde erneut durch Steuererhöhungen finanziert. Zwischen 1793 und 1797 stiegen die Abgaben auf Lowland-Whisky (genauer gesagt auf die Kapazität der Brennblasen) um 1.700 Prozent an, in den Highlands um 500 Prozent.

The Illicit Highland Whisky Still, gemalt von Edwin Henry Landseer.

Natürlich nahmen daraufhin die illegale Produktion und der Schmuggel von Whisky Fahrt auf. Die Behörden verloren völlig die Kontrolle über die Whiskyproduktion und mussten drastische Schritte einleiten. Die Regierung bereitete zwei Gesetze vor: Der *Illicit Distillation Act* von 1822 verschärfte die Strafen auf illegale Produktion und Schmuggel, während der *Excise Act* von 1823 Anreize zum Lizenzerwerb für die legale Produktion schuf. Die Steuern wurden erheblich gesenkt, und eine zusätzliche Ermäßigung wurde gewährt, wenn Produzenten 100 % Gerstenmalz verwendeten.

Die Gesetze schufen Ordnung in der Whiskyindustrie und brachen gleichzeitig die Dominanz der wenigen Hersteller von einfachem Lowland-Whisky. Zugleich wurden die Produzenten von Malt Whisky in den Highlands gestärkt. Dies legte den Grundstein für die heutige Position von Scotch. Man muss jedoch bedenken, dass schottischer Whisky in der ersten Hälfte des 19. Jahrhunderts immer noch eine schottische Sache war, insbesondere in der Unterschicht. Die Mittelschicht bevorzugte Ale, Wein und Rum, während sie in England Cognac, Irish Whisky und Sherry genossen. Hinzu kam ein erheblicher wirtschaftlicher Abschwung im Norden Schottlands, durch den große Teile der Bevölkerung gezwungen waren, ihre Heimat zu verlassen. Daher hatte Whisky trotz der neuen Gesetze immer noch einen langen Weg vor sich. Drei Ereignisse der nächsten vierzig Jahre veränderten die Bedingungen für die gesamte Industrie jedoch grundlegend.

Neue Technologien

Zunächst erhielt Aeneas Coffey 1830 ein Patent für eine neue Art von Brennblase. Bis dahin hatte man *wash stills* und *spirit stills* verwendet, die paarweise arbeiteten. Jede Brennblase musste vor dem nächsten Schritt geleert werden. Diese Art der Chargendestillation war natürlich zeitaufwendig. Mit Hilfe des neuen Coffey-Verfahrens war es möglich, kontinuierlich ohne Unterbrechung zu destillieren. Das Ergebnis war eine reine, aber relativ geschmacksneutrale Spirituose mit hohem Alkoholgehalt. Vor allem aber konnten Brennereien mit dieser Brennblase ihre Produktion verzehn- oder verzwanzigfachen. Zugegeben, es dauerte mehrere Jahrzehnte, bis sich die neue Destillationsmethode durchsetzte, und die produzierten Spirituosen gingen in der Regel nach England, um zu Gin verarbeitet zu werden. Aber nach und nach wurde der neue Brennkessel (auch *Coffey still, continuos still, patent still* oder *column still* genannt) einer der Eckpfeiler bei der Herstellung von Blended Whisky.

Das zweite Ereignis war 1860 *The Spirits Act*. Bis dahin wurden selten verschiedene Whiskysorten oder Whiskys verschiedener Brennereien gemischt. Das war nicht illegal, aber niemand kam auf die Idee. Bereits 1853 war mit dem *The Forbes-Mackenzie Act* ein Gesetz verabschiedet worden, das das Mischen von Whiskys verschiedener Jahrgänge aus derselben Brennerei erlaubte. Dies geschah sicher schon vor der Gesetzesänderung, nun aber konnten die Brennereien es *under bond* tun. Dies bedeutete, dass sie die Whiskys so lange ungemischt lagern durften, bis sie einen Käufer fanden. Der *Spirits Act* von 1860 bedeutete auch, dass sie nun kräftigen und geschmackvollen Malt Whisky mit neutralerem Grain Whisky mischen durften und keine Steuern zahlen mussten, bis er verkauft war. Das war die Geburtsstunde von Blended Scotch, der 100 Jahre später die Whiskywelt dominieren sollte. Damals war Malt Whisky ein anspruchsvolles Getränk mit variierendem Geschmack, während es Grain Whisky an Charakter mangelte. Der große Vorteil beim Mischen verschiedener Whiskys war, dass man ein geschmacklich ausgewogeneres Produkt erhielt.

Des einen Leid ist des anderen Freud

Schottischer Whisky wurde im Großen und Ganzen noch immer fast nur von Schotten getrunken. Aber dann trat das dritte Ereignis ein: 1863 entdeckten die Winzer im kleinen Dorf Pujaut im Languedoc, dass ihre Reben langsam ihre Blätter verloren und abstarben. Mit amerikanischen Reben war die Reblaus importiert und in ganz Frankreich verbreitet worden, ein gefürchtetes Insekt, gegen das die amerikanischen Reben jedoch immun waren. Es dauerte einige Zeit, bis die Winzer verstanden, dass sie ihre europäischen Reben auf die amerikanischen pfropfen und so die Läuse unschädlich machen konnten. Bis dahin hatte die Reblaus jedoch Weinanbaugebiete nicht nur in Frankreich, sondern auch in Deutschland, Spanien und Italien zerstört. Die Region Cognac traf es 1871, was sich auch auf die schottische Whiskyindustrie auswirkte, denn seit dem

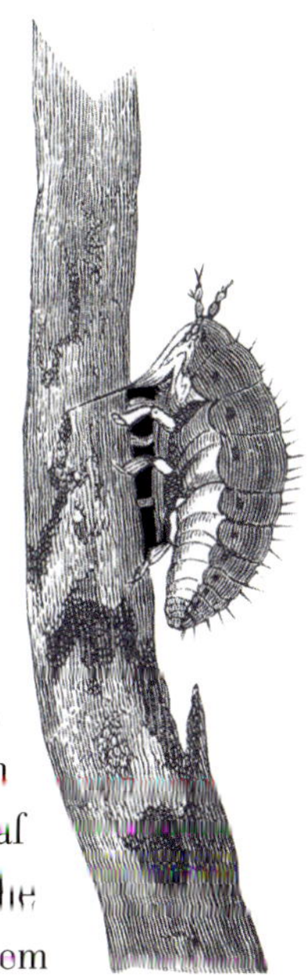

Das Mischen von Whisky ist eine Kunst, die in den letzten 100 Jahren weitgehend unverändert geblieben ist.

17. Jahrhundert liebte die britische Oberschicht Cognac. Mitte des 19. Jahrhunderts beliefen sich die Importe auf 65 Millionen Flaschen. Das Reblausproblem machte es viel schwieriger (und teurer!), an Cognac zu kommen, und diese Bedarfslücke wurde schließlich von schottischem Whisky geschlossen. Es dauerte lange, bis sich die französische Weinindustrie wieder erholte, und Cognac erreichte nie wieder den gleichen Beliebtheitsgrad wie vorher.

Das erste goldene Zeitalter

Nun begann das erste goldene Zeitalter des schottischen Whiskys, allen voran Blended Scotch. Heute weltbekannte Namen betraten erstmals die Bühne: Walker, Bell, Dewar, Buchanan, Teacher und viele andere. Malt und Grain Whisky wurden ab 1860 im großen Stil gemischt, verschiedene Unternehmen begannen, ihre Marken zu etablieren und neue Märkte zu erschließen. England stand dabei an erster Stelle. Dort wurde der weiche irische Whisky dem schwereren und geschmackvolleren Malt Whisky aus Schottland vorgezogen. So begannen die Firmen, sanftere Whiskysorten zu kreieren. Da Großbritannien eine bedeutende Kolonialmacht mit Einfluss auf einen Großteil der Welt war, konnte bald in Länder wie Australien, Kanada und Südafrika und nach Hongkong exportiert werden. Dann ging alles sehr schnell.

In den 1890er-Jahren wurden in Schottland zahlreiche neue Brennereien errichtet, um der wachsenden Nachfrage gerecht werden zu können. Aber wenn es schnell gehen muss und es um viel Geld geht, gibt es auch Menschen, die mit Abkürzungen zu noch größeren Gewinnen kommen wollen. Wie die Brüder Walter und Robert Pattison. Sie begannen 1887 als Blender und wurden schnell erfolgreich. Ihr Geschäftssinn und ihr Händchen für Marketing machten Pattisons Ltd. bald zu einem höchst einflussreichen Unternehmen. Aber viele ihrer Investitionen tätigten sie mit geliehenem Geld, und ein Großteil der Banksicherheiten bestand aus den angelegten Whiskyvorräten der Brüder. Als die Ausgaben Überhand nahmen (sowohl die des Unternehmens als auch die der Brüder), verkauften sie Teile der Vorräte und kauften sie zu einem höheren Preis zurück, um gegenüber den Kredit-

gebern eine solide Bilanz aufweisen zu können. Im Dezember 1898 platzte die Blase. Gerüchte über die Luftschlösser der Pattisons machten die Runde, und als die erste Bank begann, ihre Kredite zurückzufordern, zogen die anderen nach. Mit drastischen Folgen. Zahlreiche Unternehmen der Branche hatten mit den Brüdern Geschäfte gemacht, und fast alle waren in irgendeiner Weise von der Whisky-Inflation betroffen. Viele Unternehmen gingen in Konkurs, und die Brüder wurden wegen Betrugs und Veruntreuung zu Gefängnisstrafen verurteilt. Zu Beginn des 20. Jahrhunderts zogen sich deshalb viele Whiskyfirmen zurück, um ihre Wunden zu lecken.

Was ist Whisky?

London 1905: Die Gäste in den Pubs hatten genug. Der ihnen servierte „Whisky“ sei ungenießbar. Ihre Beschwerden landeten vor Gericht. Seit 1875 gab es ein Gesetz (*Sale of Food and Drugs Act*), das die Qualität verkaufter Waren regelte. Ein Richter im Bezirk Islington verfolgte den Fall und stellte fest, dass der verkaufte Whisky nicht „von der erforderlichen Beschaffenheit, Substanz und Qualität“ sei. Richter und Gäste lagen richtig. Ein Großteil des verkauften Whiskys bestand entweder aus jungem oder mit Brandy gemischtem Grain Whisky. Das Problem war, dass es keine Vorschriften zur Whiskyherstellung gab. Snow Fordham, der Richter, verurteilte die Pubbesitzer zu einer Geldstrafe, aber sein Zusatz zum Urteil erschütterte die ganze Whiskyindustrie: Whisky, ob Malt oder Grain, müsse in *pot stills* und nicht in *column stills* destilliert werden – sonst dürfe er nicht „Whisky“ heißen. Dies bedeutete, dass die großen Brennereien in den Lowlands, deren Existenz auf in *column stills* destilliertem Grain Whisky gründete (von Aeneas Coffey im Jahr 1830 eingeführt), ihr Produkt nicht mehr Whisky nennen durften. Was sie selbstredend wütend machte, während die kleinen Destillerien in den Highlands jubelten – ihr Malt Whisky wurde stets in kleinen *pot stills* hergestellt.

Der größte Grain-Produzent, Distillers Company Limited (DCL), legte Berufung ein, zunächst ohne Erfolg. Doch sie gaben nicht nach, schließlich ging es um viel Geld. Nach anhaltenden Protesten wurde eine königliche Kommission ernannt, die den Fall untersuchte und nach einem Jahr zu dem Schluss kam, dass alle aus jeglicher Art von Getreide hergestellten Spirituosen als „Whisky“ bezeichnet werden dürften, unabhängig davon, ob sie in *pot stills* oder *column stills* destilliert würden. Ein großer Sieg für die Grain-Whisky-Produzenten – und auch für die Malt-Whisky-Brennereien, obwohl das zu dieser Zeit noch nicht alle so sahen. Das Interesse an Blended Scotch war groß und sollte einige Jahrzehnte später durch die Decke gehen, was natürlich auch einen erhöhten Bedarf an Malt Whisky bedeutete. Hätte Grain Whisky aus *column stills* nicht mehr als „Whisky“ bezeichnet werden dürfen, gäbe es heute zwangsläufig deutlich weniger Malt-Brennereien.

Dunkle Wolken ziehen auf

Der Kampf zwischen den Herstellern von Malt und Grain Whisky wurde also zum Vorteil beider Seiten beigelegt, aber sie konnten dennoch nicht feiern. Der Finanzminister (und spätere Premierminister) David Lloyd George stellte 1909 *The People's Budget* vor, eine Kriegserklärung an die Armut im Land. Mit Steuererhöhungen wurden soziale Reformen finanziert. Für den Abstinenzler Lloyd George war die Erhöhung der Alkoholsteuer dabei besonders wichtig. Zum einen würde der Staat Geld einnehmen, zum anderen ein Zeichen gegen die vom Alkohol verursachten Probleme gesetzt. Einige Jahre später brach der Erste Weltkrieg aus. Die meisten Malt-Brennereien mussten schließen, weil das Getreide für die Lebensmittelproduktion benötigt wurde. Einige der größeren Grain-Destillerien im Süden produzierten nun Aceton anstelle von Whisky, das für die Herstellung von Kordit benötigt wurde, einem neuen Explosivsstoff als Ersatz für Schwarzpulver. Dem Krieg folgte eine tiefe Rezession in Großbritannien, und der Whiskyabsatz ging in den 1920er-Jahren um ein Drittel zurück. Viele kleinere Brennereien mussten schließen, und große Akteure wie DCL sahen ihre Chance, diese aufzukaufen und ihre eigene Position zu stärken.

Dann kam es zum nächsten bedeutungsreichen Ereignis: 1920 trat in den USA, ein wichtiger Markt für Scotch, ein vollständiges Verbot der Herstellung und des Verkaufs von Alkohol in Kraft. Die Prohibition dauerte 13 Jahre an und traf vor allem die amerikanischen Bourbonproduzenten. Schottische Brennereien fanden schnell Wege, ihre Produkte in die USA zu bringen. Sie verkauften große Mengen an Abnehmer in Ländern wie Kanada und den Karibikinseln, und von dort wurde der Alkohol zu den durstigen Amerikanern geschmuggelt, ohne dass die schottischen Unternehmen direkt involviert waren. Als das Verbot 1933 aufgehoben wurde, mussten die Bourbonhersteller in den USA neu

beginnen, während die Schotten ihre Position auf dem Markt eher gestärkt hatten. Aber auch zwei große kanadische Hersteller waren gewachsen: Hiram Walker und Seagrams. In Kanada war das Alkoholverbot nie eingeführt worden, und diese beiden Unternehmen spielten später auch in der schottischen Whiskyindustrie eine wichtige Rolle.

Auf die Prohibition folgte in den USA die Weltwirtschaftskrise. Und als die Whiskyhersteller gerade wieder Morgenluft witterten, versank die Welt erneut im Krieg. Erneut schlossen Brennereien wegen mangelnder Gerste, und die Alkoholsteuern wurden angehoben. Nach Ende des Krieges waren die Restriktionen immer noch hart, und die britische Regierung prägte den Begriff *Food before Whisky*. Zur gleichen Zeit musste England eine große Schuld gegenüber den Vereinigten Staaten begleichen, was sie durch Warenexporte taten. Mehr Brennereien durften unter der Voraussetzung produzieren, dass 75 % des Whiskys nach Übersee, vor allem in die USA, verkauft wurde. Dies stärkte die Marktposition von schottischem Whisky enorm.

Das zweite goldene Zeitalter

Nach dem Krieg war das US-Interesse an Scotch groß, und es entstanden mehrere neue Whiskymarken, auf den Geschmack der Amerikaner für leichteren Whisky zugeschnitten. Darunter Cutty Sark und J&B. Zu dieser Zeit begannen die großen Unternehmen in Kanada, Hiram Walker und Seagrams, schottische Brennereien aufzukaufen, weil sie mitzuverdienen wollten. Hiram Walker übernahm Glencadam, Scapa, Pulteney, Glenburgie und Miltonduff und den Bestseller Ballantine's. Seagrams erwarb seinerseits die Marke Chivas Regal und die Brennerei Strathisla, später Glenlivet, Glen Grant und Longmorn.

Blended Scotch war *das* Modegetränk, während Malt Whisky noch immer relativ unbekannt war. Einige Marken wurden bereits seit Ende des 19. Jahrhunderts exportiert, jedoch nur in sehr geringen Mengen. Dies änderte sich, als ein junger Mann namens Sandy Grant Gordon die Bühne betrat. Er und sein älterer Bruder Charles hatten nach dem Tod des Vaters 1953 die Verantwortung für das Familienunternehmen William Grant & Sons übernommen. Zum Unternehmen gehörten zwei Brennereien, Glenfiddich und Balvenie, vor allem aber der Bestseller Grants Blend. Während Charles sich auf diese Marke konzentrierte, beschäftigte sich Sandy damit, auch Glenfiddich Single Malt abzufüllen und zu verkaufen. Die ersten Versuche in lokalen Pubs in der Umgebung von Dufftown verliefen gut, und Sandy entschied sich für den großen Wurf: Unter dem Namen *Glenfiddich Straight Malt* wurde der Whisky in die heute berühmte dreieckige Flasche abgefüllt. Es war der erste Single Malt, der weltweit vermarktet wurde – und der Erfolg war riesig. Die Konkurrenz zögerte, und es dauerte mehrere Jahre, bis Marken wie Macallan und Glenmorangie folgten. Glenfiddich konnte seinen Vorsprung behaupten und ist nach wie vor der meistverkaufte Single Malt der Welt.

Die schottische Whiskyindustrie hatte jetzt richtig Auftrieb erhalten, im In- und Ausland. Die Produktion wuchs stetig, und es entstanden immer neue Brennereien. In den 1970er-Jahren gab es die ersten Anzeichen, dass es nicht ewig so weitergehen würde. Die Ölkrise von 1973 wirkte sich auf die Weltwirtschaft aus, während der Vietnamkrieg, der 1975 endete, erhebliche Auswirkungen auf die US-Wirtschaft hatte. Die Kosten des Krieges (168 Milliarden Dollar) ließen die Inflation im Land rapide ansteigen. Zudem hatte die junge Generation ein neues Konsumverhalten, sie trank Wodka und Weißwein statt Whisky. Trotz der deutlichen Warnsignale reagierten die schottischen Whiskyfirmen zu spät. Sie produzierten zunächst unvermindert weiter und häuften bald einen riesigen Vorrat an unverkauftem Whisky an. Das Ergebnis war eine Massenschließung von Brennereien zwischen 1983 und 1985. Die meisten wurden nie wiedereröffnet. Das zweite goldene Zeitalter des schottischen Whiskys war vorüber.

Das dritte goldene Zeitalter

Genau wie in den 1920er-Jahren wurde auch in den frühen 1980er-Jahren die Whiskyindustrie erheblich erschüttert. Sechzig Jahre zuvor hatte DCL die Situation ausgenutzt und kriselnde Unternehmen aufgekauft, diesmal aber war DCL selbst betroffen. Dem Unternehmen, das vor 1983 45 Brennereien in Schottland besaß, waren seine schlechte Führung und die Unfähigkeit, sich dem neuen Konsumverhalten anzupassen, zum Verhängnis geworden. Eine Reihe von Unternehmen zeigte Interesse an dem Branchengiganten, aber am Ende erhielt 1987 der Bierhersteller Guinness den Zuschlag. Aber bei diesem Deal war nicht alles mit rechten Dingen zugegangen: Teile der Guinness-Führung mit CEO Ernest Saunders an der Spitze hatten fragwürdig und in einigen Fällen sogar betrügerisch gehandelt und wurden später zu Gefängnisstrafen verurteilt. Trotzdem besaß Guinness nun DCL (später: United Spirits). Als Guinness zehn Jahre später mit Grand Metropolitan fusionierte, kam es zu einer weiteren Namensänderung, und Diageo wurde gegründet. Heute ist Diageo der weltgrößte Hersteller alkoholischer Getränke mit 28 Malt-Brennereien und Marken wie Johnnie Walker, Smirnoff, Baileys und Captain Morgan. Aber auch andere Unternehmen bauten ihre Position aus. Dem französischen Unternehmen Pernod Ricard gelang 1974 mit der Übernahme von Aberlour der Einstieg in den schottischen Whiskymarkt. Zu Beginn des neuen Jahrtausends kamen weitere Brennereien dazu, darunter Glenlivet und Glen Grant. Heute ist es nach Diageo das zweitgrößte Unternehmen auf dem Weltmarkt.

Mitte der 1990er-Jahre erschien für den schottischen Whisky ein Licht am Ende des Tunnels. Blends hatten die ersten beiden goldenen Zeitalter eingeläutet, aber jetzt war die Zeit des Single Malts gekommen. Was mit Glenfiddich bereits 1963 begonnen hatte, wurde von United Distillers 1988 weiter vorangetrieben. Unmittelbar nach der Übernahme von DCL stellten die

neuen Eigentümer eine Reihe von Malt Whiskys her, um neue Konsumenten anzusprechen. Vier Single Malts (Lagavulin, Linkwood, Talisker und Rosebank) und zwei Blended Malts wurden unter dem Namen *Ascot Cellar* verkauft. Ein Flop. Ein Jahr später unternahm United Distillers einen weiteren Versuch: Mithilfe eines ausgefeilten Konzepts wählten sie sechs Sorten aus, die sechs verschiedene Regionen (und Aromen) darstellten. Das Geniale daran war die Art und Weise der Präsentation. Wenn man vorher in einem britischen Pub einen Malt Whisky bestellte, bekam man bestenfalls einen Glenfiddich oder Glenmorangie. United Distillers schuf einen Holzständer für die neuen Sorten, auf dem jeder Whisky mit einem hübschen Messingschild versehen war. Zehntausende Pubs bissen an. Die sogenannten *Classic Malts* (Lagavulin, Talisker, Dalwhinnie, Oban, Cragganmore und Glenkinchie) ebneten so den Weg für andere Single Malts.

Anhaltender Siegeszug

Was die Classic Malts in den 2000er-Jahren in Gang gesetzt haben, ist in vielen Ländern zu einer Volksbewegung geworden. Heute gibt es überall organisierte Whiskyclubs und -messen, Whiskyenthusiasten pilgern nach Schottland, um Brennereien zu besichtigen.

Wir Liebhaber von Malt Whisky vergessen manchmal, dass die überwiegende Mehrheit Blends trinkt. Neun von zehn verkauften Flaschen sind Blends. Sie suchen nicht nach einem *Sherry Bomb* oder einem richtig rauchigen Malt, sondern bevorzugen eine weiche Mischung – wie Famous Grouse oder Grants. Es kann leicht etwas snobistisch und exklusiv wirken, wenn behauptet wird, ein Single Malt sei „das einzig Wahre". Jeder hat ein Recht auf seinen eigenen Geschmack, aber man sollte sich an die Symbiose der beiden Whiskysorten erinnern, die 1905 bei der Diskussion um die Definition von Whisky deutlich wurde: Ohne Blends kein Malt.

Der Absatz von schottischem Whisky nimmt seit zwanzig Jahren – mit kleineren Aufs und Abs – stetig zu. Die Geschichte lehrt uns jedoch, dass auf einen Aufschwung normalerweise ein Abschwung folgt. Wir wissen nicht, wann er kommen und wie lange er dauern wird, wir können nur darüber spekulieren, wodurch er ausgelöst werden könnte. In den 1970er-Jahren ging die Bedrohung von anderen Alkoholika wie Wodka und Weißwein aus, heute sind Bourbon, Rum oder Gin die Herausforderer. Alle konnten in den letzten Jahren ihre Positionen deutlich ausbauen. Auch eine weltweite Rezession könnte sich negativ auswirken, denn weniger Geld in der Brieftasche bedeutet in der Regel den Kauf von billigerem Alkohol. Ein nicht unwahrscheinliches Szenario ist auch, dass eine neue Generation gesünder lebt und weniger trinkt – oder, wenn es nur um den Rausch geht, lieber Cannabis konsumiert, das in immer mehr Ländern legalisiert wird.

Egal was passiert: Schottischer Whisky ist heute beliebter denn je, und wir Whiskyliebhaber hatten noch nie eine größere Auswahl.

Orkneys
Rousay
Mainland
Kirkwall
Highland Park
Stromness
Scapa
Scapa Flow
Hoy
St Margaret’s Hope
Pentland Firth
Gills
Wolfburn
Thurso
Durness
Bettyhill
Tongue
Kinlochbervie
A9
Wick
Pulteney
A897
A99
A836
Latheron
Unapool
A838
Kinbrace
Lochinver
Helmsdale
Loch Shin
A9
Clynelish
Elphin
Lairg
Brora
A837
Golspie
Dornoch Firth
Dornoch
Ullapool
Balblair
Glenmorangie
Edderton
Tain
A9
Moray Firth
Teaninich
Dalmore
Alness
A835
Cromarty
Elgin
Banff
Glen Wyvis
A832
Nairn
Royal Brackla
Keith
A96
Glen Ord
Inverness
A96
A9
Tomatin

NÖRDLICHE HIGHLANDS

Clynelish

Wenn man das kleine Dorf Brora Richtung Norden verlässt, führt ein schmaler Weg nach links durch die Felder. Am Ende des Weges erblickt man Clynelish, das definitiv nicht aussieht, als stamme es aus dem Jahr 1819, als die Destillerie gegründet wurde. So ist es auch nicht. Die Brennerei-Gebäude wurden 1967 errichtet und haben moderne Fenster, die vom Boden bis zum Dach reichen und komplett geöffnet werden können. Das ist sehr praktisch, wenn Dachziegel ausgetauscht werden müssen oder wenn die Arbeit in der Nähe der heißen Brennblasen unerträglich wird. Diese geniale Idee hatte der Architekt Leslie Darge, der in den 1950er- und 1960er-Jahren den Um- und Neubau von nicht weniger als 46 Brennereien verantwortete.

Einige Meter weiter rechts stehen noch immer die alten Steinhäuser, in denen sich die ursprüngliche Brennerei befand. Der Bau der Destillerie kostete den Duke of Sutherland 750 Pfund und schaffte Arbeitsplätze für 50 Männer. (Ein krasser Gegensatz zu heute, wo eine Brennerei mithilfe von Computern von zwei Personen betrieben werden kann.) Mit der Zeit erwarb sich der Whisky aus Clynelish einen guten Ruf, und Blender aus ganz Schottland standen Schlange. In den 1960er-Jahren konnte die Brennerei die hohe Nachfrage nicht mehr bedienen und die neue wurde gebaut. Knapp ein Jahr lang produzierten beide Destillerien Whisky unter den Namen Clynelish A und B, bis die alte geschlossen wurde. Nicht für immer. Die Eigner besaßen auch Brennereien auf der Insel Islay, aber der trockene Sommer 1968 führte zu einer viel zu geringen Produktion des typisch-rauchigen Whiskys – sehr wichtig für den Charakter verschiedener Blends, z. B. Johnnie Walker. So wurde die alte Brennerei wiedereröffnet, um den Mangel auszugleichen. Das Rezept wurde rauchiger und die neu-alte Brennerei hieß von da an Brora.

Die Brennereien existierten nebeneinander, bis die Produktion in Brora 1983 eingestellt wurde. Zu dieser Zeit steckte der schottische Whisky in einer Krise. Die jüngere Generation bevorzugte Wodka und Weißwein, und Brora war eine von fast 30 Brennereien, die geschlossen wurde. Clynelish auf der anderen Straßenseite produzierte mit voller Kraft weiter.

Der Eigentümer Diageo war überrascht, als das Interesse der Konsumenten am alten Whisky aus Brora wieder anstieg. Es gab noch ausreichend Vorrat, um einige Abfüllungen zu testen. Die Kunden liebten das rauchige Aroma, und seit 2002 gibt es jedes Jahr einen *Brora Single Malt* – heute (leider) Sammlerobjekte. Der von 2017 kostete etwa 1.500 Euro. Doch die Geschichte ist nicht zu Ende. Im Herbst 2017 gab Diageo seine Absicht bekannt, Brora wieder zu eröffnen. Und nicht nur sie, sondern auch Port Ellen, eine andere Kult-Destillerie, die 1983 geschlossen worden war. Die Liebe und Hingabe der Whiskyenthusiasten lassen die Kassen klingeln.

DER ORT

Es liegt ein dunkler Schatten über dem Teil Schottlands, in dem Clynelish liegt. Von Mitte des 18. bis Mitte des 19. Jahrhunderts fanden hier Zwangsumsiedlungen statt, *The Highland Clearances*, durch die tausende Bauern ihr Land an reiche Landbesitzer verloren. Die Adeligen versprachen sich finanziell mehr von der Schafzucht auf diesem Boden, so dass die Bauern gezwungen waren, an die Küste zu ziehen oder auszuwandern. Zu den brutalsten Adeligen gehörte George Leveson-Gower. Er stammte aus einer der reichsten englischen Familien mit riesigen Besitztümern in Staffordshire und Yorkshire. Durch die Heirat mit Elizabeth Sutherland wurde er zum 1. Duke of Sutherland und konnte nun zudem große Teile Schottlands nördlich von Inverness sein Eigen nennen. Er und seine Frau regierten vom Schloss Dunrobin aus, acht Kilometer südlich von Clynelish, mit eiserner Hand. Zwischen 1811 und 1820 zwang er viele seiner Untertanen, ihre Häuser so schnell zu verlassen, dass sie kaum ihr Hab und Gut retten konnten. Es sei aber auch erwähnt, dass er Straßen und Häfen in einem Teil Schottlands bauen ließ, der bis dahin mehr oder weniger Wildnis gewesen war. Und um einigen der Vertriebenen die Chance zu geben, sich ihren Lebensunterhalt zu verdienen, gründete der Herzog 1819 auch die Clynelish Distillery. George Leveson-Gower stach aus diesem dunklen Kapitel aber nicht besonders hervor – er war eher ein typischer Vertreter einer Zeit, in der viele Menschen dem Industrialismus und dem Fortschritt geopfert wurden.

Dunrobin Castle südlich von Clynelish ist einen Besucht wert.

DER WHISKY

Ein Großteil der Clynelish-Produktion findet sich früher oder später in einer Flasche Blended Whisky wieder. Sein einzigartiger, wächserner Charakter prägt unter anderem den Geschmack von *Johnnie Walker Gold Label*. Dennoch füllen die Eigentümer auch mindestens zwei verschiedene Versionen Single Malt ab – einen 14-Jährigen sowie eine *Distiller's Edition*, die zusätzlich in Oloroso-Sherry-Fässern gelagert wird. Oft gibt es zudem eine spezielle Version, die in Fassstärke abgefüllt nur im Besucherzentrum der Brennerei verkauft wird. Auch unabhängige Abfüller lieben Clynelish, unter ihnen John Glaser, der ihn oft für seine Blends von Compass Box verwendet.

INTERESSANTES

Die Ironie an der Geschichte des skrupellosen ersten Herzogs von Sutherland ist, dass ihm 1837 auf dem Berg Ben Bhraggie im Dorf Golspie eine 35 Meter hohe Statue errichtet wurde, die von weiten Teilen des Gebiets aus sichtbar ist. Sie steht dort bis heute und ist ein Schlag ins Gesicht der späten Nachkommen derer, die er in eine ungewisse Zukunft vertrieben hat. Es wurden sowohl Forderungen gestellt, die Statue abzureißen, als auch illegale Versuche unternommen, sie in die Luft zu sprengen. Die meisten Anwohner denken allerdings, dass sie als Mahnmal an eine dunkle und schwierige Zeit stehenbleiben sollte, die nicht vergessen werden darf.

Die alte Brennerei Brora wird in einigen Jahren wiedereröffnet.

CLYNELISH AGED 14 YEARS

Aufregender Duft mit Nuancen von Wachs, Zitrus, Karamell und Äpfeln. Der Geschmack ist cremig und vollmundig mit tiefen Vanilletönen, heller Schokolade, Honigmelone, Biskuit, Orangenschale und Malz. Mittellanger Abgang mit perfekter Balance.

CLYNELISH DISTILLER'S EDITION

Würziges und kraftvolles Aroma mit Rumnuancen, Punschpralinen, Schaumzuckerbananen und karamellisiertem Zucker. Der Geschmack ist vollmundig und wärmend, zuckersüß und dennoch ausgewogen mit Eichennoten, gebrannten Mandeln, schwarzen Kirschen und Lorbeer.

FAKTEN

Gründung: 1819 · **Besitzer:** Diageo
Adresse: Brora, Sutherland KW9 6LR
Website: malts.com
Kapazität: 4,8 Millionen Liter
Ausstattung: 1 Maischbottich, 8 Gärbottiche aus Holz und 2 aus Edelstahl, 3 *wash stills*, 3 *spirit stills*

Dalmore

Um 1870 war es unüblich, dass schottischer Single Malt – oder *Self Whisky*, wie er damals genannt wurde – außerhalb der Britischen Inseln oder außerhalb Schottlands verkauft wurde. Stattdessen dominierte der irische Whiskey, und die Verbraucher begannen erst allmählich, sich für Blended Scotch zu interessieren. Daher war es umso beeindruckender, dass Dalmore-Whisky zu dieser Zeit in Australien erhältlich war. Aber damit gab sich Dalmore nicht zufrieden. In rasantem Tempo wurden Verkaufsbüros in Shanghai, Yokohama, Karatschi und anderen Städten im Fernen Osten eingerichtet. Die treibende Kraft hinter dieser Expansion waren die Brüder Andrew, Charlie und William Mackenzie. Sie hatten den Betrieb 1867 übernommen, als der Gründer Alexander Matheson noch Besitzer war. Andrew war zweifellos ein geborener Unternehmer. Neben der Destillerie hielt er eine Herde preisgekrönter Aberdeen-Angus-Rinder, die er stetig vergrößerte. Er veräußerte sie jedoch 1891, als die Familie Matheson ihm anbot, die Destillerie zu kaufen, und er die Einnahmen für diese Investition brauchte.

Während der fast 100 Jahre, in denen die Familie Mackenzie in Dalmore involviert war, erlebten sie alle Schwankungen in der Whiskyindustrie, die durch zwei Weltkriege und die 13-jährige Prohibition in den Vereinigten Staaten verursacht wurden. Trotz des frühen Erfolgs des Single Malts in Asien entschied sich Mackenzie, den Verkauf zunehmend von Blendern übernehmen zu lassen, denn nach dem Zweiten Weltkrieg war vor allem Blends gefragt. Um seine Position zu stärken, fusionierte Dalmore 1960 mit seinem wichtigsten Kunden Whyte & Mackay. Noch heute gehört Dalmore (ebenso wie Jura, Fettercairn und Tamnavulin) zu Whyte & Mackay, die wiederum nur ein kleiner Teil des philippinischen Großkonzerns Emperador sind – Hersteller des weltweit meistverkauften gleichnamigen Brandys.

In Verbindung mit Dalmore fällt immer wieder der Name Richard Paterson. Er begann 1972 bei Whyte & Mackay zu arbeiten. Nur fünf Jahre später, im Alter von 26 Jahren, wurde er zum *master blender* (Blendmeister) ernannt und war für den Geschmack und die Qualität des gesamten Whiskys verantwortlich. Blender sind meist stille Menschen, die es vorziehen, ihre Tage im Geschmackslabor zu verbringen, wo sie, oft in einen weißen Laborkittel gekleidet, Hunderte von Proben durchgehen. Nicht Richard Paterson. Er fällt auf. Stets perfekt gekleidet, im dunklen Anzug, mit weißem Hemd, eleganter Krawatte und passendem Einstecktuch, reist er zu Whiskymessen, um das Whisky-Evangelium zu predigen. Seine Geschmacksproben erinnern oft an einen Gottesdienst. Aber das ist nur eine Seite. Nach mehr als 50 Jahren in der Branche ist er der Hauptgrund für Dalmores Aufstieg von einem völlig unbekannten anonymen Whisky zu einem wirklich großen Namen. Patersons Bedeutung für das Unternehmen zeigt sich auch in der Versicherung seiner Nase für 1,5 Millionen Euro bei Lloyd's of London.

DER ORT

Nähert man sich der kleinen Gemeinde Alness von Süden über die A9, muss man nur den braun-weißen Schildern mit der Aufschrift „Dalmore Distillery" folgen und steht nach wenigen Minuten vor dem Gebäude mit Blick über die Nordsee und den Cromarty Firth. Ein toller Ort, aber auffälliger als die wunderschöne Landschaft sind heute eine Reihe Ölplattformen, die wie Dinosaurier kurz vor der Küste im Meer dümpeln. Gibt es so nah am Land wirklich Öl? Nein. Ihr „Jagdrevier" liegt viel weiter draußen, aber seit den frühen 1970er-Jahren werden diese Giganten zur Reparatur hierher geschleppt. Die sinkenden Ölpreise haben diesen Ort zu einem Parkplatz für Ölplattformen gemacht, die nicht mehr rentabel sind – zumindest momentan nicht. Sie warten hier auf neue Aufgaben oder werden zu Metallschrott.

Eine andere, völlig gegensätzliche Seite des Cromarty Firth ist seine Bedeutung für viele verschiedene Meereslebewesen. Das Gebiet ist wegen seiner Bedeutung als Lebensraum für Delfine, Tümmler, Robben und Wale geschützt. Man kann Beobachtungstouren buchen. Die Delfinsaison dauert von März bis Oktober. Man sollte aber darauf achten, die Touren bei einem seriösen Unternehmen zu buchen, das die Richtlinien des Dolphin Space-Programms achtet und die Tiere so wenig wie möglich stört.

Im Cromarty Firth warten Ölplattformen auf Reparatur.

DER WHISKY

Wie bei Glenfarclas und Macallan basieren auch die Geschichte und der Ruhm von Dalmore Single Malt auf der Lagerung in Sherryfässern. Wie ein Whisky in einem kräftigen Sherryfass aus europäischer Eiche reift, hängt in hohem Maße von der Art des rohen Alkohols ab. Dalmores *Newmake* ist schwer und schmackhaft und nimmt die Sherry-Eiche gut auf, ohne den typischen Brennerei-Charakter zu verlieren. Seit mehr als 100 Jahren arbeitet Dalmore mit der Sherrykellerei González Byass in Jerez zusammen, die sie seitdem mit erstklassigen Sherryfässern beliefert.

Das Grundsortiment der Brennerei umfasst 12-, 15-, 18- und 25-jährigen Whisky. Weitere Whiskys sind *King Alexander III.*, *Cigar Malt* und *Port Wood Reserve*. Zuletzt wurde mit *Valor*, *Regalis*, *Luceo* und *Dominium* ein gutes Duty-free-Sortiment aufgebaut. Die meisten sind relativ erschwinglich, wenn auch der 25-Jährige beeindruckende 750 Euro kostet. Die Eigentümer haben sich aber auch als Anbieter von extrem teuren Spezialabfüllungen einen Namen gemacht, die sich an eine Handvoll Millionäre mit Whiskyinteresse richten. Vor einigen Jahren wurde ein 62-jähriger Dalmore für 131.000 Euro verkauft. Insgesamt wurden davon zehn Flaschen auf den Markt gebracht.

Richard Patersons Verdienste ehrte die Brennerei 2013 mit der *Dalmore Paterson Collection* – ein Set mit zwölf exklusiven Single Malts. Es dauerte mehr als vier Jahre, bis ein Käufer in Erscheinung trat. Im Oktober 2017 zahlte „ein junger chinesischer Sammler" über eine Million Euro für die Kollektion.

INTERESSANTES

Während des Ersten Weltkrieges musste Dalmore, wie auch viele andere Brennereien, die Produktion einstellen, weil Gerste als Nahrungsmittel gebraucht wurde. Aber auch nach dem Krieg, als die Konkurrenten ihre Kessel wieder befeuerten, blieb die Brennerei weiter geschlossen. In ihre Räumlichkeiten war nämlich die Royal Navy gezogen, um Minen für die US-amerikanische Marine herzustellen. Cromarty Firth ist ein Tiefseefjord, der sich als perfekter Marinestützpunkt erwies. Die Brennerei wurde 1920 an die Mackenzies zurückgegeben, befand sich jedoch in einem katastrophalen Zustand – wahrscheinlich, weil dort eine Mine explodiert war. Erst nach drei Jahren konnte die Produktion wieder aufgenommen werden.

DALMORE 12 YEAR OLD

Kräftiger Duft mit Noten von Butter, frisch geschnittenem Gras, Rosinen, Sherry, Walnüssen und Zitronencreme. Der Geschmack ist voll und weich mit Nuancen von braunem Zucker, dunkler Schokolade und Pfirsichen mit Zabaione.

DALMORE CIGAR MALT

Rundes und angenehmes Aroma mit Noten von feuchter Erde, Puffweizen, Rotweinessig, getrockneten Früchten, Karamell, Pastinaken und Lakritz. Der Geschmack ist kraftvoll mit Nuancen von Honig geröstetem Wurzelgemüse, dunkler Schokolade, Kaffee, Anis, gerösteten Nüssen und einem Hauch Pfeffer.

FAKTEN

Gründung: 1839
Besitzer: Whyte & Mackay Ltd. (Emperador Inc.)
Adresse: Alness, Ross-shire IV17 0UT
Website: thedalmore.com
Kapazität: 4,3 Millionen Liter
Ausstattung: 1 Maischbottich, 8 Gärbottiche aus Holz, 4 *wash stills*, 4 *spirit stills*

Glenmorangie

Obwohl Glenmorangie bereits 1843 gegründet wurde, begann erst 1918 mit dem Auftreten des Großkunden Macdonald & Muir die Reise an die Spitze, wo sich der Single Mal heute als viertbeliebtester der Welt etabliert hat. Vor mehr als zehn Jahren wurde die Brennerei an das französische Luxusgüterunternehmen Louit Vuitton Moët Hennessy (LVMH) verkauft. Der Besitzer, Bernard Arnault, ist einer der reichsten Männer der Welt. Seitdem ist Glenmorangie Teil einer bunten Sammlung aus Whisky, Champagner, Schmuck, Taschen und Parfüm. Aber die neuen Besitzer sind klug genug, den Single Malt weiterhin von sachkundigen Menschen in Schottland produzieren zu lassen, ohne sich einzumischen.

Eine zusätzliche Lagerung in anderen als den ursprünglich verwendeten Fässern wird als *Finish* bezeichnet. Meist sind es weitere sechs bis zwölf Monate in Fässern, die vorher Sherry, Wein, Madeira oder ähnliches enthielten. Viele Konsumenten schätzen die so entstehende zusätzliche Dimension des Geschmacksbildes. William Grant & Sons behaupten, als Erste dieses Verfahren ab Mitte der 1980er-Jahre bei ihrem *Balvenie Classic* angewendet zu haben. Sie füllten den in alten Bourbonfässern gereiften Balvenie zur weiteren Lagerung in Sherryfässer um. Bill Lumsden, Whisky-Schöpfer bei Glenmorangie, behauptet hingegen, der Trend habe 1987 mit einem 1963 destillierten Glenmorangie begonnen, der weitere 18 Monate in Sherryfässern reifte. Wer auch immer der Erste war: Glenmorangie war die Destillerie, die in den folgenden Jahren am härtesten am Bekanntwerden dieser neuen Methode arbeitete. Man probierte verschiedene Finishing-Fässer aus, Madeira, Rum, Burgunder, Portwein, Rioja ... Heute besteht das Basissortiment weitestgehend aus Sherry-, Portwein- und Sauternesfässern.

Das Interesse von Bill Lumsden und Glenmorangie beschränkt sich jedoch nicht nur auf die unterschiedlichen vorherigen Fassinhalte. Die Eiche selbst ist mindestens genauso wichtig. Seit 1949, als Glenmorangie begann, amerikanische Bourbonfässer zu importieren, dauert die Suche nach der perfekten Eiche an. Glenmorangie kaufte sich in den Wäldern der Ozark Mountains in Missouri ein, um ihre eigenen „Designerfässer“ zu schaffen, *Artisan Casks* genannt. Die Eichendauben, lange luftgetrocknet, hatten die optimale Dichte, um alle gewünschten Aromen zu liefern. Das Fass wurde mit Jack Daniels und anderem amerikanischen Whisky gefüllt. Nach dem Entleeren wurden sie nach Schottland verschifft, und auch heute noch basiert Glenmorangies DNA auf amerikanischer Eiche.

Obwohl ein großer Teil von Glenmorangies Charakter von dem ausgewählten Fass abhängt, spielen auch andere Faktoren eine Rolle. Die meisten Brennereien in Schottland verwenden weiches Wasser. Glenmorangie (ebenso wie Highland Park und einige mehr) nutzt hartes Wasser mit einem hohen Anteil an Mineralien. Laut Bill Lumsden verleiht dies dem Whisky eine gewisse Fruchtigkeit. Außerdem verwenden sie die höchsten Kessel in Schottland. Alle zwölf sind Kopien der ursprünglichen Ginkessel. Das Ergebnis ist ein sauberer, fruchtiger und köstlicher *Newmake*. Zusätzlich sorgen die hohen, schmalen Kupferkessel aber auch für ein besonderes Flair: Betritt man den luftigen Raum mit seinen zwölf Kupfergiraffen und den wunderschön dekorierten Fenstern, fühlt man sich wie in einer Kathedrale und wird ganz andächtig.

DER ORT

Die Destillerie liegt wunderschön etwa vierzig Kilometer nördlich von Inverness, an der A9. Von der Brennerei aus blickt man auf das Vogelparadies Dornoch Firth, wo im Sommer Fischadler in der Bucht jagen und im Herbst tausende Enten und Watvögel ruhen. Manchmal sieht man auch Delfine, obwohl sie weiter südlich in Moray Firth häufiger sind. Zusammen mit der Marine Conservation Society und der Heriot-Watt University hat die Brennerei ein Projekt zur Wiederansiedlung der Europäischen Auster (*Ostrea edulis*) in Dornoch Firth gestartet, die früher in ganz Europa heimisch war, bevor sie von der japanischen Riesenauster verdrängt wurde.

Dr. Bill Sanderson zeigt ein paar der bedrohten Austern in Dornoch Firth.

Man kann sehr schön in der nahegelegenen Gemeinde Tain übernachten. Noch besser ist es aber, die Brücke zur Nordseite der Bucht zu überqueren und im Dornoch Castle in der gleichnamigen Stadt einzuchecken. Die Familie Thompson hat großes Interesse an Whisky und verfügt über eine der bestausgestatteten Hotelbars, die ich je gesehen habe. Außerdem haben die Söhne der Familie, Phil und Simon, kürzlich eine eigene Minibrennerei in der alten Feuerwache neben dem Hotel eröffnet.

DER WHISKY

Als Whiskyenthusiast wird man oft gefragt: „Welcher ist Ihr Favorit?“ Eine einfache Frage, die unmöglich zu beantworten ist. Es hängt von der Jahreszeit, der Gesellschaft, der Stimmung und vielen anderen Faktoren ab. Eine diplomatische Antwort gewinnt jedoch selten Punkte. Wenn ich einen Namen nennen muss, dann Glenmorangie. Warum? Diese Brennerei enttäuscht mich so gut wie nie. Alles ist gut gemacht, und ihr 10-Jähriger ist mein Hauswhisky. Die Einfachheit der Lagerung (*first fill bourbon* und *refill bourbon*) und die frische, fruchtige Natur ihres *Newmakes* sind eine perfekte Kombination. Hinzu kommen drei klassische Finishes, *Lasanta* (Sherry), *Quinta Ruban* (Portwein) und *Nectar D'Or* (Sauternes). Als i-Tüpfelchen bringt die Brennerei jedes Jahr im Februar eine limitierte Edition in der *Private-Edition*-Reihe auf den Markt. Hier geht Bill Lumsden jedes Mal aufs Ganze und verwendet Fasskombinationen, die immer interessant sind – meist sogar brillant. Das neueste Produkt der Linie ist *Spios*, der in amerikanischen Rye-Whiskey-Fässern gereift ist.

INTERESSANTES

Auf allen Glenmorangie-Flaschen ist ein verziertes Symbol abgebildet, das sich auch im schönen Fenster des Kesselhauses wiederfindet. Inspiriert wurde sie durch einen Stein aus dem 9. Jahrhundert, der in Hilton of Cadboll stand, etwa zehn Kilometer südwestlich der Brennerei. Der zweieinhalb Meter hohe und kunstvoll verzierte Stein befand sich ab dem 17. Jahrhundert in der örtlichen Kirche und kam 1860 als Gartenornament nach Invergordon Castle. Als die Familie MacLeod das Schloss 1921 verkaufte, wurde der Stein dem British Museum in London geschenkt. Die Wut darüber, dass ein nationales Kleinod wie dieses in die Hände des „Erzfeindes“ England fiel, war groß, und so wurde *The Cadboll Stone* bald darauf in seine Heimat zurückgebracht und ist nun im Nationalmuseum in Edinburgh zu sehen. 2000 beauftragte Glenmorangie den Künstler Barry Grove, eine Kopie in Originalgröße anzufertigen. Nach vier Jahren Arbeit steht diese nun an der Stelle, an der das Original vor 1.200 Jahren errichtet wurde.

Barry Groves Kopie des *Cadboll Stone*.

GLENMORANGIE THE ORIGINAL 10 YEARS OLD

Frisches Aroma mit leichten Butternoten, nach frisch geschnittenem Gras, Zitrone, Orange, fruchtigen Kaubonbons und Koriander. Der Geschmack ist cremig mit weiteren Zitrusnoten sowie Noten roter Äpfel.

GLENMORANGIE NECTAR D'OR

Ein Duft nach Honig, Emser-Pastillen, Lavendel, Malteser Reis und einer leicht unreifen Papaya oder Mango. Cremiges Mundgefühl mit Aromen von Honig, Puffweizen, Marzipan und Kuchenglasur.

FAKTEN

Gründung: 1843
Besitzer: The Glenmorangie Co. (LVMH)
Adresse: Tain, Ross-shire IV19 1PZ
Website: glenmorangie.com
Kapazität: 6 Millionen Liter
Ausstattung: 1 Maischbottiche, 12 Gärbottiche aus Edelstahl, 6 *wash stills*, 6 *spirit stills*

Highland Park

Als eine der wenigen verbliebenen Brennereien aus dem 18. Jahrhundert hat Highland Park eine lange Tradition, die gut vermarktet werden könnte. Aber die Betreiber gingen noch einmal tausend Jahre weiter zurück, in die Zeit der Wikinger. Vierhundert Jahre prägten diese Orkney als Eroberer und Herrscher. Die Inseln waren bis 1468 der dänisch-norwegischen Krone unterstellt. Als König Christian I. seine Tochter 1469 mit Jakob III. von Schottland verheiratete, übergab er als Mitgift die Orkneys – unter dem Vorbehalt, dass zukünftige norwegische Herrscher die Inseln jederzeit für 210 Kilo Gold und 2.300 Kilo Silber zurückkaufen können. Bislang hat kein norwegischer König die Inseln wieder beansprucht.

Die Spuren der Wikinger sind bis heute deutlich sichtbar. Eine Studie ergab, dass 25 % der Bevölkerung von den Wikingern abstammen. Viele Stadt- und Personennamen zeugen noch heute vom Einfluss der Norweger. Die Eigentümer von Highland Park, die Edrington Group, betonen das Wikingererbe sehr. Seit 2017 nennen sie ihren Whisky *The Orkney Single Malt With Viking Soul* und bringen die meisten ihrer Abfüllungen mit der nordischen Mythologie in Verbindung oder benennen sie nach Wikingern.

Aber die Verdoppelung der Verkaufszahlen in den letzten zehn Jahren ist nicht nur auf gutes Marketing zurückzuführen. Der Whisky ist von hoher Qualität, was auch an den hochwertigen Sherryfässern liegt. *Highland Park Single Malt* hat rauchige Noten, die jedoch nicht so stark sind wie die von Islay oder aus der Talisker-Destillerie. Der Rauch bildet eher einen subtilen Hintergrund für die anderen Aromen. Außerdem ist er völlig anderer Natur. Anstelle eines Strandspaziergangs mit Meer, Algen und Teer gleicht Highland Park in der Nase einer Wanderung durch eine blühende Heide.

Die Brennerei mälzt 30 % ihres Getreides selbst. Der zum Trocknen verwendete Torf stammt aus dem etwa zehn Kilometer entfernten Hobbister Moor. Früher wuchsen Bäume auf Orkney, aber die sind schon vor 8.000 Jahren größtenteils verschwunden. Der größte Teil des verwendeten Torfs ist jünger, was zu anderen Whiskynoten beiträgt. Aber die Bäume sollen zurück nach Orkney gebracht werden. In den 1990er-Jahren startete ein langfristiges Pflanzungsprojekt, und bisher sind 150 Hektar neuer Wald entstanden.

DER ORT

Highland Park liegt auf Mainland – ein irreführender Name für einen Ort im Atlantik, zwanzig Kilometer vom schottischen Festland entfernt. Aber so nennen die Einheimischen die größte der insgesamt 70 Inseln der Inselgruppe. Orkney ist am einfachsten mit der Fähre von Scrabster aus zu erreichen, die Fahrt dauert etwa 1,5 Stunden. Man kann aber auch ab Aberdeen fliegen, dann sind es nur 50 Minuten. Der Nachteil sind die unvorhersehbaren Winde, die manche Landung zu einem Albtraum machen. Wegen dieser Unwägbarkeiten wird man am Flughafen nicht mit einem „Schön, Sie zu sehen!“, sondern mit einem leicht überraschten „Ah, also haben Sie es geschafft!“ begrüßt.

Neben der Besichtigung von Highland Park gibt es in Orkney noch so viel mehr zu erleben, dass ein einwöchiger Besuch kaum ausreicht. Skara Brae, UNESCO-Weltkulturerbe, ist das restaurierte Überbleibsel einer Siedlung. Sie wurde in den 1850er-Jahren entdeckt, als Stürme die Gebäude freilegten. Die Herkunft der Menschen, die dort vor 5.000 Jahren leben, ist nicht geklärt. Auf der winzigen Insel Lamb Holm befindet sich die *Italian Chapel*. Sie wurde im Zweiten Weltkrieg von italienischen Kriegsgefangenen errichtet, die 1942 hier die *Churchill Barriers* bauen sollten – ein Schutz für die Flottenbasis in der Scapa Flow. Die katholischen Gefangenen bauten sich eine einzigartige Kapelle aus Autoteilen, Blechdosen und Beton, um einen religiösen Versammlungsort zu haben.

Ebenfalls einen Besuch wert sind der *Ring of Brodgar* – eine beeindruckende, 4.000 Jahre alte Steinsetzung mit 25 riesigen Steinen – oder Yesnaby mit seinen atemberaubenden Klippen, die Sie geradewegs in den Atlantik hinunter zu ziehen scheinen, wenn Sie zu nahe am Abgrund stehen.

Die Steine im *Ring of Brodgar* wurden vor 4.500 Jahren aufgestellt.

DER WHISKY

Ein Großteil des Charakters von Highland Park Whisky beruht darauf, dass vor der Maische fast ausnahmslos eigene gemälzte und geräucherte Gerste mit ungeräucherter Gerste vom Festland gemischt wird. Das Ergebnis ist eine ausgeglichene Rauchnote (subtil, wenn der Whisky gereift ist) in Kombination mit Heidehonig und Zitrusnoten. Üblicherweise nutzt man eine Kombination aus Bourbon- und Sherryfässern, aber gelegentlich erscheinen Abfüllungen, die nur in einer Fassart gereift sind. Nach einem umfassenden Relaunch im Jahr 2017 umfasst das heutige Basissortiment sechs Single Malts mit Altersangabe: 10 Jahre – *Viking Scars*, 12 Jahre – *Viking Honour*, 18 Jahre – *Viking Pride* sowie 25, 30 und 40 Jahre. Zusätzlich gibt es fast zehn Duty-free-Versionen, ein Sortiment, das derzeit von Grund auf umgestaltet wird. Die erste der neuen Sorten ist *Voyage of the Raven* mit einem hohen Anteil an *first-fill*-Sherry. Parallel zu diesem Sortiment gibt es immer wieder limitierte Sonderabfüllungen, zum Beispiel *Valkyrie*, eine Bourbon-Sherry-Kombination, gefolgt von *Valknut* und *Valhalla*. Etwas teurer sind *The Dark* (100 % Sherrylagerung) und *The Light* (100 % Bourbon). Exklusiv für den wichtigen US-Markt wurde *Full Volume* entwickelt, während die Briten *Dragon Legend* genießen können. Aber was die Fans wirklich begeistert, sind die ungefähr fünfzig *single casks*, die in den letzten Jahren in den Verkauf kamen. Eine der treibenden Kräfte dahinter ist der unermüdliche Markenbotschafter Martin Markvardsen, der 200 Tage im Jahr rund um die Welt reist, um Highland Park Whisky zu repräsentieren.

INTERESSANTES

Von der Highland-Park-Brennerei hoch oben in Kirkwall blickt man auf die Bucht Scapa Flow hinunter, die während beider Weltkriege als Basis für englische Kriegsschiffe diente. Nach der deutschen Kapitulation im Ersten Weltkrieg 1918 befahlen die Siegermächte allen deutschen Schiffen, nach Scapa Flow zu fahren. Hier sollten sie während der Friedensverhandlungen ankern. Die Franzosen wollten mit den Schiffen ihre eigene Flotte aufbauen, während die Engländer sie lieber verschrottet hätten. Bevor eine Entscheidung getroffen werden konnte, gelang es dem deutschen Admiral Ludwig von Reuter am 21. Juni 1919 mithilfe an Bord internierter deutscher Seeleute, 52 der 74 Schiffe zu versenken, damit sie nicht in die Hände der Alliierten gelangten. In den folgenden 15 Jahren wurden die meisten Wracks von dem Unternehmer Ernest Cox geborgen und als Metallschrott verkauft. Die übrigen sind beliebte Ziele für Freizeittaucher.

Der deutsche Kreuzer S137 wurde von seiner eigenen Besatzung in der Bucht Scapa Flow versenkt.

HIGHLAND PARK 12 YEAR OLD

Angenehmer und blumiger Duft mit Nuancen von lauwarmem Honig, Orange, Mazarin-Gebäck und getrockneten Aprikosen. Der Geschmack ist herrlich fruchtig mit roten Äpfeln, Fruchtbonbons, Honig und süßer Lakritze. Etwas pfeffrig und dezent mit ausgewogener Rauchnote.

HIGHLAND PARK 18 YEAR OLD

Ausgewogenes Aroma mit Nuancen von heller Schokolade, Orangenmarmelade, Gras und etwas Rauch. Der Geschmack ist vollmundig und charakteristisch mit gut eingebundener Rauchnote, dunkler Schokolade, Ingwer und etwas Bitterkeit von der Eiche. Langer Abgang mit Tönen von roter Chili und Lakritz.

FAKTEN

Gründung: 1798
Besitzer: The Edrington Group
Adresse: Holm Road, Kirkwall, Orkney KW15 1SU
Website: highlandparkwhisky.com
Kapazität: 2,5 Millionen Liter
Ausstattung: 1 Maischbottich, 12 Gärbottiche aus Holz, 2 *wash stills*, 2 *spirit stills*

Pulteney

Bis zum Bau von Wolfburn 2012 war Pulteney die nördlichste Brennerei auf dem Festland. Sie wurde nach Sir William Pulteney benannt – ein gebürtiger Schotte, der zu einem der reichsten Männer Englands wurde und große Summen in Bauprojekte aller Art investierte. Er beauftragte Thomas Telford, den großen Architekten des 19. Jahrhunderts, unter anderem mit dem Entwurf einer ganz neuen Stadt. Pulteney war Vorsitzender der British Fisheries Society und wollte in ihrem Namen den Fischereihafen Wick in Caithness erweitern. 1808 war das Projekt zu einer eigenständigen Gemeinde auf der Südseite des Wick River mit Wohngebäuden und Infrastruktur herangewachsen. Zu diesem Zeitpunkt war William Pulteney bereits tot, und Telford nannte die neue Gemeinde im Gedenken an den Auftraggeber Pulteneytown. Man kann sich kaum vorzustellen, dass in dieser Stadt (mit heute etwa 7.000 Einwohnern) Mitte des 19. Jahrhunderts Europas größter Heringsfischereihafen lag. Zu Stoßzeiten machten sich von dort mehr als 1.000 Boote gleichzeitig auf die Jagd den *Silver Darlings* – wie die Heringe von den Schotten genannt wurden. Seit Beginn des 20. Jahrhunderts ist Pultneytown ein Teil von Wick.

Dort, ein paar hundert Meter vom Hafen entfernt, baute James Henderson 1826 die Brennerei, die fast 100 Jahre lang in Familienbesitz blieb, bevor sie sie an die angesehene Firma James Watson & Co. aus Dundee verkauft wurde. Ein paar Jahre später wurde sie von der Familie Dewar übernommen, aber dann ging es bergab. Das Alkoholverbot in den Vereinigten Staaten und ein erheblicher wirtschaftlicher Abschwung in Großbritannien sorgten dafür, dass die schottischen Whiskyhersteller auf großen Lagerbeständen sitzenblieben. Distillers Company Ltd., damals Eigentümer von Pulteney, schloss die Brennerei 1930. Drei Jahre später produzierten nur noch zwei Malt-Brennereien in ganz Schottland – Glenlivet und Glen Grant. Nach der Aufhebung des Alkoholverbots durch US-Präsident Roosevelt nahmen die Brennereien nacheinander den Betrieb wieder auf, Pulteney blieb jedoch bis 1951 geschlossen. Dann erschien Robert „Bertie" Cumming, ein Anwalt aus Banff. Drei Jahre zuvor hatte er Balblair, eine weitere geschlossene Brennerei, wieder auf die Beine gestellt. Er tat dasselbe mit Pulteney, verkaufte sie aber nach ein paar Jahren wieder. Nach 40 Jahren und mehreren Besitzerwechseln übernahm InverHouse die Leitung der Brennerei.

Ich mag die Pulteney-Brennerei. Sie ist eng, auf charmante Weise altmodisch und erzählt eine aufregende Geschichte über den Charakter des Whiskys. Eine Brennblase mit einem großen *boil ball* und ein *purifier* an der anderen Brennblase verraten, dass durch den erhöhten Kupferkontakt während der Destillation ein leichter und fruchtiger Whisky entstehen soll. Aber dann werden die Dämpfe durch die Wand herausgeleitet, um in altmodischen *worm tubs* zu kondensieren, was dem Getränk einen robusten Charakter verleiht. Dieser doppelbödige Prozess trägt viel zu Old Pulteneys aufregendem Geschmack bei.

DER ORT

Ich mag *Old Pulteney Single Malt* und auch die Brennerei, aber sie liegt recht abgeschieden. Es gibt einige Brennereien nördlich von Inverness, die so nah beieinander liegen, dass man nicht weit fahren muss. Nur Clynelish liegt etwas abseits. Und von dort aus sind es noch einmal 1 Stunde und 20 Minuten auf der A9 bis Wick und Pulteney. Zum Glück ist es aber eine wirklich schöne Straße, die ein ganzes Stück die Nordseeküste entlangführt. Die Brennerei befindet sich mitten in der Stadt, genauso eingepfercht wie Oban und Glen Garioch. Sehr charmant und einen Besuch wert, aber erwarten Sie nicht zu viel – es werden „nur" zwei Besichtigungstouren angeboten. Ein bisschen weiter nördlich liegt das Wick Heritage Museum, ein leuchtendes Beispiel dafür, was freiwillige Kräfte mit Leidenschaft erschaffen können. Heute ist das Museum zwar ein Unternehmen mit Angestellten, aber die Liebe der engagierten Bewohner ist in jeder Ausstellung spürbar.

Ein Gewimmel aus Fischerbooten im Hafen von Pulteney im späten 19. Jahrhundert.

DER WHISKY

Old Pulteney (so heißt der Whisky, die Brennerei heißt Pulteney) wird oft *the maritime malt* oder *the manzanilla from the North* genannt. Dahinter verbirgt sich die Idee, dass der Whisky, der nur einen Steinwurf von der Nordsee entfernt gelagert wird, seinen trockenen Charakter mit einer Prise Salz aus dem Meer erhält. Ähnlich wie *Finosherry Manzanilla*, der in der Küstenstadt Sanlucar de Barrameda in Südspanien hergestellt wird. Ist das wirklich wahr? Wir befinden uns hier auf dünnem Eis. Dass die Idee des Terroir, ein Konzept aus der Weinwelt, nach dem die Umwelt das Produkt prägt, auch für Whisky gelten könnte, ist relativ neu und umstritten. Ich möchte sie nicht abtun, habe aber das Gefühl, dass sie weiterer Forschung bedarf. In jedem Fall besitzt Old Pulteney eine schöne Kombination aus malziger Schwere und subtiler Frucht. Derzeit besteht das Grundsortiment aus 12-, 17-, 25- und 35-Jährigen. Ich sage „derzeit", weil der 17-Jährige gerade in den Verkauf kommt. Darüber hinaus gibt es einen Einstiegswhisky ohne Altersangabe, *Navigator*. Für den zollfreien Markt wird eine Reihe abgefüllt, die nach Leuchttürmen in der Nähe von Pulteney benannt ist: *Noss Head, Duncansby Head* und *Dunnet Head*. Regelmäßig werden spannende Vintage-Veröffentlichungen herausgebracht, die neuesten sind von 1983, 1990 und 2006.

INTERESSANTES

Das 1920 in den Vereinigten Staaten eingeführte Alkoholverbot hatte Auswirkungen auf viele Länder der Welt. *The Temperance Act* gab den Gemeinden in Schottland das Recht, die gleichen Einschränkungen zu verhängen, wenn eine Mehrheit der Einwohner dafür stimmte. Am 28. Mai 1922 fand in Wick eine solche Abstimmung statt, und 62 % befürworteten ein Alkoholverbot. Daraufhin blieb die Stadt 25 Jahre lang trocken – fast doppelt so lange wie die Vereinigten Staaten. Es gab während dieser Zeit vier weitere Abstimmungen, aber die Abstinenzler gewannen jedes Mal. Gegner des Verbots argumentierten, die Wirtschaft der Stadt leide darunter, dass die Heringsfischer das nahe gelegene Peterhead als Heimathafen bevorzugten – wo sie nach dem täglichen Fischen einen Schluck trinken konnten. Aber erst 1947 durften die Pubs in Wick wieder Alkohol ausschenken.

Eine der Abfüllungen der Brennerei wurde nach dem Leuchtturm Dunnet Head benannt.

OLD PULTENEY AGED 12 YEARS

Herbstliches Aroma mit Noten von regennassem Wald, Pilzen, getrockneten Früchten, Vanilletoffees und Donuts. Der Geschmack ist einfach, aber ehrlich mit Vanille, Menthol, Orange und einem trockenen Abgang.

OLD PULTENEY AGED 17 YEARS

Ein Duft nach Herbstwald, Erde und Pilzen, kandierter Orangenschale und gerösteten Haselnüssen. Der Geschmack ist recht trocken mit Noten von Obstkuchen, braunem Zucker, Walnüssen und Gewürznelke. Mittlerer Abgang mit Lakritz- und Vanilleeisnoten.

FAKTEN

Gründung: 1826
Besitzer: Inver House Distillers
Adresse: Huddart Street, Wick, Caithness KW1 5BA
Website: oldpulteney.com
Kapazität: 1,8 Millionen Liter
Ausstattung: 1 Maischbottich, 7 Gärbottiche aus Edelstahl, 1 *wash still*, 1 *spirit still*

Tomatin

Mit einer Produktion von rund zwei Millionen Litern Whisky pro Jahr gehört Tomatin zu den kleineren Destillerien. Früher einmal war sie jedoch Schottlands größte Brennerei. Ihre Blütezeit begann kurz nach dem Zweiten Weltkrieg, als das Interesse an schottischem Whisky explodierte. Es ging damals nicht um Single Malt, sondern um Blended Scotch wie Johnnie Walker, J & B und Bell's. Die Produzenten dieser Bestseller benötigten große Mengen an Malt Whisky, und Tomatin belieferte sie umgehend. Die Zahl der Kessel stieg 1956 von zwei auf vier, und die Produktion nahm weiter Fahrt auf. Acht Jahre später waren es elf Kessel und 1974 wurden weitere zwölf installiert. Insgesamt 23 Kessel und eine Kapazität von fast 13 Millionen Litern Whisky!

Diese Expansion hatte wahrscheinlich das schlechteste Timing in der Geschichte des schottischen Whiskys. Es gab deutliche Anzeichen dafür, dass die guten Zeiten zu Ende gingen. Die Ölkrise von 1973 sendete weltweit wirtschaftliche Schockwellen aus, und die neue Generation begann ihre Präferenzen in Bezug auf Alkohol zu ändern. Weißwein und Wodka waren die Wahl der Jugendlichen, nicht der altmodische Whisky, den ihre Eltern tranken. Bei Tomatin wurde jedoch mit voller Kraft gearbeitet, bis man 1980 auf die Bremse trat. Zu spät, wie sich herausstelle. 1985 ging die Brennerei in Konkurs und wurde geschlossen. Aber dann kam die Rettung in Gestalt von Japans größtem Spirituosenproduzenten: Takara Shuzo, Hersteller von Sake und Shochu, hatte seit den 1960er-Jahren große Mengen Single Malt von Tomatin gekauft, um die neu entdeckte Vorliebe seiner Landsleute für Whisky zu befriedigen. Er übernahm Tomatin – das erste japanische Unternehmen, das in die schottische Whiskyindustrie investierte.

Heute sind die Eigentümer dieselben, aber vieles hat sich geändert. Von den 23 Kesseln sind zwölf übrig und nur zehn werden in der Produktion eingesetzt. Tomatins Bestreben, Malt für den Weiterverkauf an Blender zu produzieren, wurde weitgehend eingestellt. Heute wird der Whisky verwendet, um ein wachsendes Sortiment an wirklich gutem Single Malt zu kreieren. Auch wurde ein Besucherzentrum errichtet, das jährlich 40.000 Besucher hat. Dort kann man in einen nicht mehr genutzten Maischbottich hineingehen. Soweit ich weiß, ist Tomatin die einzige Brennerei, in der das möglich ist.

Zwei Menschen, die viel für die Brennerei leisteten, habe ich bei einem Besuch bei Tomatin getroffen. Douglas Campbell begann 1961dort zu arbeiten und wurde schließlich Brennerei-Manager. Er ging 2011 in den Ruhestand, führt aber weiterhin gut besuchte Touren durch. Seine Geschichten sind Gold wert. Die Queen würdigte ihn 2013 mit der Aufnahme in den *Order of the British Empire*. Sein Nachfolger, Graham Eunson, war Manager bei Glenmorangie und Glenglassaugh, bevor er von Tomatin rekrutiert wurde. Er ist einer der engagiertesten Destillerie-Direktoren, die ich je getroffen habe, und war für Tomatins gegenwärtigen Erfolg von großer Bedeutung.

DER ORT

Als Tomatin 1897 gegründet wurde, gab es keine weiteren Brennereien in der Nähe. Die Gebiete am Fluss Findhorn im östlichen Teil des Monadliath-Gebirges waren verlassen. Aber es gab trotzdem gute Gründe, genau hier zu bauen. Es sind nur 30 Kilometer bis zur Großstadt Inverness, wo es gute Möglichkeiten für den weltweiten Vetrieb des Whiskys gab. Außerdem wurde die Highland Railway von Aviemore über Tomatin bis nach Inverness ausgebaut. Das letzte Streckenstrück wurde im selben Jahr fertiggestellt, in dem die Brennerei ihren Betrieb aufnahm, und erleichterte so den Transport von Rohstoffen und Whisky.

Nähert man sich der Brennerei von Süden, sieht man den Fluss Findhorn durch ein breites Tal fließen. Die A9 führt über eine lange Brücke auf die andere Seite. Links sieht man eine weitere Brücke auf hohen Granitpylonen. Es ist das beeindruckende Findhorn-Viadukt, das als Eisenbahnbrücke fungiert. Und wirklich scharfe Augen erblicken dahinter eine dritte Brücke – die Findhorn-Brücke, die in den 1920er-Jahren errichtet wurde. Hier verlief der alte Abschnitt der A9, Schottlands längste Straße und die Pulsader, die Edinburgh mit Thurso hoch im Norden verbindet.

Durch eine Öffnung in der Findhorn-Brücke blickt man auf eine atemberaubende Landschaft.

DER WHISKY

Die Transformation vom Blended Whisky zum spannenden Single Malt begann vor etwa zehn Jahren. Der Verkauf von jungem Malt in großen Mengen ist für eine Brennerei eine relativ einfache Möglichkeit, ihren Vorrat schnell loszuwerden. Es ist aber auch weniger rentabel als das Lagern, Raffinieren und Abfüllen eines eigenen Single Malts. Tomatin hat mit viel Energie ein Grundsortiment entwickelt, das mit *Legacy* ohne Altersangabe beginnt. Darauf folgen 12-, 18- und 36-Jährige. Außerdem werden ein *Cask Strength*, ein 14-jähriger *Port-Finish* und ein *Vintage 1988* verkauft.

Die Anzahl der Sonderausgaben ist beeindruckend (und fast schon verwirrend) groß. Die neuesten sind Teil der Serie *Five Virtues*. Hier wird mit verschiedenen aufregenden Lagerungen gespielt, die die Namen *Wood, Fire, Earth, Metal* und *Water* tragen. Dann gibt es verschiedene Vintages: 1981, 1995, *2002 Cabernet Sauvignon* und *2007 Carribean Rum*. *Contrast* ist der Name von zwei Flaschen, in denen man Sherry- und Bourbonlagerung vergleichen kann, während die *Warehouse 6 Collection* aus Luxuswhiskys besteht, bei dem alle Editionen mindestens 40 Jahre alt sind. Interessant ist auch die Investition der Besitzer in eine rauchige Serie namens *Cù Bòcan*, deren acht Varianten schnell populär wurden. Seit 2016 gibt es auch vier verschiedene Abfüllungen für den zollfreien Verkauf. Gemein sind den meisten Whiskys runde Noten von Obst und Karamell, aber natürlich gibt es durch all die unterschiedlichen Lagerungen zusätzlich eine Vielzahl anderer Geschmacksrichtungen.

INTERESSANTES

Ein Nebenprodukt der Whiskyproduktion ist viel heißes Wasser – vor allem aus den Kondensatoren, die die heißen Dämpfe abkühlen und verflüssigen. Heutzutage werden Wärmetauscher verwendet, die die Energie des heißen Wassers nutzen. Aber es gibt auch andere Möglichkeiten: Bowmore heizt mit dem Wasser den Pool des Dorfschwimmbades. In den 1970er-Jahren wurde die Abwärme von Glen Garioch zur Beheizung von Gewächshäusern genutzt. Tomatin hatte eine spezielle Idee: 1977 wurden große Aalzuchtbecken gebaut. Das warme Wasser ließ die Aale in acht Monaten genauso groß werden wie in zwei Jahren in freier Wildbahn. Trotz positiver Ergebnisse wurde das Geschäftsfeld 1984 eingestellt.

Die Aalzucht in Tomatin ist seit langem geschlossen.

TOMATIN AGED 12 YEARS

Angenehmer Duft nach Karamell, etwas Lakritz, Roggenbrötchen, Zitrus, Apfelmus und dunklem Sirup. Schmeckt rund, nach Karamell, Vanille, Mandelkuchen, etwas Pfeffer (der schnell nachlässt) und einer leichten Rauchnote.

CÙ BÒCAN

Mittelstarker Duft nach getrocknetem Gras, Zitrusfrüchten und geräuchertem Fleisch, dann Vanilleeis. Bezaubernder und recht süßer Geschmack mit viel Vanille und Karamell. Banane, Ananas, etwas Pfeffer und leichte Rauchnoten.

FAKTEN

Gründung: 1897
Besitzer: Takara Shuzo, Kokubu & Co., Marubeni Corporation
Adresse: Tomatin, Inverness-shire IV13 7YT
Website: tomatin.com
Kapazität: 5 Millionen Liter
Ausstattung: 1 Maischbottich, 12 Gärbottiche aus Edelstahl, 6 *wash stills*, 4 *spirit stills*

Lossiemouth
Glenglassaugh
Fraserburgh
Buckie
Banff
Macduff
Elgin
A97
Keith
Rothes
A95
Peterhead
A96
Glendronach
Aberlour
Dufftown
Huntly
A947
Ellon
Lone Wolf
Ardmore
Glen Garioch
Oldmeldrum
A90
Inverurie
A96
Dyce
Aberdeen
A93
Banchory
Crathie
Ballater
Royal Lochnagar
Braemar
Stonehaven
B974
A93
Fettercairn
Brechin
Glencadam
Montrose
A90
Arbikie
Forfar
Blairgowrie
Arbroath
Dundee

ÖSTLICHE HIGHLANDS

Glencadam

So nah die vielen Brennereien in Speyside beieinander liegen, so weit verteilt liegen sie an der Ostküste. Wenn Sie von Aberdeen nach Dundee fahren, stoßen Sie tatsächlich nur auf zwei: Arbikie, die erst seit 2015 existiert, und Glencadam, die fast 100 Jahre älter ist. Aber so war es nicht immer. In Aberdeen eröffneten im 19. Jahrhundert mehrere Destillerien, aber nur drei überlebten das nächste Jahrhundert. Südlich gab es Brennereien in Stonehaven (Glenury und Royal), Montrose (Lochside und Glenesk) und Brechin (North Port). Sie alle fielen den Rationalisierungen der 1980er-Jahre zum Opfer. Aber Glencadam hielt durch. Zum Zeitpunkt der Schließungen gehörte die Brennerei dem kanadischen Spirituosenhersteller Hiram Walker, der auf dem schottischen Whiskymarkt gut positioniert war. Bereits in den 1930er-Jahren hatte er die Marke Ballantine's sowie die Brennereien Glenburgie und Miltonduff erworben. Zusammen mit Glencadam kaufte er noch Balblair, Pulteney, Scapa und Ardbeg.

Als sich die Branche wieder stabilisierte, wurde Hiram Walker von Allied Distillers übernommen, die Glencadam im Jahr 2000 schlossen. Die Zukunft sah nicht sehr rosig aus. Die Kombination „großer Besitzer, kleine Brennerei" ist nicht immer ideal. 2003 betraten Angus Dundee Distillers die Bühne, die drei Jahre zuvor Tomintoul übernommen hatten. Das Unternehmen hatte den erklärten Ehrgeiz, eigene Blends herzustellen, aber auch Whisky an Dritte zu verkaufen, auch an Supermärkte in Großbritannien und im Ausland. Es stellte sich heraus, dass der Besitz eigener Destillerien eine Grundvoraussetzung für die Sicherstellung der Whiskyversorgung für ihre Blends war. Sie sahen aber auch das Potenzial, Tomintoul und Glencadam als Single Malts zu verkaufen. Und so betraten vor fünfzehn Jahren zwei sehr unbekannte Brennereien eine Welt, die bis dahin von bekannten Marken wie Glenfiddich, Glenlivet und Macallan dominiert worden war. Tomintoul erhielt Vorrang, und schon bald stand ein gutes Sortiment zur Verfügung. Bei Glencadam dauerte es länger. Dieser Whisky aus den östlichen Highlands trat eigentlich erst vor zehn Jahren ins Rampenlicht.

Nur wenige Whiskyfirmen agieren so zurückhaltend wie Angus Dundee Distillers. Ihr Hauptsitz befindet sich in London, Eigentümer ist die Familie Hillman. Bereits 1948 gründete Sidney Hillman eine Firma namens Burn Stewart, die Whisky von verschiedenen Herstellern kaufte und verkaufte. Mit der Zeit trat Sohn Terence „Terry" Hillman in Erscheinung. Burn Stewart blieb bis 1988 in Familienbesitz. Im selben Jahr gründete Terry Angus Dundee Distillers mit dem gleichen Geschäftskonzept: Einkauf von Whisky, der hauptsächlich für den Exportmarkt gemischt und weiterverkauft wird. Heute ist Terry über achtzig Jahre alt, sitzt immer noch im Vorstand des Unternehmens, aber das Geschäft wird von seinen Kindern Aaron und Tania geführt. Die Familie gilt mit einem Umsatz von 175 Millionen Pfund als zweitreichste in der schottischen Whiskyindustrie. Das reichste Familienunternehmen der Branche ist Grant-Gordon, zu dem unter anderem Glenfiddich und Balvenie gehören.

Neben *Glencadam* und *Tomintoul Single Malt* produziert Angus Dundee eine Vielzahl von Blends – unter anderem *Scottish Royal, Glen Parker, The Dundee* und *Parker's*. Sie werden in riesigen Stahltanks gemischt, von denen sich 16 in Glencadam befinden. Die Blends werden dann zum Abfüllwerk in Coatbridge östlich von Glasgow gebracht, bevor sie an mehr als 70 Märkte weltweit verteilt werden.

DER ORT

Glencadam liegt in Brechin, mit seinen knapp 7.000 Einwohnern eine ruhige, kleine, ländliche Gemeinde. Seit 1976 passiert die Hauptstraße zwischen Dundee und Aberdeen das kleine Brechin, und viele fahren vorbei, ohne es überhaupt zu bemerken. Es wird trotz seiner Größe von seinen Einwohnern oft „Stadt" genannt. Der Grund ist die mächtige Kathedrale aus dem 12. Jahrhundert, Brechin Cathedral. Sie gehört zur Church of Scotland, die im Gegensatz zur Church of England keine Bischöfe hat. So ist die Kirche in Brechin technisch gesehen keine Kathedrale, aber da sie aus der Zeit vor der Reformation stammt, darf sie diesen Titel weiterhin tragen.

Glencadam liegt im Norden der Gemeinde und hat kein richtiges Besucherzentrum, aber es lohnt sich, freundlich nachzufragen. Normalerweise ist es nämlich möglich, einen kleinen Rundgang zu buchen. Einige Kilometer nördlich entlang der B966 liegt die Fettercairn Distillery, die für Besucher geöffnet ist.

Die Fettercairn Distillery liegt einige Kilometer nördlich von Glencadam.

DER WHISKY

Glencadam erschien erst ziemlich spät als Single Malt auf der Bildfläche, aber das wurde in den letzten Jahren mehr als wettgemacht. Mittlerweile stehen nicht weniger als neun Standardabfüllungen zur Auswahl: *Origin 1825* (ohne Altersangabe), 10-, 13-, 15-, 18-, 21- und 25-Jährige sowie zwei Whiskys, die ihr Finish in anderen Fässern erhielten: der 17-jährige *Port* und der 19-jährige *Oloroso-Sherry*. In regelmäßigen Abständen erscheinen auch gut 30 Jahre alte Spezialabfüllungen in limitierter Auflage. Glencadam ist ein leichter, weicher und leicht blumiger Whisky. Ich mag es, dass die Brennerei den Alkohol nicht kühlfiltriert und keinen Zuckerfarbstoff verwendet. Es ist immer gut, wenn ein Whisky so nah wie möglich am Original bleibt!

INTERESSANTES

Die Blender Gilmour Thomson & Co. aus Glasgow waren langjährige Eigentümer von Glencadam. Sie übernahmen die Destillerie 1891 und verkauften sie 1954 an Hiram Walker. Glencadam Single Malt war ein wichtiger Bestandteil ihres Royal Blend, der als Lieblingswhisky von Eduard VII. galt. Natürlich wurde dies für das Marketing verwendet, aber wer die Trinkgewohnheiten des Königs kennt, weiß, dass es nicht sein einziger Lieblingswhisky war. James Buchanan belieferte den Hof mit Royal Household, Hankey Bannister war auch in der königlichen Hausbar vertreten und Glendullan wurde Hoflieferant für Single Malt. Kein schlechter Whiskygeschmack für einen König, der angeblich am liebsten Champagner trank.

Eduard VII. war Whiskyliebhaber und hatte viele Favoriten.

GLENCADAM ORIGIN 1825

Frisches und fruchtiges Aroma von Birnen und Äpfeln mit etwas Zitrus und Vanille. Der Geschmack ist rund und weich mit Noten von Vanillekeksen und Birneneis, gefolgt von Müsli und Digestivkeksen.

GLENCADAM AGED 10 YEARS

Frischer Duft nach Birnen, Gras, grünen Äpfeln, Malz und Bootslack. Der Geschmack ist weich und leicht, mit Tönen von Karamell, Zuckerwatte und Schaumzuckerbananen.

FAKTEN

Gründung: 1825
Besitzer: Angus Dundee Distillers
Adresse: Brechin, Angus DD9 7PA
Website: glencadamwhiskey.com
Kapazität: 1,3 Millionen Liter
Ausstattung: 1 Maischbottich, 6 Gärbottiche aus Edelstahl, 1 *wash still*, 1 *spirit still*

Glendronach

Auf der Verpackung von GlenDronach erfährt man, dass die Destillerie von James Allardice (1780–1849) gegründet wurde. Aber das Unternehmen scheint seine Hausaufgaben nicht sehr sorgfältig gemacht zu haben. Der Gründer hieß James Allardes, wurde 1772 geboren und starb 1853. Vielleicht keine große Sache, aber sie hätten nur den Text auf dem Grabstein der Familie lesen müssen, der einige Kilometer nördlich der Brennerei in Forgue steht. James erbte die Boynsmill Farm, auf der sich heute die Brennerei befindet, 1800 von seinem Vater. Zudem pachtete er große Grundstücke in der Nähe. Allardes war ein erfahrener Geschäftsmann und tat viel dafür, die Gegend zu entwickeln und zu modernisieren. Zu seinen Freunden zählte der Marquis of Huntly, der spätere 5. Duke of Gordon, dessen Landbesitz sich von Deeside im Süden bis Elgin im Norden erstreckte. Der Marquis wusste, dass die meisten seiner Pächter in die illegale Whiskyproduktion involviert waren. Er schlug dem Londoner Parlament vor, die Strafen für illegale Produktion zu verschärfen, für legale jedoch abzuschaffen. Sein Vorschlag fand großen Anklang, und 1823 wurde der *Spirits Act* verabschiedet. Danach beantragten Hunderte von Brennereien eine Lizenz.

Glendronach erhielt 1826 die Lizenz. Dies war Allardes erster Schritt in ein neues Geschäftsfeld, aber der unternehmungslustige Geschäftsmann konnte schnell Interesse für seinen Whisky wecken. Doch die Freude hielt nicht lange an. Ein Brand führte zu finanziellen Problemen, er ging 1842 in Konkurs und einige seiner Teilhaber kauften die Brennerei. In den letzten Jahren seines Lebens musste James mit ansehen, wie seine einflussreichen Freunde ihm den Rücken kehrten und er seine Position als herausragende Persönlichkeit in der Gesellschaft verlor. Er starb 1853 in seinem geliebten Boynsmill.

Aufgrund der großen Bedeutung des Duke of Gordon für die Whiskyindustrie in Schottland befindet sich in der schönen Stadt Elgin im Norden von Speyside heute eine unübersehbare Statue des Herzogs. Aber wie James Allardes fiel es dem Herzog schwer, das Geld zsammenzuhalten – nicht zuletzt, weil der Unterhalt von Gordon Castle riesige Summen kostete. Als er 1836 starb, schuldete er der Royal Bank of Scotland 45.000 Pfund. Weil er keine legitimen Erben hatte, gingen das Schloss und der Besitz an seinen Neffen. Lange Zeit kämpfte die Familie darum, ihr Land in Zeiten des Krieges und großer sozialer Umwälzungen zu erhalten und zu verwalten. Heute wird das Schloss von Angus und Zara Gordon Lennox als Hotel und Sportanlage geführt.

Aber was passierte mit Glendronach? Die Besitzer kamen und gingen, einige prominenter als andere. Charles Grant, Sohn des Glenfiddich-Gründers, übernahm 1920 die Brennerei, die bis 1960 in Familienbesitz blieb. In den darauffolgenden fast 50 Jahren wurde Glendronach unter einer Reihe der wichtigsten Whiskyfirmen herumgereicht: Teachers, Allied Domecq und Pernod Ricard. Letztere beschlossen 2008, die Brennerei zu verkaufen. Nicht weil der Whisky schlecht war – sie hatten einfach ausreichend Kapazität in ihren anderen Destillerien. Es übernahm Unternehmer Billy Walker, der bereits BenRiach von Pernot Ricard gekauft hatte. Er baute beide Marken hervorragend aus. 2016 ergriff er die Möglichkeit, Geld zu machen und verkaufte an die Amerikaner von Brown Forman, die vor allem für ihren Bestseller Jack Daniels bekannt sind.

DER ORT

Glendronach liegt etwas mehr als eine Autostunde nordwestlich von Aberdeen. Einige Kilometer weiter wird die Natur dramatisch schön und karg. Aber wir befinden uns noch inmitten einer traditionellen und fruchtbaren Agrarlandschaft. Der nächste Brennerei-Nachbar ist Ardmore, 15 Kilometer südlich. Bis 2005 gehörten beide zuerst zu Teachers, dann zu Allied Domecq, und ihre Bedeutung für Teachers Blend war groß. Für Ardmore gilt das noch immer. Der nächstgrößere Ort ist Huntly, ebenfalls sehr vom Whisky geprägt. Dort ist Duncan Taylor, einer der weltweit besten unabhängigen Abfüller. Neben einem ausgezeichneten Geschäft, *Whiskies of Scotland*, gibt es auch eine große Einrichtung zum Lagern, Mischen und Abfüllen.

Das Geschäft *Whiskies of Scotland* in Huntly ist einen Besuch wert.

DER WHISKY

Viele Brennereien in Schottland lagern ihren Whisky in alten Sherryfässern, aber nur eine Handvoll von ihnen begründet auf dieser Art der Lagerung ihren gesamten Ruf. Dazu gehört neben Glenfarclas und Glengoyne auch Glendronach. Auf diese Weise bauten sie bereits in den 1980er- und 1990er-Jahren eine treue Kundschaft auf, und die Reaktionen waren heftig, als Pernod Ricard später mit der Lagerung in Bourbonfässern begann. Als Billy Walker übernahm, wurde vieles wieder zurechtgerückt. Der Geschmack kann jederzeit „korrigiert" werden, indem der Whisky in Sherryfässer umgefüllt wird. Heute bestimmen wieder kräftige Sherrys wie *Oloroso* und *PX* den Charakter des Whiskys.

2005 hörte Glendronach als letzte Brennerei auf, ihre Kessel von unten mit Kohle zu befeuern. Stattdessen wurden Heizelemente in alle Kessel eingebaut. Die kommenden Jahre werden zeigen, wie sich dies auf den Whisky auswirkt. Das Sortiment ist mit einer Anzahl von 8- bis 25-Jährigen breit aufgestellt. Hinzu kommen Abfüllungen in Fassstärke, eine Vielzahl von Single Casks pro Jahr und seit 2015 eine rauchige Variante.

INTERESSANTES

Die Geschichte des schottischen Whiskys ist auch die Geschichte von geschickten Unternehmern – wie Billy Walker. Mit jahrzehntelanger Erfahrung u. a. bei Ballantine's, Inver House und Burn Stewart kaufte er 2004 zusammen mit einigen Partnern BenRiach. Vier Jahre später folgten GlenDronach und 2013 Glenglassaugh. Alle Übernahmen erfolgten vor den Augen vieler interessierter Spekulanten. Das Wichtigste für Walker war, dass zu jedem Kauf neben einer Brennerei auch ein großer Vorrat an reifem Whisky gehörte. Es gibt nichts Schlimmeres für einen Investor, als zehn bis zwölf Jahre auf den Verkauf seines Produkts warten zu müssen. Als die Familie Walker 2016 ihre drei Brennereien verkaufte, betrug ihr Anteil am Kaufpreis über 92 Millionen Euro. Aber der Ruhestand war nichts für Billy. Kurz danach kaufte er Glenallachie, wieder mit reifem Whisky im Lager, und konnte bald ein Sortiment von 12-, 18- und 25-jährigen Single Malts präsentieren.

Billy Walker – ein wahrer Whiskyspezialist

GLENDRONACH ORIGINAL AGED 12 YEARS

Kräftiger Duft nach Rosinen, reifen Nektarinen, Bitterorangenmarmelade und Buttercreme. Der Geschmack ist kräftig mit feinen Sherrynoten, Feigen und Bananen-Schokoladen-Kuchen. Ziemlich süß.

GLENDRONACH PARLIAMENT AGED 21 YEARS

Intensives Aroma mit Noten von Leder, Zigarrenkiste, Pflaume in Madeira, getrockneten Früchten und Schokoladenmousse. Der Geschmack ist sehr intensiv und leicht pfeffrig. Feigen, brauner Zucker und Sachertorte.

FAKTEN

Gründung: 1826
Besitzer: Brown Forman
Adresse: Forgue, Aberdeenshire AB54 6DB
Website: glendronachdistillery.co.uk
Kapazität: 1,4 Millionen Liter
Ausstattung: 1 Maischbottich, 9 Gärbottiche aus Holz, 2 *wash stills*, 2 *spirit stills*

Glen Garioch

Als ich aufwuchs (Ende der 1960er-Jahre), sprachen alte Whiskykenner voller Liebe von zwei Marken: Doctor's Special und VAT 69. Beide waren beliebt, aber während Doctor's Special die Ehre erhielt, Hoflieferant des schwedischen Königs Gustav VI. Adolf zu werden, wurde aus VAT 69 nur die Antwort auf die Frage „Wie lautet die Telefonnummer des Papstes?" Whiskytrinker von heute kennen beide kaum. Doctor's Special wird heute nicht mehr hergestellt, und VAT 69 verlor für einige Jahrzehnte seine stabile Position am Markt und machte 2009 nur noch einen Bruchteil seines alten Umsatzes. Die Besitzer beschlossen, ihrem alten Star neues Leben einzuhauchen und brachten den Whisky auf den indischen Markt. Acht Jahre später hatte sich der Umsatz verdoppelt.

VAT 69 und Glen Garioch teilen eine lange Geschichte: Als der Wein- und Spirituosenhändler William Sanderson aus Edinburgh 1882 VAT 69 schuf, nutzte er nur Single Malt aus Glen Garioch. Der Malt wurde für ihn so wichtig, dass er einige Jahre später erst Teilhaber wurde und 1908 die Brennerei vollständig übernahm. Zu dieser Zeit wurde er nicht als Single Malt, sondern ausschließlich für Blends verkauft. So ging es das gesamte 20. Jahrhundert über weiter, unabhängig von den jeweiligen Besitzern. Erst seit 2009 setzt die Brennerei klar auf Single Malts.

Glen Garioch ist eine der ältesten Destillerien Schottlands, aber ihre Geschichte schien 1968 zu enden, als die damaligen Eigentümer DCL wegen andauernder Probleme mit der Wasserversorgung die Produktion einstellten. Außerdem besaßen DCL mehr als 40 weitere Brennereien. Stanley P. Morrison, der 1963 Bowmore gekauft hatte, war überzeugt, eine neue Wasserquelle finden zu können und gab ein Gebot für Glen Garioch ab. Er bat Alec „Digger" Grant um Hilfe, einen lokalen *diviner* (so werden die Menschen genannt, die Wasser „riechen" können), und dieser fand eine so reichhaltige Quelle, dass die Produktion auf einen Schlag verzehnfacht werden konnte.

Stanley P. Morrison starb ein Jahr nach dem Kauf von Glen Garioch, aber seine Söhne Tim und Brian übernahmen. Mit Auchentoshan wurde eine weitere Brennerei erworben. 1994 verkauften sie das gesamte Unternehmen an die japanische Firma Suntory. Damit wurde die Zukunft der Brennerei ungewiss. Die Produktion war klein, und der robuste Stil des Whiskys wirkte veraltet. Glen Garioch wurde zunächst geschlossen und zum Verkauf angeboten, aber dann änderten die Besitzer ihre Meinung. Ein neuer Brennereidirektor stellte die Verwendung von Rauchmalz ein und machte den Whisky fruchtiger und moderner. Heute gehört Glen Garioch zum amerikanisch-japanischen Großkonzern BeamSuntory.

Wie viele andere Brennereien bietet Glen Garioch verschiedene Besichtigungen an. Eine davon war lange Zeit eine Besonderheit: Die Verköstigung von verschiedenen Käsesorten zusammen mit Glen Garioch Single Malt – eine sehr erfolgreiche Kombination. Und ein letztes Wort: Die Namen schottischer Destillerien sind nicht immer leicht auszusprechen, und bei Glen Garioch geht es immer schief. Es heißt *glen geeree*, nichts anderes.

DER ORT

Früher lagen viele Brennereien in Schottland inmitten von Städten. Aber als die Transporte immer schwerer und häufiger wurden, protestierten die Anwohner. Außerdem war es oft unmöglich, die Destillerie auszubauen. Glen Garioch ist eine der wenigen verbliebenen städtischen Brennereien. Sie befindet sich in Oldmeldrum, einem charmanten kleinen Ort mit 2.000 Einwohnern.

Viele Whiskyenthusiasten, die nach Speyside wollen, landen in Aberdeen. Nach einer kurzen Fahrt vom Flughafen ist es nur ein kleiner Abstecher von der A96 in Richtung Norden, und man kann seine Reise ganz wunderbar mit einem Besuch bei Glen Garioch beginnen. Und wenn man schon mal in der Gegend ist, würde ich empfehlen, zwei weitere Destillerien zu besuchen, die etwas abseits der ausgetretenen Pfade liegen: Ardmore und GlenDronach, etwas weiter westlich.

Oldmedrum hat zumindest einen prominenten Einwohner: Patrick Manson, der Sohn des Brennerei-Gründers, der jedoch eine andere Karriere vorzog: Er studierte Medizin und Jura und war nach Reisen nach Fernost der erste, der den Zusammenhang zwischen Insekten und Krankheiten erkannte. Heute ist er als der Vater der Tropenmedizin bekannt.

Patrick Manson begründete den Begriff der Tropenmedizin.

DER WHISKY

Nachdem Glen Garioch mehr als 200 Jahre Malt Whisky ausschließlich für Blends produzierte, ist er natürlich ein ziemlich unbekannter Name auf dem Whiskymarkt. Er ist robust und würzig, mit Brot- und Getreidenoten. Das Grundsortiment ist noch klein und besteht nur aus *Founder's Reserve* ohne Altersangabe und einem 12-Jährigen – beide mit hohen 48 % abgefüllt. Zudem gab es in den letzten Jahren immer wieder Sonderabfüllungen wie *Virgin Oak*, in nagelneuer amerikanischer Eiche gereift, und eine Reihe von Jahrgängen von 1978 bis 1999, die in regelmäßigen Abständen lanciert wurden. Die älteste Version war ein 46-Jähriger, bereits 2004 erschienen. Es lohnt sich, auf das Jahr zu achten, wenn Sie auf einen Vintage dieser Destillerie stoßen. Denn bis 1994/1995 war das für die Herstellung verwendete Malz im Gegensatz zu heute ziemlich rauchig.

INTERESSANTES

Die Whiskyherstellung ist eine energieintensive Branche, daher nutzen heute viele Destillerien Wärmewechsler, um die Energie der Abwärme aus der Produktion weiter nutzen zu können. Dies ist sowohl wirtschaftlich als auch umweltfreundlich. Glen Garioch entdeckte 1977 ein Einsatzgebiet der besonderen Art: Es wurden große Gewächshäuser aus Polyethylen gebaut, die mit dem warmen Wasser beheizt wurden. In den Plastiktunneln wurden Tomaten, Paprika, Auberginen und Gurken angebaut. Nach einer Weile konnten jährlich bis zu 200 Tonnen Tomaten geerntet werden. Nach fünfzehn Jahren endete das Projekt, als die Brennerei ein auf Erdgas basierendes, effizienteres Heizsystem einführte. Außerdem wurde ein Brennmeister der alten Schule eingestellt, dessen Interesse am Gemüseanbau gelinde gesagt gering war.

Eine Werbung für den Klassiker VAT 69 von 1928.

GLEN GARIOCH 1797 FOUNDER'S RESERVE

Intensives Aroma von frisch geschnittenem Holz, Balsamico-Essig, Leder und gereiftem Käse. Trockener Geschmack nach Wald (Kiefer, Harz, Zapfen), etwas Chili, Orangenschale und einem Hauch von Rauch.

GLEN GARIOCH AGED 12 YEARS

Recht intensiver Duft mit Noten von Orangen, Lack, Stroh, Brot und gebratenen Pilzen. Der Geschmack ist trocken und kräftig, mit Noten von Thymian, Rosmarin, Kakao, Espresso und etwas Pfeffer.

FAKTEN

Gründung: 1797
Besitzer: Beam Suntory
Adresse: Oldmeldrum, Inverurie, Aberdeenshire AB51 0ES
Website: glengarioch.com
Kapazität: 1,4 Millionen Liter
Ausstattung: 1 Maischbottich, 8 Gärbottiche aus Edelstahl, 1 *wash still*, 1 *spirit still*

Royal Lochnagar

Der weltweit größte Alkoholproduzent mit Erfolgsmarken wie Smirnoff, Guinness und Johnnie Walker ist Diageo. Er besitzt allein in Schottland 28 Whiskybrennereien mit einer durchschnittlichen Produktion von 4,3 Millionen Litern pro Jahr. Warum ist es Diageo also wichtig, das kleine Royal Lochnagar mit seiner Kapazität von maximal 500.000 Litern weiter zu betreiben? Die Destillerie liegt sehr schön und zieht jährlich fast 20.000 Besucher an. Darüber hinaus stellt sie einen sehr guten Single Malt her, der kein eigenständiger Bestseller ist, aber eine große Rolle in Blends wie dem prestigeträchtigen *Johnnie Walker Blue Label* spielt. Es gibt aber noch einen anderen Grund. Hersteller wie Diageo legen großen Wert auf die Schulung ihrer Mitarbeiter und der Vertreter von Vertriebsunternehmen auf der ganzen Welt. Jedes Jahr organisiert Diageo den *Malt Advocat Course*, in dem die Teilnehmer einen Einblick in die Whiskyproduktion und die Unternehmensphilosophie erhalten. Royal Lochnagar ist Schauplatz dieser Schulungen. Die Destillerie ist mittelgroß, so dass man auf einem Rundgang einen guten Überblick bekommen kann. Und sie bietet einen traditionellen Maischbottich und *worm tubs* zur Kühlung der Alkoholdämpfe – beides heute eher unüblich. Damit gewinnt man einen Einblick in die ursprüngliche Produktion von Malt Whisky.

Die Brennerei befindet sich in dem Teil Schottlands, der gemeinhin als Deeside bezeichnet wird, benannt nach dem für seinen Lachs berühmten Fluss Dee. Er entspringt in der Wildnis der Cairngorms, fließt an der Brennerei vorbei und mündet bei Aberdeen in die Nordsee. Der Teil zwischen Braemar und Banchory wird oft als *Royal Deeside* bezeichnet, weil Königin Victoria und Prinz Albert dort 1852 Schloss Balmoral kauften – nur einen Steinwurf von der Destillerie entfernt.

Königin Victoria spielte auch eine wichtige Rolle in der Benennung der Brennerei. Kurz nachdem John Begg sie gebaut hatte, kam die königliche Familie zu einem ersten Besuch nach Balmoral Castle. Ausgestattet mit einem beneidenswerten Selbstbewusstsein schickte Begg sofort eine Einladung an Victoria und Albert. Ein paar Wochen später tauchten die Royals tatsächlich auf, bekamen eine Führung und ein Schlückchen Whisky und waren begeistert. Prinz Albert ernannte die Destillerie zum königlichen Hoflieferanten und sie erhielt die Erlaubnis, den Zusatz „Royal" im Namen zu tragen. Es gibt nur zwei andere Brennereien, die dies dürfen – Royal Brackla und Glenury Royal (1983 geschlossen). Dass Königin Victoria es vorzog, ihren Lochnagar-Whisky mit Bordeaux-Wein zu mischen, ist eine andere Geschichte.

DER ORT

Balmoral, die Sommerresidenz der englischen Königsfamilie, liegt nur einen Kilometer von Lochnagar entfernt. Wenn man von der A93 abfährt, geht es rechts zum Schloss und links zur Brennerei. Normalerweise kommt die königliche Familie im August oder September nach Balmoral. Seit 1931 ist das Schloss von Ende März bis Ende Juli für die Öffentlichkeit zugänglich. Es ist einen Besuch wert, wenn man ohnehin dort ist (um die Brennerei zu besuchen!), aber erwarten Sie nicht zu viel. Neben dem Garten, einer Ausstellung und einem Café ist nur ein Raum für Touristen geöffnet: der Ballsaal. Der Rest ist privat. Balmoral ist im Besitz der Königin, im Gegensatz zu beispielsweise Buckingham Palace und Windsor Castle, die der Krone gehören, also den britischen Steuerzahlern. Es gibt andere Schlösser in Schottland, in denen man viel mehr sehen kann. Aber die Umgebung ist wunderschön. Als Königin Victoria 1848 zum ersten Mal dort war, beschrieb sie das Schloss als „small but pretty", äußerte sich über die Gegend jedoch weitaus enthusiastischer: „All seemed to breathe freedom and peace, and to make one forget the world and its sad turmoils" („Alles schien Freiheit und Frieden zu atmen und die Welt und ihre traurigen Turbulenzen vergessen zu lassen.") Es ist schwer, ihr nicht zuzustimmen.

Es gibt in Schottland viele malerische Routen mit außergewöhnlicher Aussicht. Eine meiner Favoriten ist der Teil der B976, der einen Kilometer östlich der Brennerei in Crathie beginnt. Die schmale Straße windet sich bis auf eine Höhe von 480 Meter über dem Meeresspiegel. Von dort hat man einen kilometerweiten Blick auf Berge der Grampians.

Balmoral, das Schloss der Königin, wird jährlich von fast 80.000 Touristen besucht.

DER WHISKY

Entgegen der Annahme führt die Verwendung von *worm tubs* nicht zu einem schweren und starken Whisky. Eine langsame Destillation, bei der die Brennblasen zwischendurch ruhen können, ergibt einen Malt mit Noten von Vanille, Zitrus und heller Schokolade. Im Laufe der Jahre vertieft sich der Geschmack, und der Whisky wird erheblich komplexer. Das Sortiment von Royal Lochnagar ist klein. Die verbreitetste Version ist der 12-Jährige. Eine weitere Variante ist der *Special Reserve*, in der Regel zwischen 18 und 20 Jahre alt. Hin und wieder gibt es eine *Distiller's Edition* mit einem Finish aus Muskatweinfässern. Blends, die Single Malt von Royal Lochnagar enthalten, sind unter anderem *Johnnie Walker Blue Label* und *Windsor*, ein Bestseller in Korea.

INTERESSANTES

Royal Lochnagar wurde königlicher Hoflieferant, als die Brennerei einen *Royal Warrant* von Königin Victoria erhielt. Diese Auszeichnung endet jedoch immer fünf Jahre nach dem Tod des verleihenden Regenten. Eduard VII. und Georg V. hatten den Whisky auch auf ihrer Liste, aber seit 1941 ist die Brennerei kein Hoflieferant mehr. Von den schottischen Whiskys trägt heute nur Laphroaig diesen Titel – dank Prinz Charles. Die heutige Liste der Hoflieferanten verrät eher die Vorlieben der Queen: Nicht weniger als acht Champagnermarken sind vertreten. Übrigens können nur drei Personen die Auszeichnung vergeben – die Königin selbst, Prinz Philip und Prinz Charles.

Entlang der *Old Military Road* breitet sich eine einsame, aber wunderschöne Landschaft aus.

ROYAL LOCHNAGAR AGED 12 YEARS

Ein Duft von überreifen roten Äpfeln, Sherry, roten Fruchtgummischnüren und Feigenmarmelade. Der Geschmack hat eine schöne Balance aus getrockneten Früchten und intensiven Eichennoten, aber auch reifen Äpfeln, tropischen Früchten und Vanille.

ROYAL LOCHNAGAR SELECTED RESERVE

In der Nase sehr intensiv mit Noten von Moos, Sägemehl, Pinienzapfen, Möbelpolitur, Toffee und Vanille. Elegantes Mundgefühl, Schokolade, Kaffee, getrocknete Früchte, Trauben und Vanille.

FAKTEN

Gründung: 1845
Besitzer: Diageo
Adresse: Crathie, Ballater, Aberdeenshire AB35 5TB
Web: malts.com
Kapazität: 500.000 Liter
Ausstattung: 1 Maischbottich, 3 Gärbottiche aus Holz, 1 *wash still*, 1 *spirit still*

Lewis and Harris
Stornoway
Abhainn Dearg
The Minch
Äußere Hebriden
Tarbert
Harris
Ullapool
A835
Dingwall
North Uist
Uig
The Little Minch
Inver
Skye
Portree
Isle of Raasay
A9
Talisker
South Uist
A87
A82
Torabhaig
Barra
Rum
Eigg
A9
Fort William
Ben Nevis
Ardnamurchan
Tobermory
Nc'n'ean
Tobermory
A82
Mull
Oban
Oban
A85
Innere Hebriden
Inveraray
A83
Stirling
A83
Jura
Loch Lomond
Glengoyn
M8
Tarbert
M8
Glasgow
Islay
Claonaig
M77
Arran
Ardrossan
Isle of Arran
Kintyre
Brodick
Glengyle
Glen Scotia
Springbank
Campbeltown
A76

WESTLICHE HIGHLANDS

Arran

Natürlich braucht Arran eine Destillerie – es ist Schottlands siebtgrößte Insel, und auf mindestens fünf der größeren Inseln wird Whisky gebrannt: Lewis/Harris, Skye, Mull, Islay und Mainland Orkney. Außerdem hat Arran eine alte Whiskytradition. Auf der Insel waren mindestens 50 Brennereien in Betrieb, die meisten davon illegal. Die zuletzt lizenzierte Brennerei war Lagg, die 1837 geschlossen wurde. Daher fühlte es sich nur richtig an, als Arran am 29. Juni 1995 den ersten Tropfen destillierte. Der Weg dorthin war jedoch alles andere als unkompliziert. Hinter dem Projekt standen Harold „Hal" Currie und seine beiden Söhne Andrew und Paul. Hal Currie, der 2016 im Alter von 91 Jahren starb, gehörte zu einer Art Unternehmer, die es heute kaum noch gibt. Oder, wie es der Schriftsteller Neil Wilson ausdrückte: „He was one of the last great whisky gentlemen."

Hal wurde 1924 in Liverpool geboren und ging mit 18 Jahren zur Armee, um gegen Hitler zu kämpfen. Er war bei der Landung in der Normandie dabei und wurde als letzter Überlebender seines Regiments 2015 mit dem *Legion d'honneur*, dem bedeutendsten Militärpreis Frankreichs, ausgezeichnet. Nach dem Krieg konzentrierte sich Hal auf Whisky und Fußball. Er begann eine Karriere in der Whiskyindustrie und übernahm die Leitung von Chivas Brothers in Großbritannien. Später zog er mit seiner Familie von England nach Ayrshire in Schottland, wo er Vorsitzender von St. Mirren wurde, einem Fußballverein in Paisley. 1974 überredete er den jungen Alex Ferguson, dort Trainer zu werden – der Beginn von Fergusons legendärer Karriere als späterer Trainer von Manchester United.

Hal Currie ging 1982 in den Ruhestand, arbeitete aber noch bis in die 1990er-Jahre als Berater für Chivas Brothers und träumte davon, eine eigene Destillerie zu gründen. Gemeinsam mit seinen Söhnen suchte er nach dem perfekten Ort, vor allem im englischen Lake District, wo er das Wasser für die Whiskyproduktion für ideal hielt. Aber sein Freund, der Architekt David Hutchison, überredete ihn, stattdessen auf Arran zu bauen. Ein Grund dafür war, dass die Insel jedes Jahr viele Touristen anzog und damit perfekt für eine Brennerei mit Besucherzentrum war. Der nächste Schritt war die Überzeugung der Einheimischen. Als sich Hal 1991 in einem Artikel im Arran Banner über seine Pläne äußerte, erntete er Schweigen. Erst 1992 regte sich Widerstand. Einwände hinsichtlich der Umweltauswirkungen mischten sich mit Kommentaren darüber, dass der schottische Whisky auf eine düstere Zukunft zusteuere. Warum solle man also noch eine Brennerei eröffnen? Und lohne es sich überhaupt, wenn nur zehn Arbeitsplätze geschaffen würden?

Hal Currie blieb unermüdlich, und heute, 22 Jahre nach der Eröffnung, arbeiten 30 Menschen in der Brennerei. Mehr als 100.000 Besucher kommen jedes Jahr (deutlich mehr als in andere Brennereien), und kürzlich wurden zwei neue Kessel installiert, um die Produktion zu verdoppeln. 2018 eröffneten die Eigentümer eine weitere Brennerei in Lagg, im Süden von Arran, wo 181 Jahre zuvor eine andere ihre Tore schließen musste. Wäre Hal Currie kein solcher Gentleman gewesen, hätte er es wohl eine süße Rache genannt.

DER ORT

Über Arran wird oft gesagt, es sei ein Miniatur-Schottland. Hier gibt es Highlands mit Bergen und Tälern und Lowlands mit fruchtbaren Feldern. Dass Arran eine Insel ist, ist ein weiterer Grund, es zu lieben. Kein Wunder, dass jedes Jahr Hunderttausende Touristen kommen. Es stehen zwei Fährverbindungen zur Auswahl: entweder von Ardrossan, fünfzig Kilometer südwestlich von Glasgow, nach Brodick im Süden von Arran (55 Minuten) oder von Claonaig auf der Halbinsel Kintyre nach Lochranza (30 Minuten) im Norden, wo sich die Brennerei befindet. In Lochranza leben nur 250 Menschen, und es gibt nicht viele Übernachtungsmöglichkeiten. Das Lochranza-Hotel ist nicht spektakulär, aber der Besitzer ist ein Whiskyenthusiast, und seine Sammlung an der Bar ist eine Übernachtung wert. Es kommt nicht oft vor, dass man Whiskys aus lange geschlossenen Destillerien wie Inverleven für drei Pfund genießen kann.

Die zahmen Hirsche sollten Sie nicht verpassen, wenn Sie die Brennerei besuchen.

DER WHISKY

Seit der ersten Veröffentlichung eines 3-jährigen Arran Single Malt 1998 waren die Eigentümer sehr produktiv. Heute gibt es ein Standardsortiment bestehend aus 10-, 14- und 18-Jährigen sowie *Lochranza Reserve* und *Robert Burns Malt* ohne Altersangabe. Hinzu kommt *Machrie Moor*, Arrans rauchige Variante. Zudem gibt es Abfüllungen, die zusätzlich in verschiedenen Fasstypen (Amarone, Portwein, Sauternes usw.) gelagert wurden, sowie limitierte Auflagen wie die *Smuggler's Edition* und *The Bothy*. Es ist nicht einfach, Arran Whisky einen typischen Geschmack zu bescheinigen. Er hat Zitrusnoten, fruchtige/blumige Töne und etwas Süße. Der rauchige *Machrie Moor* hingegen erzählt eine andere Geschichte, und die vielen zusätzlichen Lagerungen (Finishes) spielen in einer eigenen Liga. Möchte man es langweilig ausdrücken, könnte man sagen, dass das Gesamtbild ein wenig sperrig ist. Ein aufgeschlossenerer Whiskytrinker wird jedoch finden, dass für jeden Geschmack etwas dabei ist und das meiste sehr gut schmeckt.

INTERESSANTES

Auch in Schottland ist der Steinadler ein seltener Vogel, im ganzen Land gibt es nur ca. 400 Paare. Etwa zehn davon nisten auf Arran, und ein Paar wohnt seit vielen Jahren auf dem Berg direkt neben der Brennerei. Adler sind besonders in der Brutzeit sehr empfindlich, und die Fertigstellung der Brennerei 1994 musste für einige Wochen unterbrochen werden, um das Adlerpaar nicht zu stören. Auch während der weiteren Ausbauten nahm man Rücksicht. Dabei ist sich die Destillerie natürlich auch des Marketingwerts der Vögel bewusst: Das Logo zeigt einen Steinadler, und 2012 wurde eine Sonderabfüllung *The Eagle* genannt.

Beim Bau der Brennerei wurde große Rücksicht auf die brütenden Adler genommen.

ARRAN AGED 14 YEARS

Aromatischer Duft mit Noten von Malz, Heidekraut, Kräutergarten und Zitrusfrüchten. Darauf folgen Honigpastillen und Buttercreme. Cremiges Mundgefühl mit Honigsüße, Vanille, Kokos und etwas Pfeffer.

ARRAN AGED 18 YEARS

Sanfter Duft nach Bienenwachs, Orangenschale und grünen Blättern. Der Geschmack ist zunächst ausgewogen und fast edel. Es folgen exotische Früchte, Tannine und Pfefferschärfe.

FAKTEN

Gründung: 1995
Besitzer: Isle of Arran Distillers
Adresse: Lochranza, Isle of Arran KA27 8HJ
Website: arranwhiskey.com
Kapazität: 1,2 Millionen Liter
Ausstattung: 1 Maischbottich, 6 Gärbottiche aus Holz, 2 *wash stills*, 2 *sprit stills*

Ben Nevis

Japanische Whiskyhersteller bewunderten schottischen Whisky schon immer, aber lange Zeit ging es hauptsächlich darum, die Whisky-Herstellung zu lernen. In den 1980er-Jahren nahm das Interesse zu, und mehrere Unternehmen kauften sich in schottische Brennereien ein. Zuerst übernahm Takara Shuzo 1986 Tomatin, drei Jahre später hatte Yamazaki unter anderem Bowmore im Visier, und Nikka wurde neuer Besitzer von Ben Nevis. Die Unternehmen kannten einander, da Nikka bereits seit einiger Zeit Alkohol von Ben Nevis für seine japanischen Whiskys gekauft hatte. So ist es auch heute noch. In manchen Jahren werden 75 % der Produktion als *Newmake*, also ungelagert direkt aus den Kesseln, nach Japan geliefert und als Zutat im sehr beliebten *Black Nikka* verwendet, einem einfachen Blend – nicht zu verwechseln mit *Nikka Pure Malt Black*, einem hervorragenden Blended Malt.

Wer Ben Nevis gründete, ist nicht bekannt. Klar ist aber, dass die erste Destillation 1826 stattfand. Der bekannteste Besitzer der Brennerei war „Long" John McDonald, dessen Name mindestens seit Mitte des 19. Jahrhunderts und bis heute auf den Flaschenetiketten steht. Long John war gut und gerne 1,95 Meter groß und ein kluger Geschäftsmann. Er schickte Kisten mit seinem Whisky an Adlige und Könige und erklärte dann in Anzeigen, Dew of Ben Nevis sei deren Lieblingswhisky. Aber so schnell er Geld verdiente, so schnell gab er es auch wieder aus. Nach seinem Tod 1856 musste sein Sohn das Unternehmen wieder aufbauen. Und das tat Donald McDonald: Innerhalb weniger Jahrzehnte wurde die Produktion mehr als verzehnfacht, aber das war nicht genug. Donald baute eine weitere, noch größere Brennerei in Fort William, die Nevis Distillery, und *Dew of Ben Nevis*, interessanterweise ein reiner Malt Whisky und kein Blend, wurde zu einer der gefragtesten Marken der Welt.

Ende des 19. Jahrhunderts änderten sich die Zeiten. Blended Whisky war auf dem Vormarsch, und MacDonald kämpfte vergeblich gegen die großen Blender, Nevis wurde 1908 geschlossen. In den 1920er-Jahren wurde die Marke Long John verkauft, und 1941 übernahm der schottisch-amerikanische Millionär Joseph Hobbs die Brennerei. Der Exzentriker war einige Jahre in mehrere Brennereien involviert. Als ersten Schritt bei Ben Nevis installierte er *coffey stills* und begann mit der Produktion von Grain Whisky. Werden Malt und Grain unmittelbar nach der Destillation gemischt und dann zur Reifung in Fässer gefüllt, nennt sich das *blended at birth*, eine seltene und ungwöhnliche Methode. Sehr alte Versionen dieses Whiskys wurden erst vor einigen Jahren auf den Markt gebracht.

Colin Ross – eine Legende im Whiskygeschäft.

Colin Ross, Direktor von Ben Nevis, ist einer der wahren Veteranen der Branche. Er begann als 17-Jähriger und kam 1983 zu Ben Nevis. Nach einem kurzen Einsatz als Chef von Laphroaig kehrte er 1989 zu Ben Nevis zurück und blieb. Er ist Traditionalist durch und durch, was auch an der Website der Brennerei zu sehen ist, die irgendwo in den 1990er-Jahren hängengeblieben scheint. Aber das sollte auch nicht sein Verantwortungsbereich sein. Er kennt die Whiskyproduktion von A bis Z, und Nikka könnte mehr Interesse zeigen und ihn in allen anderen Bereichen unterstützen.

DER ORT

Die Brennerei liegt am Fuße des höchsten Berges in Großbritannien und ist nach ihm benannt. Ben Nevis erhebt sich 1.345 Meter über den Meeresspiegel und bietet zwei Routen für diejenigen, die den Gipfel erklimmen möchten. Die meisten Menschen nehmen den *Mountain Track*, auch *Tourist Route* genannt, und erreichen den Gipfel nach etwa vier Stunden. Für die Trainierten ist *Carn Mor Dearg Arete* eine größere Herausforderung. Die Aussicht ist spektakulärer, aber die Wanderung ist definitiv nichts für Menschen mit Höhenangst, da ein Teil aus der Überquerung des Kamms besteht. Die erste Besteigung des Berges fand 1771 statt. Am häufigsten war wahrscheinlich der Meteorologe Clement Linley Wragge auf dem Gipfel, denn er stieg in den Sommermonaten 1881 und 1882 jeden Tag hinauf, um die Wetterbedingungen aufzuzeichnen. Im folgenden Jahr wurde eine Wetterstation gebaut (die Überreste sind noch heute vorhanden), damit man dort übernachten konnte.

1911 stellte sich Henry Alexander Jr. einer Herausforderung der spektakuläreren Art: Als Sohn eines Ford-Händlers in Edinburgh beschloss er, die hohe Qualität des Autos zu beweisen, indem er auf den Gipfel fuhr. Es war eine lange Vorbereitungszeit erforderlich, und die Fahrt selbst dauerte fünf Tage. Danach wurde er in Fort William als Held gefeiert

DER WHISKY

In seiner urspünglichen Version ist Ben Nevis ein ziemlich kräftiger Whisky, dessen Qualität variiert. Lange Zeit gaben die Besitzer nur einen 10-Jährigen heraus, doch zuletzt wurde er durch *MacDonalds Traditional Ben Nevis* ergänzt – ein Versuch, den deutlich rauchigeren Stil des späten 19. Jahrhunderts zu kopieren. Beide sind sehr gut, aber ich empfehle auch, die zahlreichen auf dem Markt erhältlichen Ausgaben unabhängiger Abfüller zu probieren. Einige von ihnen sind absolut brillant. Und dies zeigt das Problem mit den Eigentümern: Die Japaner wollten in erster Linie *Newmake* für ihren Whisky herstellen und steckten zu wenig Energie in den Aufbau einer starken Marke wie im späten 19. Jahrhundert, als *Dew of Ben Nevis* die Welt beherrschte.

INTERESSANTES

Der Berg Ben Nevis ist ein Munro! Es klingt wie ein James-Bond-Codewort, bedeutet aber einfach, dass Ben Nevis höher als 3.000 Fuß (914 Meter) ist. Hugh Munro ist der Name des Mannes, der 1891 alle schottischen Gipfel dieser Mindesthöhe auflistete. Seitdem gibt es 283 Munros. Ende des 19. Jahrhunderts fand die Liste große Beachtung, weil man bis dahin geglaubt hatte, Schottland habe nur 30 Berge dieser Höhe. Nachdem der Veröffentlichung der Liste im *Journal of the Scottish Mountaineering Club* begann ein fanatischer Ansturm auf die Munros. Wer würde der erste sein, der alle bestieg? Die gelang schließlich dem Priester Archie Robertson im Jahr 1901. Aber stimmt das auch? Es heißt, er habe wegen schlechten Wetters nie den Gipfel von Ben Wyvis erreicht. Die Liste weist heute 282 Gipfel aus, und ihre Besteigung wird als Munro-Bagging bezeichnet.

Der beeindruckende Ben Nevis mit Loch Eil und Fort William im Vordergrund.

MACDONALD'S TRADITIONAL BEN NEVIS

Kräftiges Aroma von getrockneten Aprikosen, Makrelen in Tomatensauce, Salmiak, grünen Oliven und süßem Rauch. Der Geschmack ist aromatisch und etwas pfeffrig mit Hickory-Rauch, Mandel, Soja, Honig und geräucherter Paprika.

MACDONALD'S BEN NEVIS AGED 10 YEARS

Aromatischer und frischer Duft mit Noten von grünen Äpfeln, Kiwi, Stachelbeere, Rosenblättern und Menthol. Der Geschmack ist lebhaft und süß mit herrlichen Eukalyptusnoten, Blumen, Holunder und Nougat.

FAKTEN

Gründung: 1825
Besitzer: Nikka (Asahi Breweries)
Adresse: Lochy Bridge, Fort William PH33 6TJ
Website: bennevisdistillery.com
Kapazität: 2 Millionen Liter
Ausstattung: 1 Maischbottich, 6 Gärbottiche aus Edelstahl und 2 aus Holz, 2 *wash stills*, 2 *spirit stills*

Glengoyne

Es gibt Brennereien, die lange Zeit recht unbemerkt existieren, bis ein neuer Besitzer auftaucht und sich alles verändert. So war es bei Glengoyne. Fast hundert Jahre lang gehörte sie zu Lang Brothers, die die Destillerie zwar nicht vernachlässigten, den Whisky aber als klassische *brokers and blenders* nur für eigenen Blend verwendeten oder verkauften. Als die Lang Brothers und Glengoyne von Robertson & Baxter (später Edrington) übernommen wurden, befanden sie sich im selben Unternehmen wie Macallan und Highland Park – zwei Single Malts, in die die Eigentümer viel investierten und die später groß herauskamen. Das kleine Glengoyne musste sich hinten anstellen und weiterhin Whisky für Blends produzieren.

Doch 2003 betrat Ian Macleod Distillers die Bühne, seit 1963 im Besitz der Familie Russel. Vater Peter ist Vorstandsvorsitzender, Sohn Leonard leitet das Unternehmen und baut es für die Zukunft aus. Ihr Erfolg beruht darauf, Blends aus eigenem und fremdem Whisky herzustellen. Sie gehörten zu den Ersten, die Großmärkte in ganz Europa mit eigenen Whiskys belieferten. Sie erkannten aber auch Glengoynes Potenzial als Single Malt, nämlich als Whisky mit einem Charakter, der eine große Anzahl von Konsumenten ansprechen könnte. Wichtig war, ein Sortiment zusammenzustellen und eine interessante Marke aufzubauen, aber vor allem auch das sogenannte *cask management* – die richtige Auswahl von Qualitätsfässern für den Reifeprozess des Whiskys. Hierauf hatten die Vorbesitzer keinen Wert gelegt, da der Whisky „nur" für Blends bestimmt gewesen war.

Ian Macleod wählt die Eiche vor Ort in Nordspanien aus. Das Holz wird gesägt und einige Jahre an der Luft getrocknet. Danach werden die Fässer gebaut, die dann an Bodegas zur Befüllung mit Oloroso-Sherry ausgeliehen werden. Nach zwei weiteren Jahren werden sie geleert und nach Glengoyne verschickt, wo dann Single Malt darin lagert. Dieser Prozess kostet das Unternehmen jedes Jahr sehr viel Geld. Aber die Fässer sind nur ein Teil des Geheimnisses von Glengoynes Charakter. Die lange Gärung (56 bis 110 Stunden) erschafft eine Fruchtigkeit, während die extrem lange Destillation einen erhöhten Kontakt mit dem Kupfer der Brennblasen gewährleistet, wodurch schwere Aromen minimiert und der Geschmack weich und angenehm wird.

Der Jahresumsatz von Glengoyne liegt bei rund einer halben Million Flaschen. Dies sind bescheidene Zahlen im Vergleich zu anderen Marken, aber Glengoyne hat definitiv das Potenzial, etwas Großes zu werden.

Glengoyne ist einen Besuch wert. Die Destillerie ist charmant und leicht zu erreichen, bietet aber vor allem eine fantastische Auswahl an geführten Touren an, vom klassischen Rundgang mit einem Glas des 12-Jährigen bis hin zu einem fünfstündigen Erlebnis, bei dem sowohl ein paar Single Malts als auch Sherrys verköstigt werden. Außerdem kann man seinen eigenen Blend kreieren und mitnehmen.

DER ORT

Glengoyne ist leicht zu erreichen: Der Bus braucht vom Bahnhof Buchanan in Glasgow aus nur eine Stunde und hält direkt vor der Brennerei. Sie liegt wunderschön, direkt neben dem malerischen Trossachs National Park, den Walter Scott in seinem Roman *Rob Roy* verewigt hat. Hier befindet sich auch Schottlands meistbesuchter und Großbritanniens größter See: Loch Lomond. Der See ist das Zentrum für diverse Wassersportarten.

Es gibt viele gute Bed & Breakfasts für diejenigen, die die Gegend etwas länger genießen möchten. Für luxuriösere Aufenthalte empfahl sich bisher das Cameron House am südwestlichen Ufer des Loch Lomond. Der Yachthafen, das Spa, der Golfplatz und das Sterne-Restaurant machten es zu einem der besten Hotels in Schottland. Die Anlage wurde jedoch 2017 durch ein Feuer verwüstet, bei dem zwei Gäste starben. Sie wird renoviert und soll voraussichtlich Ende 2020 wiedereröffnet werden.

Peter Russell und sein Sohn Leonard Russell.

„The bonnie, bonnie banks of Loch Lomond …"

DER WHISKY

Es ist leicht, Glengoyne zu mögen. Er hat herrliche Fruchtnoten durch die amerikanische und europäische Eiche sowie ein weiches und angenehmes Mundgefühl. Es ist gut, dass Glengoyne das Alter der meisten Whiskys angibt, was viele Hersteller heute zu vermeiden versuchen. Das Grundsortiment besteht aus 10-, 12-, 15- und 18-Jährigen. Der Anteil der Lagerung im Sherryfass steigt mit dem Alter, und für die 21-, 25- und 30-jährigen Blends werden ausschließlich Sherryfässer verwendet. Da ein gebrauchtes Sherryfass etwa zehnmal so viel kostet wie ein gebrauchtes Bourbonfass, ist auch Sherry-gelagerter Malt Whisky teurer.

Anfang 2018 brachte Glengoyne ein brandneues Duty-free-Sortiment auf den Markt: *Cuartillo*, gelagert in Oloroso-Sherry-Fässern aus amerikanischer Eiche, und *Balbaína*, für den europäische Eiche verwendet wird. *Pedro Ximenez Cask Finish* ist eine Kombination aus in amerikanischer und europäischer Eiche gelagertem Whisky, der für das letzte Finish in Fässern gelagert wird, die vorher Wein aus der süßen PX-Traube enthielten. Der 28-Jährige wird zu 100 % in europäischen Oloroso-Fässern gelagert.

INTERESSANTES

Glengoyne liegt am Fuße des 427 Meter hohen Bergs Dumgoyne. Bis in die 1970-Jahre galt sie als Lowland-Brennerei, heute gehört sie zu den Highlands, doch eigentlich sind beide Eingruppierungen richtig. Die klassische Linie, die die Highlands von den Lowlands trennt, verläuft entlang der Südseite des Firth of Clyde westlich von Glasgow, überquert den Clyde und führt von Greenock in gerader Linie zur Hügelkette der Campsie Fells, nach Osten an Stirling vorbei und mündet schließlich in der Gegend um Dundee in die Nordsee. Diese *Highland Line* entstand 1784 durch ein Gesetz, das die Höhe der Steuern nach der Lage der Brennerei innerhalb Schottlands festlegte. Glengoyne ist ein spezieller Fall, da sich die Brennerei selbst in den Highlands befindet, die Lagerhäuser aber auf der anderen Straßenseite in den Lowlands stehen.

GLENGOYNE 12 YEARS

Frischer Duft mit Traubensaft, Vanilletoffee, Nüssen, Zitrusfrüchten und Schnittholz. Weicher Geschmack mit Noten von Karamell, grünen Äpfeln, eingemachten Birnen und Erdnussbutter.

GLENGOYNE 18 YEARS

Intensiver Duft mit schönen Noten von Kokos, Vanille, Banane, Birnen und Fruchtlimonade. Der Geschmack ist zunächst weich und trocken, danach kommen Milchschokolade, getrocknete Früchte und Nüsse zum Vorschein. Langer Abgang.

FAKTEN

Gründung: 1833
Besitzer: Ian Macleod Distillers
Adresse: Dumgoyne by Killearn, Glasgow G63 9LB
Website: glengoyne.com
Kapazität: 1,1 Millionen Liter
Ausstattung: 1 Maischbottich, 6 Gärbottiche aus Holz, 1 *wash still*, 2 *spirit stills*

Oban

Die meisten schottischen Destillerien wurden an einem guten Zugang zu sauberem Wasser gebaut und liegen daher oft außerhalb der großen Städte. Es wurden aber auch einige städtische Brennereien errichtet, von denen der Großteil heute geschlossen ist. Zu den verbleibenden gehören Glen Garioch in Oldmeldrum, Glen Moray in Elgin und natürlich die drei in Campbeltown – Springbank, Glengyle und Glen Scotia. Oban ist eine davon, obwohl es hier andersherum war: Zuerst kam die Destillerie, dann die Stadt. Als Oban 1793 erbaut wurde, war das Gebiet nur von einigen Fischern bewohnt, aber mit der Brennerei als Katalysator wuchs schnell eine moderne Stadt. Initiatoren waren die unternehmungslustigen Brüder John und Hugh Stevenson, die im Laufe der Zeit ein Firmenimperium aufbauten, das neben der Brennerei auch Steinbrüche, Gerbereien, Werften, Brauereien und eine Baufirma umfasste.

Heute liegt die Brennerei eingepfercht zwischen anderen Gebäuden in der Stafford Street, und dahinter ragt ein großer Felsen auf. Die Voraussetzungen für eine Expansion sind also schlecht, obwohl das Interesse sicher vorhanden wäre. Oban ist eine der kleinsten Brennereien von Diageo, und das Interesse an Whisky wächst stetig, auch in den USA, die seit jeher ein starker Markt für die Marke sind. Oban ist wahrscheinlich die einzige der 28 Malt-Brennereien von Diageo, in der die gesamte Produktion als Single Malt abgefüllt wird – kein Tropfen wird für Blends verwendet.

United Distillers (wie Diageo früher hieß) startete 1988 eine Kampagne, um das Interesse an Single Malt zu steigern. Sie wählten sechs Whiskys aus ihrem umfangreichen Sortiment aus *The Classic Malts*, die jeweils eine Region Schottlands repräsentieren sollten. Dazu wurde ein spezielles Holzgestell für die Präsentation der sechs Flaschen entworfen. Bald stand diese kleine Sammlung in Tausenden von Pubs in ganz Großbritannien. So hatten die Kunden nicht nur mehr Auswahl, sie konnten auch feststellen, wie unterschiedlich Single Malts schmecken können. Oban gehörte zur Auswahl und vertrat die westlichen Highlands. *The Classic Malts* spielten eine große Rolle für die heutige Popularität von Single Malts. Andere schottische Whiskyhersteller können sich bei Diageo für diese clevere Kampagne bedanken.

DER ORT

Mit seiner fantastischen Lage an Schottlands Westküste zieht Oban im Sommer viele Touristen an. Die Stadt ist sehr schön und zudem der Ausgangspunkt für Bootsausflüge zu den Inseln. Bis Mull dauert es knapp eine Stunde, aber um auf die Äußeren Hebriden (Barra und South Uist) zu gelangen, muss man mehr als fünf Stunden mit dem Boot einplanen. Ein großer Teil der Inseln an der Westküste wird von Booten der Reederei Caledonian MacBrayne (CalMac) angesteuert. Ein Tipp, wenn Sie mitfahren möchten: Seien Sie unbedingt rechtzeitig am Fähranleger. Wer zu spät kommt, landet in der Stand-by-Schlange.

Das spektakulärste Gebäude in Oban ist jedoch nicht die Brennerei. Richtet man den Blick nach oben, sieht man, dass jemand in der kleinen Gemeinde einmal große Visionen hatte: Hoch oben auf der Klippe steht eine Kopie des römischen Kolosseums! Kleiner als das Original, aber mit den klassischen Säulen und Arkaden. Der ortsansässige Bankier und Philanthrop John Stuart McCaig beschloss, ein Denkmal für sich und seine Familie zu errichten, und wollte außerdem den Steinmetzen der Region Arbeit verschaffen. Die Bauarbeiten begannen 1897. Die Außenmauer wurde errichtet, aber bis zum Tod McCaigs fünf Jahre später wurde der Bau nicht vollendet. Zwar hatte er in seinem Testament 1.000 Pfund pro Jahr für die Fertigstellung des Gebäudes festgelegt, aber seine Hinterbliebenen beanspruchten das Geld für sich. Sie klagten gegen das Testament – und heute beinhaltet McCaigs Schöpfung einen schönen Garten mit einem einzigartigen Blick über den Atlantik.

Das beeindruckende Gebäude wurde *McCaig's Folly* getauft.

DER WHISKY

Sein fruchtiger Stil brachte *Oban Single Malt* viele Anhänger ein. Da die Brennerei *worm tubs* zum Kühlen der Dämpfe verwendet, könnte man meinen, der Whisky sei robust und kräftig, aber so ist es nicht. Er ist geschmackvoll, mit leichten Zitrus- und Kräuternuancen, und als kleines Augenzwinkern für die Nachbarn draußen auf den Inseln lauert im Hintergrund eine leichte Rauchnote. Der wichtigste Faktor für Obans Charakter sind die langen Gärzeiten von bis zu 110 Stunden. Die lange Zeit im Gärbottich ist auch der Grund, warum nicht mehr als 800.000 Liter pro Jahr produziert werden. Sicher könnte mehr herauskommen, aber dann würde sich der Stil verändern und Oban nicht mehr wie Oban schmecken.

Das Sortiment der Brennerei ist klein, lange dominierte der 14-Jährige den Verkauf. Wie so oft bei Diageo gibt es zusätzlich noch eine *Distiller's Edition*, die in einem Montilla-Fino-Fass ihr Finish erhält. Darüber hinaus gibt es seit vielen Jahren einen 18-Jährigen für den US-amerikanischen Markt. Seit 2015 hat die Brennerei ein weiteres Baby: *Little Bay*. Auf dem Etikett ist kein Alter angegeben, und im Gegensatz zum 14-Jährigen, der nur in Bourbonfässern reift, werden hier zusätzlich Sherryfässer und Fässer mit Deckeln aus neuer Eiche verwendet. Dies sorgt für einen süßeren Whisky mit weniger Raucharoma.

INTERESSANTES

Das erste transatlantische Telefonkabel verlief zwischen Clarenville in Neufundland und Gallanach Bay, einige Kilometer südlich von Oban. Das Kabel (bei dem es sich eigentlich um zwei Kabel handelte, eines in jede Richtung) hieß TAT-1, wurde 1956 in Betrieb genommen und ersetzte ein funkbasiertes Kabel aus den 1920er-Jahren. Die Kommunikation zwischen Nordamerika und Europa wurde damit sicherer und schneller, aber das Kabel war auch die Voraussetzung für den berühmten „Heißen Draht" zwischen Washington und Moskau. Durch die Kubakrise 1962, als die Welt am Rande eines dritten Weltkrieges stand, erkannten die Supermächte, dass schnelle Kommunikation fatale Missverständnisse verhindern kann. Im folgenden Jahr wurde TAT-1 für eine direkte Verbindung zwischen dem Pentagon und dem Kreml verwendet, aber das berühmte Rote Telefon kam nie zum Einsatz. Als das Kabel 1978 ausgemustert wurde, verwendete man bereits Satellitenkommunikation für die Hotline.

Ein Netzwerk von Fähren verbindet die vielen Inseln der Hebriden.

OBAN 14

Frischer und einladender Duft mit Noten von Orange, Nüssen, Pilzen, Vanille, heller Schokolade und Ingwer. Der Geschmack ist kraftvoll, aber elegant und ausgewogen. Aprikosen, Macarons, Kuchen mit frischen Beeren, Vanille, Marzipan und etwas Chili-Rauch.

OBAN DESTILLER'S EDITION

Recht leichter Duft nach reifen Trauben, Apfelessig und grünen Blättern. Cremiges Mundgefühl mit Noten von Vanilleeis, Nesseln, Weetabix, Ingwer und Senfkörnern. Ziemlich trocken.

FAKTEN

Gründung: 1794
Besitzer: Diageo
Adresse: Stafford Street, Oban, Argyll PA34 5NH
Website: malts.com
Kapazität: 870.000 Liter
Ausstattung: 1 Maischbottich, 4 Gärbottiche aus Holz, 1 *wash still*, 1 *spirit still*, *worm tubs*

Springbank

Obwohl Springbank 1828 von William Reid erbaut wurde, wird dessen Name in der Geschichtsschreibung der Brennerei kaum erwähnt. Zu Recht dreht sich alles um die Familie Mitchell. Archibald Mitchell betrieb dort, wo Springbank entstand, lange eine illegale Brennerei. Seine Söhne Hugh und Archibald Jr. hatten 1825 die Reichlachan Distillery in derselben Straße eröffnet, und zwei weitere Söhne, John und William, übernahmen Springbank 1837, als die Reids (die in die Familie Mitchell eingeheiratet hatten) in finanzielle Schwierigkeiten gerieten. Archibalds Schwester Mary war Mitbegründerin der Drumore Distillery, ebenfalls in Campbeltown. Also eine echte Whiskyfamilie. Heute an der Spitze – allerdings nicht involviert ins Tagesgeschäft – ist Hedley Wright aus der fünften Mitchell-Generation.

Mit ihm wird wird die Dynastie wohl enden, denn er hat keine Erben. Trotzdem ist die Zukunft der Brennerei gesichert. In Wrights Vision für Springbank geht es nicht nur um die Whiskyproduktion, sondern auch darum, ein guter Arbeitgeber und ein Eckpfeiler der Gesellschaft zu sein. Mehr als 70 Menschen verdienen ihren Lebensunterhalt in Springbank – und das ist viel im kleinen Campbeltown. Wright hat eine Stiftung gegründet, die Springbank (und die Schwesterbrennerei Glengyle) nach seinem Tod weiter betreiben und die Übernahme durch eines der großen Unternehmen verhindern wird. Zum Glück, denn Springbank ist eine Seltenheit in der schottischen Whiskywelt. Äußerst traditionell und ohne sich mit anderen zu vergleichen, hat sich die Destillerie im Laufe der Jahre eine auf Integrität und hoher Qualität basierende Position erschaffen.

Springbank ist die einzige Brennerei, die ihr gesamtes Getreide selbst mälzt. Zudem wird jede Flasche vor Ort abgefüllt. Ein Besuch ist wie ein Rundgang durch ein lebendiges Museum. In einem offenen, traditionellen Maischbottich aus Gusseisen wird der Zucker gelöst, um anschließend in Bottichen aus Lärchenholz zu gären. Einer der drei Kessel wird direkt befeuert (heutzutage sehr ungewöhnlich), und ein alter *worm tub* wird zur Kondensation der Alkoholdämpfe verwendet. Die Brennerei hat eine Kapazität von 750.000 Litern pro Jahr, aber nie viel mehr als 150.000 Liter hergestellt – wenn ich mich recht erinnere. Die Eigentümer sind nicht daran interessiert, den Whisky an jeden Ort der Welt zu liefern, und man findet ihn nie im Duty-Free. Ein Single Malt, nach dem man suchen muss – das stärkt natürlich den Status der Marke.

Als aufregendes Nebengeschäft bietet Springbank jeden Sommer für mehre Wochen die *Whisky School* an. Die Teilnehmer können fünf Tage lang bei allen Stufen der Whiskyherstellung mitarbeiten, vom Mälzen bis zur Destillation. Wenn man Glück hat, wird der Kurs von dem legendären Springbank-Manager Frank McHardy geleitet. Obwohl seit 2013 im Ruhestand, fällt es ihm schwer, sich von der Brennerei fernzuhalten.

DER ORT

Campbeltown liegt am Ende der Kintyre-Halbinsel, die Paul McCartney in „Mull of Kintyre" verewigt hat. Gegen Ende des 19. Jahrhunderts war dies die Whiskyhauptstadt der Welt – mit nicht weniger als 35 gleichzeitig betriebenen Brennereien. Aber als die Konsumenten begannen, den leichteren Speyside-Stil zu bevorzugen, konnte Campbeltown nicht mithalten. Alle außer Springbank und Glen Scotia mussten schließen. Am Ende verlor die Stadt ihren Status als eigene Whiskyregion, und erst als Hedley Wright 2004 Glengyle wiedereröffnete, wurde Campbeltown erneut anerkannt. Offenbar sind mindestens drei Brennereien erforderlich, um eine „Region" zu sein.

Nach Campbeltown gelang man auf mehreren Wegen: Die Überfahrt mit dem Boot von Ardrossan, südlich von Glasgow, dauert fast drei Stunden. Der Flug von Glasgow dauert etwa 45 Minuten. Die längste, aber schönste Route führt von Glasgow über Loch Lomond auf der A82 nach Norden. In Tarbet fährt man auf die A83 und über Loch Fyne Richtung Süden. Es dauert vier Stunden, aber die Aussicht ist unschlagbar. Mindestens zwei Stationen auf dem Weg sind zu empfehlen: Loch Fyne Oysters, wo man fangfrische Austern genießen kann, und Inveraray, ein wunderbarer kleiner Urlaubsort mit mindestens zwei guten Whiskyläden.

Springbank liegt hinter der weißen Badeanstalt Aqualibrium.

DER WHISKY

Springbank ist zweieinhalb Mal destilliert, und der Charakter ist kräftig und ölig mit einem Geschmack von zugleich Malz und etwas Rauch. *Longrow*, doppelt destilliert, ist stark rauchig, während *Hazelburn*, dreifach destilliert, ohne jeden Rauch, fruchtig und zart ist. Bis zu 80 % der jährlichen Produktion besteht jedoch aus Springbank. Momentan handelt es sich dabei um einen 10-, 15- und 18-Jährigen sowie um einen 12-Jährigen, in Fassstärke abgefüllt. In regelmäßigen Abständen erscheinen 21- und 25-Jährige sowie Sonderabfüllungen mit spannenden Finnishs in unterschiedlichen Fasstypen. Bei Longrow gibt es eine Variante ohne Altersangabe, einen 18-Jährigen und *Longrow Red*, der bekommt jedes Jahr ein neues Finish in einem Rotweinfass bekommt. Hazelburn gibt es als 10-Jährigen und zuweilen ein anderes Finish. Erwähnenswert ist auch die Schwesterbrennerei Glengyle, deren Whisky aufgrund eines Namensstreits Kilkerran genannt wird und erst 2016 als 12-Jähriger auf den Markt gebracht wurde.

INTERESSANTES

Die Familie Mitchell besitzt seit 1972 auch den unabhängigen Abfüller Cadenheads. Er ist Schottlands ältester Abfüller, wurde 1842 gegründet und ist in mehreren Ländern mit eigenen Filialen vertreten, zwei davon in Campbeltown. Das Unternehmen erlebte Rückschläge, brachte aber im Laufe der Jahre viele hervorragende Single Malts heraus. Als 2012 Mark Watt eingestellt wurde, der zuvor für Duncan Taylor gearbeitet hatte, ging es mit der Marke bergauf. Die heutigen Veröffentlichungen sind überwiegend sehr gut. 2017 feierte das Unternehmen 175-jähriges Bestehen. Einige der Jubiläumsveröffentlichungen waren unglaublich: *Banff 40 Years, Convalmore 40 Years, Caperdonich 39 Years* und *Rosebank 25 Years*. Neben Whisky, der nicht kaltfiltriert und ohne Farbstoffe hergestellt wird, füllen sie Rum und Gin ab.

Cadenheads betreibt eine Reihe ausgezeichneter Whiskyläden.

SPRINGBANK AGED 10 YEARS

Dumpf und herbstlich mit leichtem Rauch (Asche), einem Hauch von Pilzen, Menthol und grünen Äpfeln. Der Geschmack ist einladend und trocken mit ausgewogenem Rauch, Grapefruit, gegrillter Paprika und schwarzen Johannisbeeren. Ein recht kurzer Abgang, der von Vanille, Haferkeksen und subtilem Rauch dominiert wird.

LONGROW

Frisch und minzig im Duft mit gedämpftem Rauch und Noten von Pappe, Malz, Nesseln und Farn. Der Geschmack beginnt süß und weich und wird immer rauchiger. Lakritz, Vanille und Oreo-Keks.

FAKTEN

Gründung: 1828
Inhaber: Springbank Distillers (J & A Mitchell)
Adresse: Well Close, Campbeltown, Argyll PA28 6ET
Website: springbankwhiskey.com
Kapazität: 750.000 Liter
Ausstattung: 1 Maischbottich, 6 Gärbottiche aus Holz, 1 *wash still*, 2 *spirit stills*

Talisker

Seit Mitte des 17. Jahrhunderts, lange bevor eine Brennerei angedacht war, gehörte das Talisker-Anwesen der Familie MacLeod. Einige Jahre zuvor hatten sie nach einer letzten Schlacht 1601 Frieden mit dem rivalisierenden Geschlecht der MacDonalds geschlossen. Das Ende der Fehde wurde mit einem dreiwöchigen Fest auf Dunvegan Castle gefeiert, wo sich beide Clans verbrüderten. In den folgenden Jahren lebten mehrere Generationen der MacLeods auf dem Talisker-Anwesen in Erfolg und Wohlstand. Doch Anfang des 19. Jahrhunderts war auch die Isle of Skye von den *Highland Clearances* betroffen. Bereits vermögende Landbesitzer sahen die Möglichkeit, sich durch Schafzucht noch weiter zu bereichern. Schafe brauchen Weideland, und dafür wurden Pächter, die seit Jahrhunderten ihre Parzellen bestellt hatten, aus ihren Häusern vertrieben. Donald MacLeod emigrierte 1818 nach Tasmanien und verpachtete sein Eigentum an Lauchlan MacLean, der die Zwangsumsiedlung der Bauern fortsetzte. Als sieben Jahre später Hugh MacAskill den Pachtvertrag übernahm, sorgte dieser zumindest dafür, dass die Bauern, die alles verloren hatten, ihren Lebensunterhalt auf andere Weise verdienen konnten: Er gründete eine Brennerei.

Danach wechselten bei Talisker ständig die Besitzer, bis Roderick Kemp ins Spiel kam, der spätere Macallan-Gründer. Er begründete Taliskers Ruf als Qualitätswhisky, den selbst Robert Louis Stevenson in *The Scotsman's Return From Abroad* huldigend erwähnt. Anfang des 20. Jahrhunderts wurde Talisker wie so viele andere Brennereien von der riesigen Distillers Company Limited übernommen – heute Diageo.

Talisker ist seit 1988, als er einer der sechs *Classic Malts* wurde, bekannt und beliebt. Doch erst in den letzten Jahren entschied siich Diageo, einen internationalen Bestseller zu erschaffen. Ein wesentlich erweitertes Sortiment führte zu einem jährlichen Verkauf von fast drei Millionen Flaschen. Zudem ist Talisker eine der meistbesuchten Brennereien in Schottland, obwohl sie nicht leicht zu erreichen ist.

DER ORT

Mit 200.000 Besuchern im Jahr ist Skye eines der beliebtesten Reiseziele Schottlands. Tausende Touristen, auch aus den USA, reisen an, um die dramatische und wunderschöne Landschaft zu erleben. Hinzu kommen eine spannende Historie, großartige Möglichkeiten zum Klettern und Tauchen sowie zwei Whiskybrennereien. Kein Wunder, dass Skye so beliebt ist. Aber das macht auch vielen Bewohnern Angst. Skye stößt bald an ihre Grenzen, obwohl sie die größte Hybrideninsel ist. Dies gilt besonders für die engen Straßen, die nicht für Touristenbusse und Wohnwagen gemacht sind. Sogar die Einwohner, die vom Tourismus leben, arbeiten jetzt mit den Behörden zusammen, um einen nachhaltigeren Rahmen zu schaffen.

Nachdem man die Brücke bei Kyle of Lochalsh überquert hat, fährt man noch eine Stunde nach Westen bis Talisker. Die Lage ist wunderschön – an der Südküste der langen, schmalen Bucht von Loch Harport. Schaut man von der Brennerei nach Süden, sieht man die Bergkette Black Cuillins, die eher an die scharfkantigen Gipfel der Alpen erinnert als an die sanft gerundeten Highlands. Hier trafen sich die MacDonalds und MacLeods 1601 zu ihrem finalen Kampf. Vor einiger Zeit waren die Black Cuillins Gegenstand einer lebhaften Debatte unter Schotten. Der Clanführer der MacLeods wollte die gesamte Bergkette für zehn Millionen Pfund an einen Amerikaner verkaufen. Er brauchte Geld, um das 800 Jahre alte Schloss Dunvegan Castle zu renovieren, das einige Kilometer nördlich von Talisker liegt. Aber obwohl die Cuillins der Familie gehörten, ging dies den Behörden und Naturschutzorganisationen zu weit. In einer Vereinbarung erhielt der Staat das gesamte Gebiet als Schenkung und finanzierte im Gegenzug die Reparaturen des traditionsreichen Schlosses.

Mit ihren spitzen Gipfeln sind die Black Cuillins ein bekannter Anblick auf Skye.

DER WHISKY

Talisker wird oft mit Whiskys von anderen Inseln wie Islay, Mull und Orkney in einen Topf geworfen. Sie alle sind rauchig – aber das war's! Sicher, Talisker verwendet Malz, das mit Torf getrocknet wurde, und die Phenole sorgen für Rauchigkeit. Aber das ist nur ein Teil seines Charakters. Man findet auch eine häufig erwähnte Pfefferigkeit (weißer Pfeffer, denken die meisten), kombiniert mit herbstlichem Moos und feuchten Blättern. Die Rauchnote erreicht keinesfalls die Intensität von Ardbeg, Laphroaig und Lagavulin, ist jedoch wesentlich präsenter als bei Highland Park. In älteren Ausgaben ist sie meist noch zurückhaltender, ergänzt sich aber gut mit süßen Fruchttönen, wie im von Portwein geprägten *Port Ruighe*. Das Sortiment wurde in den letzten Jahren erheblich erweitert und besteht heute aus den klassischen 10-, 18-, 25- und 30-Jährigen. Kürzlich kamen *Skye* und *Storm* ohne Altersangabe hinzu, Letzterer ist etwas rauchiger. Die *Distiller's Edition* erhielt ein Finish in Fässern mit Amoroso-Sherry, während *Port Ruighe* seinen Charakter durch Ruby Port erhielt. Schließlich gibt es *57° North*, in kleineren Chargen hergestellt und nur in Fassstärke abgefüllt. Zudem sind zwei Duty-free-Versionen erhältlich: *Dark Storm* ist sehr rauchig, während der wesentlich teurere *Neist Point* deutlich älteren Whisky enthält. Im Sommer 2018 lancierten die Eigentümer die exklusive *Talisker Bodega Series*, deren erster Whisky mit einem Finish im Amontillado-Fass *1978 Delgado Zuleta* heißt.

INTERESSANTES

Möchte man unbedingt etwas Negatives an Skye finden (Regen zählt nicht, denn damit muss man in Schottland fast rechnen), dann sind es die Mücken. In den Sommermonaten ist man ihren Attacken fast hilflos ausgesetzt. Die *Highland Midge* (*Culicoides impunctatus*) ist eine Verwandte unserer Stechmücke. Sie ist am häufigsten zwischen Mai und August unterwegs, am liebsten bei windstillem und etwas bewölktem Wetter. Schutz bieten das beliebteste Mückenschutzmittel Großbritanniens, *Smidge*, und – unerwarterweise – die *Skin-So-Soft*-Hautcreme des Kosmetikunternehmens Avon. Anscheinend ist sie effektiv, dass auch die harten Kerle der Royal Marines sie seit 2005 benutzen.

Die Hautcreme *Skin So Soft* und die Royal Marines – eine unerwartete Kombination.

TALISKER AGED 10 YEARS

Frischer und minziger Duft, sehr subtiler Rauch, Lakritz, Karamell und Digestiv-Kekse. Der Geschmack ist wunderbar blumig mit Earl-Grey-Tee, Vanille, roten Äpfeln und einer deutlichen Pfeffernote.

TALISKER PORT RUIGE

Der Duft ist leicht rauchig mit Weinnoten, roten Beeren und Zedernholz. Lecker und feurig mit Noten von Kardamom, Ingwer, Traubensüße, Bratäpfeln mit Thymian und geräuchertem Chili.

FAKTEN

Gründung: 1830
Besitzer: Diageo
Adresse: Carbost, Isle of Skye, Inverness-shire IV47 8SR
Website: malts.com
Kapazität: 3,3 Millionen Liter
Ausstattung: 1 Maischbottich, 8 Gärbottiche aus Holz, 2 *wash stills*, 3 *spirit stills*

A9
A93
Pitlochry
Blair Athol
Edradour
A827
Aberfeldy
Tay Forest Park
Blairgowrie
Dunkeld
Coupar Angus
A9
A93
Dundee
A90
Firth of Tay
Methven
Scone
A85
Strathearn
Perth
Glenturret
Crieff
M90
A91
Gleneagles
Blackford
Tullibardine
A92
A9
Milnathort
Glenrothes
Deanston
A91
Callander
M90
Stirling
A811
Kirkcaldy
Bannockburn
A985
Rosyth
Firth of Forth
M9
M80
South Queensferry

SÜDLICHE HIGHLANDS

Aberfeldy

Hinter dem Erfolg von Aberfeldy steckt eines der effektivsten Duos der Whiskygeschichte: die Brüder John und Tommy Dewar. Sie übernahmen 1880 die Firma von ihrem Vater. Unternehmensberater sind heute davon überzeugt, dass unterschiedliche Persönlichkeiten für ein Unternehmen erforderlich sind, und die Dewars sind ein perfektes Beispiel. John war ein analytischer Kontrollfreak, der im Alter von 24 Jahren das Familienunternehmen übernahm – offensichtlich reif genug für die große Verantwortun. Vom Hauptsitz in Perth aus konsolidierte er in den ersten Jahren das Geschäft und unternahm nur wenige Versuche, den Markt Richtung England auszudehnen. Als der acht Jahre jüngere Tommy in die Firma eintrat, änderte sich die Lage. Er war ein energischer Unternehmer mit großer Sozialkompetenz. Er versuchte, den Londoner Markt zu erschließen. Mit großem Enthusiasmus und zwei potenziellen Kunden stieg er 1885 in der Hauptstadt aus dem Zug. Leider war jedoch ein Kunde gestorben und der andere in Konkurs gegangen. Tommy verbrachte schwierige Jahre in London, aber er besuchte unermüdlich Pubs und Whiskyhändler, um sie Dewars-Produkte probieren zu lassen. Sein Beharren zahlte sich irgendwann aus, und bald hatte das Unternehmen auch ein Büro in London.

Dann trudelte plötzlich ein Brief bei Bruder John in Perth ein: Der steinreiche Stahlmagnat Andrew Carnegie fragte, ob das Unternehmen ein Fass mit dem besten schottischen Whisky an seinen guten Freund in Washington schicken könne. Dieser Freund war Benjamin Harrison – Präsident der Vereinigten Staaten. Damit begann die Expansion. Tommy startete eine zweijährige Verkaufsreise in die USA und 25 andere Länder der Welt und gründete überall Vertretungen. Über seine Reise erschien ein Buch, *A Ramble Round The Globe*.

Die stetig steigende Nachfrage nach Dewars Whisky erforderte schließlich eine eigene Produktion. Sie kauften 1890 die Auchnagie-Brennerei (auch manchmal Tullymet genannt), die aber bald zu klein wurde. So beschlossen die Brüder, eine neue zu bauen. Einige Kilometer westlich des Büros in Perth wurde 1898 Aberfeldy eingeweiht. John Dewar & Sons besitzt heute fünf Brennereien, aber Aberfeldy ist immer noch das Herzstück des Unternehmens. Seit 2000 gibt es ein ausgezeichnetes Besucherzentrum: Dewars World of Whisky. Es geht hauptsächlich um Blended Whisky. Jedes Jahr werden über 30 Millionen Flaschen *Dewars White Label* verkauft. In den USA ist er die Nummer Eins der schottischen Whiskys.

Die Dewar-Brüder wurden für ihre Leistungen geadelt. Sie starben beide 1930, innerhalb weniger Monate. Zu diesem Zeitpunkt war das Unternehmen bereits von Distillers Company Limited (dem heutigen Diageo) übernommen worden, gehört inzwischen aber dem großen Rumhersteller Bacardi.

DER ORT

Die Destillerie wurde auf Land gebaut, das einem Zweig des Campbell-Clans gehörte, den Earls of Breadalbane. Zehn Kilometer westlich liegt Taymouth Castle, das vielen als eines der stattlichsten in Schottland gilt. Das erste Schloss auf dem Gelände, Balloch, wurde im 16. Jahrhundert erbaut, im frühen 19. Jahrhundert abgerissen und durch ein neues ersetzt. Zuletzt gehörte das Schloss Gavin Campbell, dem 1. Marquess of Breadalbane. Er machte eine große militärische und politische Karriere, der aber sein extravaganter Lebenswandel und seine ausgeprägte Spielsucht gegenüberstanden. In den frühen 1920er-Jahren waren seine Schulden so hoch, dass er Schlösser und Grundstücke an eine Unternehmensgruppe verkaufen musste, die das Schloss in ein Luxushotel verwandelte. Zu Beginn des Zweiten Weltkriegs wurde das riesige Gebäude als Krankenhaus für polnische Soldaten genutzt, später als Internat für Kinder von in Großbritannien stationierten Angehörigen des US-Militärs. Dann begann das Schloss zu verfallen. Familie MacTaggart, Eigentümer seit 1922, verkaufte es an ein internationales Konsortium, das es gerade erneut in ein Hotel umbaut. Was nur wenige wissen: Taymouth war während des Kalten Krieges einer von vier Orten, die im Falle eines Atomkrieges als Hauptquartier der britischen Regierung ausgewählt worden waren. Der streng geheime Plan mit dem Codenamen *Python* wurde 1968 aktiviert.

DER WHISKY

Aberfeldy Whisky ist in erster Linie Rückgrat von *Dewars Blended Whisky*. Erst in den letzten Jahren hat er sich auch als Single Malt einen Namen gemacht. Der große Aufschwung kam 2014, als das Sortiment erweitert wurde und die Flasche ein neues Design erhielt. Gleichzeitig investierte Dewars auch in die anderen vier Brennereien. Aberfeldy Single Malt gibt es heute als 12-, 16- und 21-Jährigen sowie exklusiv für den Duty-free-Markt als 18-Jährigen. Der Whisky hat eine honigsüße Fruchtbasis, aber gleichzeitig eine Schwere, die ihn interessant und komplex macht. Es gibt auch gute Gründe, die Dewar-Blends zu probieren. Während die Standardabfüllung *White Label Edition* vollkommen in Ordnung ist, lohnt es sich definitiv, etwas mehr zu investieren und sich einen der 12-, 15- oder 18-Jährigen zu gönnen. Vergleichen Sie doch mal *Aberfeldy 12* und *Dewars 12* und finden Sie einen gemeinsamen Nenner.

INTERESSANTES

Im viktorianischen England gehörte zum Bild eines Gentlemans, dass er im gesellschaftlichen Leben witzige Einzeiler zum Besten geben konnte. Ein Champion auf diesem Gebiet war Oscar Wilde, aber auch Tommy Dewar war ein wahrer Meister. Eines seiner Zitate hat möglicherweise damit zu tun, dass er der dritte Mann in Großbritannien war, der ein eigenes Auto besaß: „Es gibt zwei Arten von Fußgängern – die schnellen und die toten.“ Und noch ein paar: „ Ein Abstinenzler ist jemand, der unter Durst leidet, anstatt ihn zu genießen“. „Zwischen zwei bösen Dingen wähle ich das interessantere.“ und „Hinterfragen Sie nicht das Urteil Ihrer Frau – denken Sie daran, wen sie geheiratet hat.“

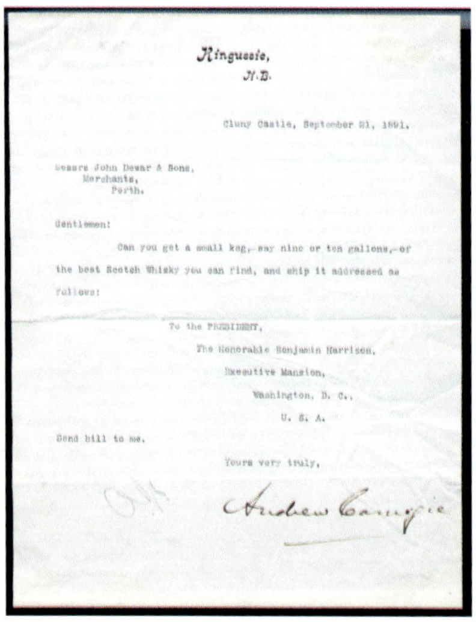

Kingussie,
N.B.

Cluny Castle, September 21, 1891.

Messrs John Dewar & Sons,
Merchants,
Perth.

Gentlemen:

Can you get a small keg,- say nine or ten gallons,- of the best Scotch Whisky you can find, and ship it addressed as follows:

To the PRESIDENT,
The Honorable Benjamin Harrison,
Executive Mansion,
Washington, D. C.,
U. S. A.

Send bill to me.

Yours very truly,

Andrew Carnegie

Der Brief von Andrew Carnegie, der den US-Markt eröffnete.

Tommy Dewar – Unternehmer, Lebemann und Weltenbummler.

ABERFELDY 12 YEARS IN OAK

Frischer Duft mit Noten von Apfelessig, Orangenschale, Stachelbeere und Karamell. Der Geschmack beginnt mit Orange, gefolgt von trockenen und grünen Noten (Endiviensalat, Sellerie, Gurke), Vanille, Malz, Nüssen und einem Hauch Rauch.

ABERFELDY 21 YEARS IN OAK

Leichter, feiner Duft nach Pfirsich, Aprikose und nach einiger Zeit auch Feigen. Harmonischer Geschmack mit einem Hauch von Rauch, Nutella, Marzipanbrot, Orange, Aprikosenmarmelade und herrlicher Honigsüße.

FAKTEN

Gründung: 1898
Besitzer: John Dewar & Sons (Bacardi)
Adresse: Aberfeldy, Perthshire PH15 2EB
Website: aberfeldy.com
Kapazität: 3,4 Millionen Liter
Ausstattung: 1 Maischbottich, 8 Gärbottiche aus Holz und 3 aus Edelstahl, 2 *wash stills*, 2 *spirit stills*

Deanston

Ein paar Meilen nordwestlich von Stirling liegen zwei kleine Gemeinden, Doune und Deanston. Während Doune eine lange Geschichte hat, die bis in die Römerzeit zurückreicht, wurde Deanston erst im frühen 19. Jahrhundert für einen ganz bestimmten Zweck entworfen. Die Brüder Buchanan gründeten 1785 die Baumwollweberei Adelphi am Ufer des Flusses Leith. Mit der Zeit entwickelte sie sich zum Arbeitsplatz für mehr als tausend Menschen, die natürlich irgendwo leben mussten. Um die Weberei herum wurde so eine kleine Stadt gebaut, in der sogar eigene Münzen geprägt wurden. Die Baumwollweberei ist eine energieintensive Branche, und als das Geschäft wuchs, wurden nicht weniger als acht Wasserräder gebaut. Das größte darunter (und übrigens auch das größte Europas) wurde *Herkules* genannt und hatte einen Durchmesser von mehr als elf Metern! In den 1920er-Jahren kamen dann moderne Turbinen zum Einsatz, und 1949 wurde das letzte Wasserrad ausgetauscht.

Mit der Zeit wuchs die Konkurrenz aus Niedriglohnländern, und die Weberei wurde 1965 geschlossen. Der Eigentümer James Finlay & Co erkannte jedoch, dass die Gebäude und die vorhandene eigene Stromversorgung für etwas anderes genutzt werden konnten. Zusammen mit Brodie Hepburn, Whiskybroker aus Glasgow, begann er den Umbau in eine Whiskybrennerei. 1966 startete die Produktion. Damals war Blended Scotch auf der ganzen Welt gefragt, und praktisch die gesamte Produktion wurde dafür verwendet. Trotzdem fanden auch einige Flaschen Single Malt unter dem Namen *Old Bannockburn* ihren Weg auf den Markt. In den frühen 1980er-Jahren nahm das Interesse an Whisky ab und wie viele Brennereien in Schottland musste auch Deanston schließen. Aber es dauerte nicht lange, bis das Feuer unter den Kesseln wieder brannte: Die Blender von Burn Stewart hatten einer alten Mischung aus dem 19. Jahrhundert – dem *Scottish Leader* – neues Leben eingehaucht und brauchten Mengen an

Single Malt, um ihren Bedarf zu decken. 1990 wurde zunächst Deanston übernommen, einige Jahre später dann auch Tobermory und Bunnahabhain.

Zu dieser Zeit veränderte sich auch der Charakter des Whiskys. Ian Macmillan, der Blendmeister des Unternehmens, wollte den ursprünglichen Geschmack von Deanston, Tobermory und Bunnahabhain wiederherstellen. Die Kühlfiltration und die Färbung mit Zuckerkulör wurden abgeschafft, und der Whisky wurde mit einem höheren Alkoholgehalt (46,3 %) in Flaschen abgefüllt. Das zuvor eher mäßige Interesse der Verbraucher schlug in Begeisterung um. Macmillan, der Burn Stewart 2015 verließ, um für Bladnoch zu arbeiten, ist ein Traditionalist mit einer Vorliebe für alte Methoden. Dies zeigt sich auch bei Deanston, wo die Produktion ohne große Automatisierung abläuft. Der gusseiserne Maischbottich ist einer der wenigen offenen in Schottland und verfügt nicht über die modernen höhenverstellbaren Messer. Ein wichtiger Teil des typischen Deanston-Charakters ist das Wächserne, das am deutlichsten in ihrem *Newmake* zum Ausdruck kommt. Nur eine Handvoll Brennereien schafft es, diesen Stil hervorzubringen, der unter anderem lange Gärzeiten erfordert – bei Deanston bis zu 130 Stunden.

DER ORT

Nach etwas mehr als 15 Minuten Fahrt von Deanston nach Süden landet man in Stirling mit seiner Hauptattraktion Stirling Castle. Dieses prächtige Schloss aus dem 12. Jahrhundert stand so oft im Mittelpunkt des Kampfes zwischen Schotten und Engländern, dass es zu einem Nationalheiligtum wurde. Es ist schwer, sich nicht in der Geschichte zu verlieren, wenn man auf dem Mauerkamm steht. Auf der einen Seite sieht man den Ort, an dem 1296 die Schlacht von Stirling Bridge ausgetragen wurde. Der englische König Eduard I. hatte seine Truppen nach Norden geschickt, um die rebellischen Schotten endgültig zu besiegen. An der Stirling Bridge trafen die englischen Soldaten auf die von William Wallace angeführten Schotten und wurden vernichtend geschlagen. Wenn man in die andere Richtung schaut, kann man Bannockburn erahnen. Auch ein Name, der noch heute viele Schotten mit Stolz erfüllt. Eduard II. hatte 1307 die Nachfolge seines Vaters als König von England angetreten. Stirling Castle befand sich erneut in den Händen der Engländer, als die von Robert the Bruce angeführten Schotten 1314 eine Belagerung begannen. Eduard sandte eine Armee von 14.000 Mann, um die Garnison auf der Burg zu unterstützen, während die schottischen Streitkräfte nur 8.000 Soldaten zählten. Die Armeen trafen in Bannockburn aufeinander, und die Engländer erlitten innerhalb von zwei Tagen eine verheerende Niederlage. Sowohl Stirling Castle als auch das *The Battle of Bannockburn Visitor Centre* sind ganzjährig für Besucher geöffnet

Die Statue von Robert the Bruce bei Stirling Castle.

DER WHISKY

Deanston Single Malt war noch nie einer der gefragtesten Whiskys und ist vielen noch immer unbekannt. Aber das ändert sich gerade. In den letzten Jahren unternahmen die Eigentümer große Anstrengungen zur Erweiterung des Sortiments. Zudem wurde 2012 ein hervorragendes Besucherzentrum eröffnet, das das Interesse weiter steigerte. Bestseller ist der 12-Jährige, zu dem sich der 18-Jährige *Virgin Oak* (Finish durch einige Monate in neuer Eiche) und *Organic* gesellen. Letzterer ist das Ergebnis von Experimenten mit Gerste aus biologischem Anbau, die im Jahr 2000 begonnen wurden. Heutzutage werden eine Woche pro Jahr einige tausend Liter Whisky aus dieser Gerste produziert. In letzter Zeit gab es zudem limitierte Auflagen eines 40-Jährigen und mehrerer Vintage-Whiskys. Im Brennerei-Shop werden oft vier bis fünf spannende Spezialabfüllungen angeboten. Der jüngere Deanston ist recht süß und fruchtig, aber mit zunehmendem Alter und wenn Sherryfässer im Spiel sind, nehmen die Schwere und die Komplexität des Whiskys erheblich zu.

INTERESSANTES

Nur wenige Kilometer von der Brennerei entfernt liegt Doune Castle. Obwohl es im Laufe der Jahrhunderte mehrmals umgebaut wurde, ist es unglaublich gut erhalten. Die ältesten Teile stammen aus dem 13. Jahrhundert. 500 Jahre lang fanden dort viele wichtige Episoden der schottischen Geschichte statt, aber vielen ist das Schloss in einem ganz anderen Zusammenhang bekannt: Monty Python! Hier wurden 1974 Teile von *Ritter der Kokosnuss* gedreht. John Cleese & Co. hatten vom National Trust for Scotland die Erlaubnis erhalten, in mehreren Schlössern zu filmen. Kurz vor Beginn der Aufnahmen wurde die Erlaubnis zurückgezogen, aber Doune Castle befand sich in Privatbesitz, und der Eigentümer konnte von einer Drehgenehmigung überzeugt werden. Viele Monty-Python-Fans kommen jedes Jahr nach Doune.

Doune Castle, das durch Monty Python weltberühmt wurde.

DEANSTON 12 YEARS OLD

Ein leicht herbstlicher Duft, geröstete Nüsse, dunkle Beeren, Fenchel, Dijon-Senf und dunkles Roggenbrot. Der Geschmack ist voll und würzig (Nelke, Lorbeerblatt), Lakritz, getrocknete Früchte und Pfeffer.

DEANSTON VIRGIN OAK

Jung, intensiv und malzig im Duft, mit Tönen von Salami und Orange mit Gewürznelke. Der Geschmack ist trocken, geröstetes Brot mit Orangenmarmelade und Schokolade mit Orangenaroma. Mittlerer Abgang mit weißem Pfeffer und Vanille.

FAKTEN

Gründung: 1965
Inhaber: Distell International Ltd
Adresse: Deanston, Perthshire FK16 6AG
Website: deanstonmalt.com
Kapazität: 3 Millionen Liter
Ausstattung: 1 Maischbottich, 8 Gärbottiche aus Edelstahl, 2 *wash stills*, 2 *spirit stills*

Edradour

Im Marketing geht es häufig um Äußerlichkeiten, zum Beispiel um die Größe. Edradour nannte sich daher viele Jahre lang „Schottlands kleinste Brennerei“. Inzwischen gibt es mindestens 16 Distillerien mit geringerer Kapazität. Edradour will den Titel aber nicht so leicht aufgeben und änderte den Slogan deshalb in „the smallest *traditional* distillery in Scotland“. Es ist ein bisschen fraglich, was genau damit gemeint ist, aber sie ist ohne Zweifel eine der malerischsten Brennereien. Und außerdem gut besucht – denn auch durch die Lage in Pitlochry an der vielbefahrenen A9 kommen jährlich mehr als 50.000 Menschen hierher.

Besitzer der Brennerei ist seit 2002 Andrew Symington, ein bunter Vogel der Branche, der immer seinen eigenen Weg gegangen ist. Er kam zum ersten Mal in seiner Zeit als Eventmanager im Prestonfield House Hotel mit Whisky in Kontakt. 1988, im Alter von 25 Jahren, kaufte er sein erstes Whiskyfass und gründete im selben Jahr Signatory, einen unabhängigen Abfüller. Das Timing war perfekt. Das große Interesse an Malt Whisky begann gerade erst, und es gab viele aufregende Whiskys zu kaufen. Im Laufe der Zeit wurde Symington jedoch klar, dass er sich nicht weiter auf andere verlassen wollte. Er brauchte eine Brennerei und beschloss, eine zu kaufen. Er gab Angebote für Scapa, Glenturret und Ardbeg ab, erhielt aber nie den Zuschlag. Erst als Pernod Ricard 2002 Edradour auf den Markt brachte, konnte er seinem Lebenslauf auch den Titel „Brennereibesitzer“ hinzufügen.

Einige Wochen nach der Übernahme führten starke Regenfälle zu einer Überschwemmung. Die Destillerie überstand es, aber es kostete 300.000 Pfund, die Verwüstung zu beseitigen. Glück hatte Symington, als es ihm gelang, Ian Henderson zum Geschäftsführer der Brennerei zu machen. Dieser war gerade nach einer triumphalen Karriere bei Laphroaig in den Ruhestand gegangen. Inspiriert von dem torfigen Islay-

Malt beschloss er, bei Edradour etwas Ähnliches zu schaffen. Ein kleiner Teil der Produktion erhielt einen sehr rauchigen Charakter und trägt nun den Namen *Ballechin*. Der Erfolg von Signatory und Edradour setzte sich fort, und im Jahr 2018 wurde die Brennerei um zwei weitere Brennblasen und vier Gärbottiche erweitert.

So erfolgreich Symington bei Edradour auch ist, ich glaube, dass seine Karriere als unabhängiger Abfüller noch ein bisschen beeindruckender ist. Er gehört zur absoluten Spitze und das ohne intensives Marketing. Nicht einmal eine Website gibt es. Seine Abfüllungen sprechen für sich, vor allem seine Fähigkeit, extrem seltene Single Malts aufzuspüren. Zu den echten Raritäten zählen Killyloch, Kinclaith, Ben Wyvis und Glen Flagler. Whiskys aus diesen geschlossenen Brennereien werden nie wieder abgefüllt.

DER ORT

Pitlochry ist eine kleine viktorianische Gemeinde, die ihren Wohlstand in erster Linie dem Tourismus verdankt. Seit 1842 Königin Victoria zu Besuch kam, zieht es Urlauber aus ganz Großbritannien in diese idyllische Gegend. Eine weit ältere Geschichte hat der Ort Moulin, einen Kilometer weiter nördlich. Dort ließ bereits im 13. Jahrhundert John Campbell, der Neffe des legendären Königs Robert der Bruce, das *Black Castle of Moulin* errichten. Aber als die Highlands im 16. Jahrhundert von der Pest heimgesucht wurden, gehörte die Umgebung von Moulin zu den am schlimmsten betroffenen Gegenden. Niemand wagte es danach, das Gebiet zu betreten. Mit Hilfe von Kanonen wurde das Gebäude abgerissen, und heute steht dort nur noch eine Ruine.

Deutlich lebendiger ist die Moulin Brewery, eine der ersten schottischen Mikrobrauereien. Probieren Sie unbedingt das leckere Bier! Einer der Bestseller wurde nach dem Film benannt, in dem Robert The Bruce eine der Hauptfiguren ist: *Braveheart Ale*. Und wenn man schon mal in Pitlochry ist, kann man nach einem Besuch bei Edradour hinunter ins Dorf fahren und die andere Brennerei der Gegend, Blair Athol, besichtigen. Hier werden wirklich gute Touren durch eine Brennerei angeboten, die hauptsächlich Whisky für Bell's Blend herstellt.

Andrew Symington (rechts) erhält 2002 nach dem Erwerb von Edradour den Schlüssel zur Brennerei.

DER WHISKY

Edradour Single Malt war bei Whiskyfans nicht immer beliebt. Manchmal fiel beim 10-Jährigen ein parfümierter, fast seifiger Geschmack auf. Solch ein Ruf bleibt leicht hängen, aber mein Rat an Sie, wenn Sie Edradour lange nicht probiert haben: Geben Sie ihm noch eine Chance. Seit 2012 stammt der 10-Jährige aus eigener Produktion von Symington und ist weitaus besser die Produkte der Vorbesitzer. Der Charakter ist kraftvoll und nussig und wird durch die verwendeten Sherryfässer gut ergänzt. Neben *Edradour 10 Years* gibt es einen 12-Jährigen und zwei Versionen in Fassstärke: einen aus Sherry- und einen aus Bourbonlagerung. Zudem wurden im Laufe der Jahre gute Erfahrungen mit der Lagerung in anderen Fässern gemacht: Madeira, Burgunder, Chardonnay, Portwein und viele mehr. Der rauchige *Ballechin* hat den gleichen öligen und leicht süßlichen Grundcharakter wie seine Geschwister. Auch ihn gab es im Laufe der Jahre mit unterschiedlichen Finishes, seit 2014 kommt der 10-Jährige jedoch aus dem Bourbonfass.

INGTERESSANTES

Einer der interessantesten Besitzer von Edradour war William Whiteley aus Yorkshire. Er war Wein- und Spirituosenhändler und schuf 1928 den legendären Blend *King's Ransom*. Whiteley sah, dass die Amerikaner während der Prohibitionszeit nach Whisky dürsteten und verbündete sich mit Mafiaboss Frank Costello, der ihm beim Alkoholschmuggel durch Kanada helfen sollte. Als die Prohibition 1933 endete, war *King's Ransom* so beliebt geworden, dass Whiteley größere Ressourcen benötigte. Er kaufte Edradour, mit dessen Whisky er schon lange handelte. 1938 verkaufte er die Brennerei für 325.000 US-Dollar an den Amerikaner Irving Haim und ging in den Ruhestand. Um den Kauf zu finanzieren, wandte sich Haim an seinen guten Freund Costello, der ihm die Summe gerne lieh. Als Gegenleistung erhielt Costello eine Provision für jede in den USA verkaufte Flasche *King's Ransom*.

Mafiaboss Frank Costello sagt 1950 in einer Anhörung vor dem Senat aus.

EDRADOUR AGED 10 YEARS

Ein wenig verschlossener Duft, gefolgt von gerösteten Haselnüssen, Vanille, Orange, Erde und Apfelessig. Der Geschmack ist voll und reichhaltig mit Noten von Lakritz, Schokolade, Orange, ofengebackenen Möhren mit Thymian und roten Chilis.

BALLECHIN 10 YEARS OLD

Intensiver Duft nach geräucherter Makrele, Tomatenkonserven, Äpfeln und getrockneter Hagebutte. Der Geschmack ist voll, mit einer kräftigen Portion süßem Rauch, Pfeifentabak, Orange, Vanille, Zimt und etwas Pfeffer.

FAKTEN

Gründung: 1837
Inhaber: Signatory Vintage Scotch Whisky Co.
Adresse: Pitlochry, Perthshire PH16 5JP
Website: edradour.com
Kapazität: 500.000 Liter
Ausrüstung: 2 offene gusseiserne Maischbottiche, 6 Gärbottiche aus Holz, 2 *wash stills*, 2 *spirit stills*

Tullibardine

Während viele schottische Brennereien auf ein paar hundert Jahre Geschichte bauen können, hat Tullibardine diesbezüglich wenig zu bieten. Die Brennerei wurde erst 1949 gegründet – nach fünf Jahrzehnten sinkender Nachfrage nach schottischem Whisky. Neben der legendären Malt Mill, die 1908 auf Lagavulins Besitz ihren Betrieb aufnahm, war Tullibardine die erste Whiskybrennerei, die im 20. Jahrhundert eröffnet wurde. Zwar gab es in Blackford zu Beginn des 19. Jahrhunderts eine Brennerei, die die derzeitigen Eigentümer mit ein wenig kreativer Fantasie für ihre Vermarktung hätten nutzen können. Aber warum nicht noch ein bisschen weiter zurückschauen? Es gab auch eine Brauerei, die 1488 die Krönungszeremonie Jakobs IV. mit Bier belieferte. Perfekt! Lass uns das Jahr 1488 auf die Flaschen schreiben – und plötzlich haben wir eine mehr als 500 Jahre alte Geschichte. Obwohl die gegenwärtigen Eigentümer nicht behaupten, hier wäre die ganze Zeit Whisky gebrannt worden, finde ich es ein bisschen albern, sich bei der Herstellung von Whisky im 20. Jahrhundert auf eine alte Bierbrauerei zu beziehen. Aber genug der negativen Kommentare.

Tullibardine ist ein guter Single Malt, aber erst 2003, als Michael Beamish und sein Partner die Brennerei übernahmen, änderten sich die Dinge. Von Blackford aus, gelegen an der belebten A9 zwischen Stirling und Perth und nur einen Steinwurf vom Golf-Mekka Gleneagles entfernt, wollten sie mehr als nur eine Brennerei schaffen. Nebenan entstand ein riesiges Einkaufszentrum, und alles lief gut, bis 2009 der Immobilienmarkt zusammenbrach. Zwei Jahre später wurden Tullibardine und das Einkaufszentrum an die französische Firma Picard Vins & Spiritueux verkauft. Drei Jahre später schlossen die letzten Läden, aber die Brennerei erholte sich.

Die Geschäftsräume wurden in eine Abfüllanlage verwandelt, in der sogar Platz für Blending war. Zusätzlich entstand eine Böttcherei, und das Besucherzentrum wurde von Grund auf erneuert. Warum bemühte man sich so sehr? Picard war lange Zeit einer der wichtigsten Kunden von Tullibardine gewesen und hatte bereits 2008 die Rechte am Blend *Highland Queen* von Glenmorangie gekauft. Es war natürlich von großem Vorteil, Zugang zu eigenem Single Malt zu haben und nicht von anderen Produzenten abhängig zu sein. Eine eigene schottische Brennerei stand auf der Wunschliste und die Wahl fiel auf Tullibardine. Heute besteht *Highland Queen* aus einer breiten Palette von Blends und Single Malts, und Tullibardine selbst ist zu einer Marke geworden, die verlässlich gute Produkte herausbringt.

Auch der Mann, der Tullibardine 1949 baute, verdient ein paar Zeilen. William Delmé-Evans, ausgebildeter Agronom, verbrachte einige Sommer in Brennereien in Schottland und war begeistert. So sehr, dass er die alte Brauerei in Blackford kaufte und Tullibardine baute. Aus Krankheitsgründen musste er 1953 die Brennerei verkaufen, aber mit dem Whiskygeschäft war er noch nicht fertig. Ein paar Jahre später wurde er von einem Konsortium kontaktiert, das die Jura-Brennerei wieder aufbauen wollte. Danach konnte er sich endlich seinen Lebenstraum erfüllen – eine Brennerei zu bauen, in der alles vom Maischbottich zu den Brennblasen durch Schwerkraft betrieben wird: Glenallachie, 1967 eröffnet.

DER ORT

Sicher – die Lage ist nicht sehr malerisch. Tullibardine liegt nur hundert Meter von einer viel befahrenen Autobahn entfernt und nicht *in the middle of nowhere* wie eine klassische Destillerie. Aber fahren Sie ruhig trotzdem hin und besichtigen sie eine nicht perfekte Brennerei. Da fast die gesamte Ausstattung in einem ziemlich kleinen Raum steht, bekommt man einen guten Überblick über alle Phasen der Whiskyherstellung. Das Besucherzentrum selbst ist neu und es stehen vier Führungen zur Auswahl, darunter eine kombinierte Verkostung von Whisky und Schokolade. Nur wenige Kilometer von der Brennerei entfernt befindet sich der weltberühmte Golfplatz Gleneagles mit seinem 5-Sterne-Hotel. Gleneagles wurde in den 1920er-Jahren als „Riviera der Highlands" bekannt, und 2014 fand auf der Anlage der *Ryder Cup* statt, das wiederkehrende Golf-Kräftemessen zwischen den USA und Europa.

Das klassische Golfhotel Gleneagles

DER WHISKY

Als Michael Beamish und Partner die Brennerei von Whyte & Mackay übernahmen, waren 3.000 Barrel Whisky aus den Jahren 1952 bis 1993 im Kauf enthalten. Ein guter Start – so viel reifer Whisky! Trotzdem gelang es den neuen Eigentümern nicht, eine Marke zu etablieren, die den Konsumenten im Gedächtnis blieb. Verschiedene Vintages, oft sehr erschwinglich, ersetzten sich gegenseitig. Erst mit Picard entstand eine Art kontinuierliches Sortiment. 2013 erschien eine brandneue Linie mit *Sovereign* ohne Altersangabe, ergänzt durch *225 Sauternes Finish*, *228 Burgundy Finish*, *500 Sherry Finish* sowie einen 25- und einen 30-Jährigen. Diese werden bis heute durch verschiedene Vintages sowie den hervorragenden *The Murray* ergänzt. Letzterer ist der erste Whisky in Fassstärke der neuen Produktion (nach 2003 destilliert). Zudem haben die Eigentümer in den letzten Jahren wirklich alten Whisky (zwischen 40 und 60 Jahren) aus den Tiefen ihres Lagers hervorgeholt. Zweifellos ist Tullibardine für Picard in erster Linie Malt-Hersteller für ihre Blends, gleichzeitig sehen sie aber auch den Wert von Tullibardine als Single Malt. Dessen Merkmale sind Frucht und Malz, und mit einem zusätzlichen Finish ist er meiner Meinung nach auch wirklich gut.

INTERESSANTES

Es ist nicht ungewöhnlich, auf Leute zu treffen, die seit mehr als fünfzig Jahren in der schottischen Whiskyindustrie tätig sind. Ein echter Veteran war John Black, der frühere Manager von Tullibardine. Er wuchs in der Cardhu Distillery auf, wo sein Vater arbeitete, und begann 1958 als 16-Jähriger selbst dort zu arbeiten. Zehn Jahre lang lernte er alles über die Whiskyproduktion, bis er die Brennerei verließ. Als ich ihn 2012 interviewte, listete er mindestens zwölf Destillerien auf, in denen er im Laufe der Jahre gearbeitet hatte. Dann wollte er etwas Neues ausprobieren und begann, Whiskyreisen und -verkostungen zu organisieren. Später wurde er von Tullibardines neuem Besitzer gefragt, ob er nicht die Destillerie wieder auf Vordermann bringen wolle. Er wollte und war bis zu seinem Tod zehn Jahre später der Manager Tullibardines.

John Black, legendärer Manager der Brennerei, arbeitete 55 Jahre im Whiskygeschäft.

TULLIBARDINE SOVEREIGN

Angenehmer Duft mit klarer Honigsüße und Vanille, etwas Menthol und schließlich Birne. Cremiges Mundgefühl, Marzipansüße mit einem Hauch Milchschokolade und etwas weißem Pfeffer.

TULLIBARDINE 500 SHERRY FINISH

Bezaubernder Duft mit süßen Weinnoten, reifen Trauben, Rosinen, Nüssen und Marzipan. Der Geschmack ist sherry-süß und leicht kräuterig mit dem Geschmack von tropischen Früchten, Honig und etwas Lakritz.

FAKTEN

Gründung: 1949
Inhaber: Terroir Distillers (Picard Vins & Spiritueux)
Adresse: Blackford, Perthshire PH4 1QG
Web: tullibardine.com
Kapazität: 3 Millionen Liter
Ausstattung: 1 Maischbottich, 9 Gärbottiche aus Edelstahl, 2 *wash stills*, 2 *spirit stills*

Elgin
Glen Moray
Linkwood
Miltonduff
Fochabers
Benriach
Longmorn
Mannochmore
Glenlossie
Glen Elgin
B9016
B9103
A96
Spey
Glen Keith
Strathisla
Strathmill
Aultmore
B9010
A941
Auchroisk
Keith
Speyburn
Rothes
Glen Grant
Glentauchers
Glenrothes
Glen Spey
B9014
A95
Balvenie
Dufftown
Glendullan
Glenfiddich
Kininvie
Mortlach
Macallan
Craigellachie
Cardhu
B9102
Aberlour
Tamdhu
Dalmunach
Glenallachie
Dailuaine
Knockando
Benrinnes
Glenfarclas
A920
A9
Lossiemouth
Roseisle
Moray Firth
Buckie
Inchgower
Benromach
Glenburgie
Forres
Nairn
A96
Knockdhu
A941
A96
Inverness
Craigellachie
A939
A95
Ballindalloch
Cragganmore
Tormore
Allt-a-Bhainne
Loch Ness
Balmenach
Glenlivet
Grantown-on-Spey
Tomintoul
Tamnavulin
A941
A9
A939
B9136
B9008
A95
Braeval
A939
Aviemore
A97
Speyside
Cairngorms National Park
Ballater
Kingussie
Dalwhinnie

SPEYSIDE

Aberlour

Wenn Glenlivet die Krone des schottischen Portfolios von Pernod Ricard ist, ist Aberlour ein funkelnder Diamant darin. Sie war die erste Brennerei in Schottland, die sie 1974 kauften. Im selben Jahr hatten sich die beiden Pastis-Hersteller Pernod Fils und Ricard zusammengetan, um eine große Vision für das Wachstum außerhalb Frankreichs durch neue Produkte zu entwickeln. Um Aberlour zum Anker in der schottischen Whiskywelt zu machen, kauften sie den damaligen Eigentümer House of Campbell auf. Diese Firma war bereits 1933 von Samuel Rosenbloom gegründet worden, der später seinen Nachnamen in Campbell änderte. Rosenbloom war ursprünglich Weinhändler, richtete sein Geschäft später jedoch auf Whisky aus und kaufte 1945 Aberlour.

Mit Pernod Ricard als Eigentümer hatte Aberlour Single Malt den perfekten Vertrieb auf dem heißen französischen Whiskymarkt. Die Franzosen hatten nach dem Zweiten Weltkrieg ihre Liebe zu Scotch entdeckt und sind heute der größte Importeur von Whisky aus Schottland. Nicht weniger als fünf französische Unternehmen sind Eigentümer von insgesamt 18 schottischen Brennereien. Aberlour ist die Nummer eins unter den Single Malts in Frankreich, die Nummer sechs auf der Welt und verkauft jedes Jahr etwas mehr als vier Millionen Flaschen.

Bereits 1826 wurde die erste Brennerei mit dem Namen Aberlour gebaut, jedoch 1879 durch einen Brand zerstört. Der lokale Bankier James Fleming entschloss sich, ein paar Meilen flussaufwärts des Spey River eine neue Aberlour-Destillerie zu bauen. Fleming war ein angesehener Mann in der Gemeinde. Neben „Brennereibesitzer“ und „Bankier“ hätte er auch „Philanthroph“ auf seine Visitenkarte schreiben können. Er finanzierte den Bau eines Rathauses und sorgte für eine Straßenbeleuchtung. Als er 1895 starb, hinterließ er einen Fonds, der den Bau einer Schule und eines Krankenhauses finanzierte. Drei Jahre später brannte Aberlour erneut ab, und der renommierte Brennereiarchitekt Charles Doig wurde mit dem Bau einer neuen Destillerie beauftragt.

Kommt man von Norden, durchquert man fast die ganze Gemeinde, bevor der Eingang zur Brennerei etwas überraschend links auftaucht. Man sieht nur ein wunderschönes kleines Steingebäude im viktorianischen Stil. Das ist das Besucherzentrum. Die Brennerei liegt versteckt ein Stück weiter die Straße entlang, links fließt ein kleiner wilder Bach – dort kann man oft Wasseramseln beobachen.

DER ORT

Aberlour liegt direkt im Herzen Speysides. Die Gemeinde erstreckt sich entlang des Spey River – eines der schönsten Flüsse Schottlands, der für seine Lachsfischerei weltberühmt ist. Innerhalb eines Radius von zehn Kilometern befinden sich drei weitere Kleinstädte mit einem besonderen Klang für Whiskyliebhaber: Craigellachie, Dufftown und Rothes. Um diese kleinen Gemeinden herum (die größte ist Dufftown mit etwa 1.600 Einwohnern) drängen sich mehr als 30 Brennereien, die meisten mit Besucherzentren. Macht man zum ersten Mal eine Destillerie-Tour in Schottland, ist man hier zweifellos richtig. Wenn man in Aberlour übernachten möchte, empfehle ich *The Mash Tun*. In Craigellachie ist *The Highlander Inn* empfehlenswert, auch wenn das *Craigellachie Hotel* legendär ist. In Dufftown übernachte ich normalerweise im *The Tannochbrae*, und in Rothes ist das neu renovierte *Station Hotel* ein Favorit. Sie werden feststellen, dass die Bars in allen Hotels unglaublich gut mit hunderten Malt Whiskys bestückt sind.

Die Aberlour Distillery hat auch den Ruf, einige der bestgeführten Touren in Schottland anzubieten. Sie haben sich bewusst für eine begrenzte Anzahl von Besuchern entschieden, bieten aber im Gegenzug ein viel größeres Erlebnis. Es stehen drei Optionen zur Auswahl. Eine traditionelle Tour durch die Brennerei endet mit einem Test von sechs Whiskys des Basissortiments und nicht nur des „normalen" 12-Jährigen. Die beiden anderen Touren sind um die Verkostung einer Reihe sehr exklusiver Abfüllungen aus der Brennerei aufgebaut.

Tatsuya Minagawa
im Highlander Inn
in Craigellach

DER WHISKY

Obwohl Aberlour Single Malts bekannt für ihre feine Auswahl an Sherryfässern aus europäischer Eiche sind, handelt es sich mitnichten nur um Whisky aus Sherrylagerung. Ihre drei Bestseller sind eine elegante Kombination aus ehemaligen Sherry- und Bourbonfässern, also auch aus amerikanischer Eiche. Sie werden als *Double Cask Matured* bezeichnet. Diese beiden Fasstypen erzeugen eine Komplexität, die einen besonders geschmackvollen Whisky hervorbringt. Der Stil ist fruchtig und leicht honigsüß. Je nachdem, wie viel amerikanische Eiche verwendet wurde, kann man auch Vanille und Toffee erahnen. Das Grundsortiment umfasst 12-, 16- und 18-Jährige und wird durch einen vierten – *Aberlour a'Bunadh* – ergänzt. Der Name ist gälisch und bedeutet „der Ursprung". Er wird vier- bis sechsmal im Jahr in Fässstärke abgefüllt (häufig zwischen 59 und 60 %) und nicht kaltfiltriert oder mit Zuckerkulör gefärbt. Im Gegensatz zu den anderen wird *a'Bunadh* zu 100 % in Fässern gelagert, die zuvor Oloroso-Sherry enthielten. Er ist der Traum von Sherry-Bomb-Liebhabern, mit viel Aroma von Trockenfrüchten und Rosinen. Spezielle Varianten, die hauptsächlich für den wichtigen französischen Markt hergestellt werden, sind manchmal auch in anderen Ländern erhältlich. Darüber hinaus sollten Reisende nach zwei Duty-free-Versionen Ausschau halten – einem 12-jährigen Sherry Cask und einem 15-jährigen Double Matured.

INTERESSANTES

Der Genießer kann sich in Aberlour nicht nur auf Whisky freuen. Der größte Arbeitgeber in der kleinen Gemeinde ist Walkers Shortbread. Aus der kleinen Dorfbäckerei, die Joseph Walker vor über hundert Jahren eröffnete, ist ein Unternehmen mit 1.600 Mitarbeitern in vier Bäckereien in Aberlour und zwei in Elgin geworden. Aber die Entwicklung lief nicht ohne Hindernisse. Während der beiden Weltkriege war Zucker streng limitiert und man musste sich mit dem Brotbacken begnügen. Heute werden jährlich 40.000 Tonnen der beliebten Kekse gebacken und in mehr als 90 Länder exportiert. Das Unternehmen ist in vierter Generation in Familienbesitz. Wollen Sie Leckereien mit nach Hause bringen, besuchen Sie die Fabrikverkäufe in Aberlour.

ABERLOUR 12 YEARS OLD

Runder und angenehmer Duft mit Noten von Karamell, Milchschokolade, Orange, Birnen und Mazarin-Gebäck. Der Geschmack ist warm und cremig mit einem Hauch Pfeffer, gefolgt von Karamell, Toffee, roten Äpfeln und getrockneten Pflaumen.

ABERLOUR A'BUNADH

Kräftiger Duft nach Rosinen und getrockneten Früchten, Leder, Marzipan und Sachertorte. Der Geschmack ist voll und komplex, getrocknete Früchte (Rosinen, Feigen, Datteln, Pflaumen), Sherrysüße, Kardamom, gebrannte Mandeln und Schokoladenmousse.

FAKTEN

Gründung: 1879
Besitzer: Chivas Brothers (Pernod Ricard)
Adresse: Aberlour, Banffshire, AB38 9PJ
Web: aberlour.com
Kapazität: 3,8 Millionen Liter
Ausstattung: 1 Maischbottich, 6 Gärbottiche aus Edelstahl, 2 *wash stills*, 2 *spirit stills*

Balvenie

Nur sechs Jahre nachdem William Grant 1887 Glenfiddich gegründet hatte, eröffnete er einige hundert Meter weiter eine weitere Brennerei: Balvenie. Das war möglich, weil 1890 die Glenlivet-Brennerei niedergebrannt war. Der Blender William Williams aus Aberdeen, der für seine Blends von Glenlivet Whisky abhängig gewesen war, brauchte schnell einen neuen Lieferanten und beauftragte Glenfiddich. Als dessen gesamte Produktion an Williams ging, erkannte Grant, dass er eine zusätzliche Brennerei brauchte, um seine anderen Aufträge zu erfüllen. Um es so schnell und billig wie möglich zu machen, kaufte er gebrauchte Geräte von Lagavulin und Glen Albyn. Beim Bau von Glenfiddich hatte er bereits bei Cardhu Schnäppchen gemacht, die gerade umbauten und Kupferkessel und anderes verkauften. Grants Blended Whisky wurde immer beliebter und Balvenie weiter ausgebaut. Erst in den 1980er-Jahren erkannte man, dass man auch auf einem sehr guten Single Malt saß.

Balvenies heutige Beliebheit ist David Stewart zu verdanken. Er begann seine Karriere 1962 als Auszubildender bei William Grant & Sons und wurde später Blendmeister, und war damit für alle Produkte des Unternehmens verantwortlich. 2009 übergab er an Brian Kinsman, entschied sich jedoch (oder wurde vielmehr gebeten), sich weiterhin um Balvenie zu kümmern. Eine kluge Entscheidung! Sein Wissen und seine Liebe zur Arbeit haben sich vielfach ausgezahlt. Zusammen mit seinem Kollegen Bill Lumsden von Glenmorangie erkannte er zuerst die Vorteile von Holz-Finishes, also von zusätzlichen Lagerungen in Fässern, die zuvor verschiedene Weinsorten oder Spirituosen enthielten.

Balvenie ist nicht nur ein ausgezeichneter Single Malt, auch die Brennerei selbst ist in Schottland einzigartig. Ein Teil der Mälzung (ca. 15 %) findet noch in der Brennerei statt. Sie haben angestellte Böttcher, die die Eichenfässer reparieren und erneuern.

Auch die Kupferkessel werden immer noch im eigenen Haus gefertig und repariert – ein Auftrag, der normalerweise an Forsyths in Rothes vergeben wird. All dies macht Balvenie zu einer der interessantesten Brennereien in Schottland. Ich kann Ihnen eine Besichtigung nur ans Herz legen. Aber: Hier muss man rechtzeitig reservieren. Es ist kein kurzer Spaziergang durch die Brennerei, der mit einem Schlückchen endet. Stattdessen geht man in einer kleinen Gruppe umher und taucht tief in die Whiskyherstellung ein. Die Tour endet mit einer tollen Verkostung. Wer ein paar Pfund drauflegt, kann auch seinen eigenen Balvenie abfüllen.

DER ORT

Manchmal wird Dufftown, wo sich Balvenie befindet, als die Whiskyhauptstadt der Welt bezeichnet. Das ist nicht falsch, denn dort stehen auch die Brennereien Glenfiddich, Kininvie, Mortlach, Dufftown und Glendullan. Blickt man ein paar Jahrzehnte zurück, kann man noch drei inzwischen geschlossene Brennereien hinzufügen: Convalmore, Parkmore und Pittyvaich. Die letztgenannte – und jüngste – ist abgerissen, während die beiden anderen noch besichtigt werden können. In Dufftown finden auch jährlich zwei Whiskyfestivals statt. Das *Spirit of Speyside Whisky Festival* Anfang Mai ist mit Abstand das größte. Whiskyliebhaber aus der ganzen Welt kommen für eine Woche hierher, um Verkostungen, Brennereibesuche, Galadinner und vieles mehr zu genießen.

In Dufftown und Umgebung leben nicht mehr als 1.600 Menschen, und das Angebot an Unterkünften und Restaurants ist nicht sehr groß. Ich nutze es aber immer noch gerne als Basislager für Brennereibesuche in der Region Speyside. Unterkünfte finden Sie auch in Craigellachie, Aberlour oder, etwas weiter entfernt, Elgin. Die Gemeinde ist auch eine der Endhaltestellen der Museumseisenbahn *Keith and Dufftown Railway*, die von April bis September in Betrieb ist. Zudem gibt es einen ausgezeichneten Whiskyladen, The Whiskeyshop Dufftown, betrieben von Mike Lord.

DER WHISKY

Balvenie ist ein echtes Schwergewicht unter den Single Malts, was sowohl den Umsatz als auch die Qualität betrifft. Jährlich werden nicht weniger als 3,5 Millionen Flaschen verkauft – das räumt der Marke den achten Platz in der Top-10-Liste ein. Hängt das Geschmacksprofil der Schwesterbrennerei Glenfiddich in hohem Maße von der Lagerung in amerikanischer Eiche ab, so zeichnet sich Balvenie durch eine Kombination verschiedener Fässer aus, vor allem Sherry. In Kombination mit einem malzigen und nussigen *Newmake* entsteht ein leckerer und fruchtiger Whisky. Der 12- und der 17-Jährige tragen den Spitznamen *Doublewood*, was auf den kombinierten Einfluss amerikanischer und europäischer Eiche hinweist. Der 14-jährige *Carribean Cask* und der 21-jährige *Portwood* zeugen vom Interesse an zusätzlichen Fassarten. Es wurden auch schon 30-, 40- und 55-Jährige herausgebracht. Seit 2010 haben der wundervolle *Tun 1401* und in jüngerer Zeit der *Tun 1509* gezeigt, wie wichtig Blendmeister David Stewart für die Qualität ist. Zudem wurden 2017 auch zwei rauchige Varianten, *The Balvenie Peat Week 2002* und *Peated Triple Cask* in das vielseitige und selbstbewusste Sortiment aufgenommen.

INTERESSANTES

Ist man bei einem Rundgang durch die Brennerei bei Balvenies Maischbottich angekommen, steht gleich daneben eine ähnliche Kreation aus Edelstahl, die ein kleines Schild als „Kininvie“ ausweist. Bis auf sehr wenige Ausnahmen haben die Brennereien in Schottland nur einen Bottich, in dem der Malzschrot mit Wasser vermischt wird. Warum also steht er da? Er ist ein Teil einer Brennerei, die auch William Grant gehört und den Namen Kininvie trägt. Im zweiten Stock befinden sich die Gärbottiche dieser Brennerei in zwei getrennten Räumen. Steht man dort oben, sieht man durch das Fenster ein langweiliges Wellblechgebäude. Dort stehen Kininvies neun Brennblasen. Dieser Teil der Brennerei wurde 1990 mit der klaren Aufgabe gebaut, Malt Whisky für die verschiedenen Blends des Unternehmens herzustellen. Kininvie Single Malt wurde erst in den letzten Jahren in sehr begrenztem Umfang und zu einem relativ hohen Preis abgefüllt.

Das „geheimnisvolle“ Kininvie

David Stewart, Blendmeister

THE BALVENIE DOUBLE WOOD AGED 12 YEARS

Exotischer Duft mit Tönen von indischem Curry, thailändischen Gewürzen, Traubensaft und Wurzelgemüse. Der Geschmack ist kräftig und ziemlich trocken mit Noten von Schokolade, Kaffee, Rosinen und Haselnüssen.

THE BALVENIE CARRIBEAN CASK AGED 14 YEARS

Der Duft hat dezente Rumnoten, frische Ananas und Honigkuchen. Der Geschmack ist frisch und lebendig, sowohl nach süßem Rum als auch nach trockener Eiche, mit einem Hauch Pfeffer, exotischen Früchten mit Zabaione und Kokos.

FAKTEN

Gründung: 1893
Besitzer: William Grant & Sons
Adresse: Dufftown, Keith, Banffshire AB55 4DH
Web: thebalvenie.com
Kapazität: 7 Millionen Liter
Ausstattung: 1 Maischbottich, 9 Gärbottiche aus Holz und 5 aus Edelstahl, 5 *wash stills*, 6 *spirit stills*

BenRiach

Nur wenige Brennereien spiegeln die Höhen und Tiefen der schottischen Whiskygeschichte so deutlich wider wie BenRiach. Als die Destillerie 1898 eröffnet wurde, war der Optimismus in der Whiskyindustrie nach ein paar goldenen Jahrzehnten auf dem Höhepunkt. Unter anderem war die Nachfrage durch das Reblausproblem in Frankreich gestiegen, wodurch die Cognac-Industrie am Boden lag. Die englischen Konsumenten mussten sich Ersatz für ihr alkoholisches Lieblingsgetränk suchen und wählten schottischen Whisky. Am liebsten aus Speyside, weil dieser manchmal an Cognac erinnert. Aber BenRiach konnte nur zwei Jahre lang produzieren, bevor sie wie viele andere Brennereien schließen musste.

Mit dem Ende des Zweiten Weltkriegs verbesserte sich die Weltwirtschaft, und der internationale Siegeszug des schottischen Whiskys begann. Vor allem brauchte man Single Malt, um Blended Scotch herzustellen, das Modegetränk der Zeit. Also wurde, nach 65 Jahren, in denen nur die Mälzerei geöffnet war, um die Schwesterbrennerei Longmorn mit Malz zu versorgen, BenRiach wiedereröffnet. Jetzt gehörte sie zur selben Brennerei-Gruppe wie Glenlivet, Glen Grant, Caperdonich und Longmorn. Dann ging 35 Jahre lang alles seinen Gang, bis der nächste Rückschlag kam.

2001 wurden Chivas Brothers und alle ihre Brennereien von Pernod Ricard übernommen. Die neuen Eigentümer prüften ihren Besitz und kamen zu dem Schluss, dass die Kapazität zu hoch war. Im folgenden Jahr wurden Braeval, Allt-a-Bhainne und BenRiach eingemottet. *Mothballed* ist ein Begriff der Industrie und bedeutet, dass alle Geräte in einer Brennerei gelassen werden, falls sie zu einem späteren Zeitpunkt wieder benötigt werden. Das geschah bei Braeval und Allt-a-Bhainne, sie wurden nach einigen Jahren wiedereröffnet, als die Nachfrage wieder anstieg. Doch BenRiach war erheblich älter als die anderen und ihre Kapazität relativ gering. Nicht interessant genug. Die Franzosen verkauften sie 2004 an Billy Walker, der langjährige Erfahrung in der Branche hatte.

Eine hervorragende Lösung. Walker versuchte neue Märkte zu erschließen, an die sich bisher niemand herangetraut hatte, wie zum Beispiel Kasachstan. Neue Abfüllungen wurden lanciert, von denen viele aufgrund von Experimenten, die bereits in den 1970er-Jahren begonnen hatten, sehr rauchig waren. Gleichzeitig baute Walker sein Imperium weiter aus und erwarb bald GlenDronach und Glenglassaugh. Am Ende kam das Angebot, auf das jeder Unternehmer hofft: Die Amerikaner von Brown Forman, Produzenten des weltweit meistverkauften amerikanischen Whiskys Jack Daniels, kauften das Unternehmen auf, und Billy Walker wurde Multimillionär. Zog er sich daraufhin zurück? Natürlich nicht! Nur ein Jahr später übernahm er Glenallachie, um eine weitere Marke aufzubauen.

DER ORT

BenRiach liegt ideal: mitten in Speyside – dem gelobten Land des Whiskys – und gleich neben der A941 zwischen Craigellachie und Elgin. Dies ist die Pulsader, auf der sich Whiskyliebhaber bei ihrem Besuch zwischen verschiedenen Brennereien bewegen. Aber es dauerte zehn Jahre, bis endlich so etwas wie ein Besucherzentrum bei BenRiach entstand. Ein Teil des Büros wurde mit Regalen ausgestattet, in denen das Sortiment ausgestellt war, und ab und an konnte man die Brennerei besichtigen. Unter den neuen amerikanischen Eigentümern wurde auch dieser Teil des Geschäfts ausgebaut.

Wie immer in Speyside ist es nicht weit zu anderen Brennereien. Longmorn liegt nur ein paar hundert Meter östlich, man teilt sich einige Lagerhäuser. Einen Kilometer südlich liegt Glen Elgin, und im Westen kann man sowohl Mannochmore als auch Glenlossie sehen. Fans von rauchigem Whisky machen oft ihre erste schottische Reise nach Islay. Ansonsten empfehle ich immer Speyside mit seinen fast 50 Brennereien.

Longmorn liegt nur einige Minuten von BenRiach entfernt.

DER WHISKY

Das Sortiment von BenRiach zusammenzufassen war vor bis vor kurzem noch eine hoffnungslose Aufgabe. Jedes Jahr erschienen 20 und mehr neue Sorten. Inzwischen haben die Eigentümer das etwas heruntergefahren, aber das Angebot ist noch immer groß. Am einfachsten unterteilt man es in Classic Speyside und Peated Style. Zu Classic Speyside gehören *Heart of Speyside* ohne Altersangabe, zudem 10-, 16-, 20-, 25- und 35-Jährige und Whisky in Fassstärke. Zur rauchigen Seite gehören *Birnie Moss, Curiositas 10 Years, Septendecim 17 Years, Authenticus 25 Years, Peated Quarter Cask* und *Peated Cask Strength*. Und das war erst die Hälfte. Zudem gibt es eine Reihe von Holz-Finishes: *Tawny Port 21 Years, Moscatel 22 Years* und *PX Sherry 17 Years*. Eine Duty-free-Auswahl umfasst *Triple Destilled 10 Years, Classic Quarter Cask* und *Peated Quarter Cask*. Und dazu kommen jedes Jahr noch etwa zehn Single Casks unterschiedlichen Alters in den Verkauf. Ein guter Freund von mir, der alle Ausgabe von BenRiach kaufen wollte, gab irgendwann auf und verkaufte seine gesamte Sammlung – kein Wunder!

Mit dieser Aufzählung ist sicher auch klar, warum man keinen einheitlichen Brennereicharakter beschreiben kann. Man kann aber sagen, dass BenRiach Single Malt immer geschmackvoll ist, ob rauchig oder nicht. Er ist kein Mauerblümchen.

INTERESSANTES

John Duff, BenRiachs Gründer, war einer dieser unermüdlichen viktorianischen Unternehmer, die ständig nach neuen Herausforderungen suchten. Nachdem er bei Glendronach gearbeitet hatte, baute er 1876 mit einigen Kompagnons die Glenlossie Distillery. Nach zehn Jahren wurde ihm langweilig, und er zog zuerst nach Südafrika und dann nach Kentucky und versuchte beide Male, Whiskybrennereien zu bauen, leider erfolglos. Er kehrte nach Schottland zurück und eröffnete 1893 Longmorn. Vier Jahre später zahlte er seine Teilhaber aus und baute ein paar hundert Meter entfernt BenRiach (Longmorn II). Eine kleine Eisenbahnstrecke verband die beiden Brennereien, sodass gemälztes Getreide, Kohle und Whisky problemlos hin und her transportiert werden konnten. Als es für John Duff endlich aufwärts ging, kam der Crash, der die gesamte Whiskybranche versenkte. Er verlor alles. Aber mir wird er immer als jemand im Gedächtnis bleiben, der alles für eine Idee wagte.

BENRIACH AGED 10 YEARS

Frischer Duft mit grünen Noten (Blätter und Gras), etwas Minze, anschließend Nüsse, Pilze, Vanille und Zitrusfrüchte. Der Geschmack ist sanft und ausgewogen, ziemlich trocken mit Noten von Lakritz, Birnen mit Karamellsauce, Fenchel und Sherry.

BENRIACH CURIOSITAS AGED 10 YEARS

In der Nase frisch mit trockener Rauchigkeit und Noten von Zitrus, Malz, Äpfeln, trockenem Gras und Biskuit. Der Geschmack ist trocken und recht rauchig, mit Noten von Vanille, weißem Pfeffer, Lakritz, Zitrus und Ingwer.

FAKTEN

Gründung: 1898
Besitzer: Brown Forman
Adresse: Longmorn, Elgin, Morayshire IV30 8SJ
Website: benriachdistillery.co.uk
Kapazität: 2,0 Millionen Liter
Ausstattung: 1 Maischbottich, 8 Gärbottiche aus Edelstahl, 2 *wash stills*, 2 *spirit stills*

Benromach

Zweimal in der Geschichte musste eine große Anzahl schottischer Brennereien fast gleichzeitig schließen. Benromach gehörte beide Male dazu. Die erste Krise war 1899, als die große Whiskyblase platzte. Die Pattison-Brüder, Whiskyhändler aus Leith, gingen immer größere Risiken ein, um auf dem heißen Whiskymarkt Geld zu verdienen. Am Ende ging es um Betrug, gefälschte Konten und ein abgestürztes Unternehmen. Leider hatten die meisten Whiskyproduzenten Geschäfte mit den erfolgreichen Brüdern gemacht und waren nun alle betroffen. Robert und Walter Pattison landeten im Gefängnis. Das 1898 gegründete Benromach kam daher erst acht Jahre später richtig in Gang.

Die nächste Krise kam 1983. Damals hatte die schottische Whiskyindustrie gerade ihr zweites goldenes Zeitalter durchlebt. Aber die guten Zeiten endeten in den späten 1970er-Jahren nach der Ölkrise, als die neue Generation nicht mehr an Whisky interessiert war. Etwas mehr als zwanzig Destillerien schlossen zwischen 1983 und 1985, die meisten für immer. Benromach schlummerte zehn Jahre, bevor wieder jemand Interesse zeigte. Die unabhängigen Abfüller Gordon & MacPhail erkannten die Vorteile durch den Besitz einer eigenen Brennerei und kauften Benromach vom damaligen Eigentümer United Distillers. Der größte Teil der Ausrüstung war in den zehn Jahren zuvor entfernt worden, so dass sie weitestgehend von vorn beginnen mussten. Positiv war allerdings das im Kaufpreis enthaltene Lager mit reifenden Whiskys.

Gordon & MacPhail, im Besitz der Familie Urquhart, ließen sich Zeit, und erst fünf Jahre nach der Übernahme wurde die neue Benromach-Brennerei von Prinz Charles eingeweiht. Die Urquharts hat noch nie etwas dem Zufall überlassen. Der Plan war, den Geschmack des ursprünglichen Speyside-Whiskys wiederherzustellen – schwerer und etwas rauchiger, ohne jedoch den Islay-Whiskys nahezukommen. Langsam und methodisch begannen sie, die Marke aufzubauen.

Erst in den letzten Jahren kamen die großen Erfolge. So groß, dass die Eigentümer die Kapazität erhöhen und mehr Mitarbeiter einstellen mussten. Gordon & MacPhail arbeiten unermüdlich daran, ihre Position als die vielleicht führenden Anbieter von fantastischem schottischem Malt Whisky zu behaupten.

Im Mai 2018 ließ das Unternehmen miteilen, dass in Benromach nun auch Gin hergestellt werden soll. Und nicht nur das: In Craggan bei Grantown-on-Spey soll eine weitere Whiskydestillerie gebaut werden.

DER ORT

Fast vierzig Kilometer westlich von Forres, wo Benromach liegt, liegt der Ort Culloden – ein wichtiger Name der schottischen Geschichte. Hier unternahm das Geschlecht der Stuarts 1745 den letzten Versuch, nicht nur Schottlands, sondern auch Englands Thron zurückzugewinnen. Charles Edward Stuart, besser bekannt als Bonnie Prince Charlie, war der Enkel von Jakob VII. von Schottland, der gleichzeitig Jakob II. von England war. Als 25-Jähriger kam Bonnie Prince Charlie, der sein ganzes Leben in Italien verbracht hatte, nach Schottland, um sein Recht als Regent des Landes geltend zu machen. Von den Franzosen unterstützt, landete er 1745 mit zwei Schiffen auf der Insel Eriskay auf den Äußeren Hebriden. Auf dem Festland sammelte er eine Armee aus den Highland-Clans und marschierte in Richtung Edinburgh. Die ersten Monate seines Feldzugs waren erfolgreich, aber am Ende musste er sich – mit den Regierungstruppen auf den Fersen – nach Norden zurückzuziehen. Im April 1746 standen sich die beiden jeweils 6.000 Mann starken Armeen in Culloden Moor gegenüber – und nach knapp einer Stunde waren die Truppen von Bonnie Prince Charlie geschlagen. Fast 2.000 seiner Soldaten starben auf dem Schlachtfeld. Noch heute wecken sein Name und der Ort Culloden in vielen Schotten starke Gefühle.

Die Schlacht bei Culloden weckt bei vielen Schotten noch immer starke Gefühle.

DER WHISKY

Gordon & MacPhail experimentierten viel. Es wurden verschiedene Rauchgrade, Getreidesorten und Fasstypen ausprobiert, und es stehen sowohl Bio- als auch dreifach destillierter Whisky auf der Karte. Der älteste von Gordon & MacPhail selbst hergestellte Benromach-Whisky ist heute 20 Jahre alt. Sie brachten regelmäßig auch deutlich ältere Ausgaben heraus, die bis zu 55 Jahre alt sind und aus dem ursprünglichen Bestand beim Kauf stammen. Das Grundsortiment besteht heute aus 10- und 15-Jährigen und dem starken (57 %) *100 Proof*. Die Gerste ist leicht getorft (12 ppm), aber neben dem Rauch enthält der Whisky auch ausgeprägte Frucht- und Zitrusnoten. Zudem gibt es Sonderabfüllungen, wie zum Beispiel *Organic* und den stark geräucherten *Peatsmoke*, und regelmäßig werden verschiedene Vintages und beliebte Finishes lanciert, in Fässern, die vorher Weine wie Sassicaia und Hermitage enthielten. Aus einem Versuch der Dreifachdestillation resultierte 2009 der *Triple Distilled*, der 2017 herauskam.

INTERESSANTES

Obwohl sie Eigentümer einer ausgezeichneten Brennerei sind, haben sich Gordon & MacPhail und die Familie Urquhart ihren guten Ruf ursprünglich als unabhängige Abfüller erworben. Whiskys mit ihrem Namen auf dem Etikett kann man fast ausnahmslos vertrauen. Es gibt eine große Auswahl für den alltäglichen Bedarf, aber von Zeit zu Zeit werden wirklich überraschende Raritäten aus dem Lager hervorgeholt. So wie vor ein paar Jahren, als der älteste Single Malt der Welt auftauchte: der 75-jährige *Mortlach*. Der Preis für eine der 100 Flaschen betrug rund 23.500 Euro! Ich konnte ihn im Beisein von Stuart Urquhart probieren, dessen Großvater dabei war, als das Destillat im November 1939 in Fässer abgefüllt wurde. Der Whisky war hervorragend und trotz seines Alters absolut lebendig – ein unvergesslicher Moment.

Stuart und Richard Urquhart aus der vierten Generation der Besitzerfamilie

BENROMACH 10 YEARS OLD

Kräftiger Duft nach Malz, Teer, Tauwerk, Herbstwald, frisch geschnittenem Holz und Firnis. Wächst im Mund mit angenehmen Noten von Rauch, Zitrus, etwas Pfeffer, Vanillegebäck und Mürbeteigkeksen.

BENROMACH PEAT SMOKE

Frischer und leicht stechender Duft mit Noten von Apfelessig, verbranntem Heu, Räucherwurst und Roggenbrot. Volles und angenehmes Mundgefühl, leicht pfeffrig, rohe Pastinake, geröstete Haselnüsse und eine ausgewogene Rauchigkeit mit ein wenig Menthol.

FAKTEN

Gründung: 1898
Besitzer: Gordon & MacPhail.
Adresse: Invererne Road, Forres, Morayshire IV36 3EB
Website: benromach.com
Kapazität: 700.000 Liter
Ausstattung: 1 Maischbottich, 13 Gärbottiche aus Holz, 1 *wash still*, 1 *spirit still*

Dalwhinnie

Hersteller von schottischem Single Malt haben notorische Angst davor, irgendetwas am Prozess oder der Ausrüstung zu ändern. Muss ein Kessel ausgetauscht werden, wird er durch eine exakte Kopie ersetzt. Man sagt sogar, wenn im ersten Kessel eine Delle war, müsse auch der neue Kessel eine haben. Aber nehmen Sie das nicht unbedingt für bare Münze, das gehört wohl zu den Whiskymythen. Es ist allerdings wahr, dass kleine Änderungen im Prozess den finalen Geschmack durchaus beeinflussen können. Die Ursachen sind nicht vollständig untersucht. Daher wollen die meisten Brennereien nichts riskieren. Dalwhinnie aber traute sich und änderte Mitte der 1980er-Jahre die Kühlmethode. Die alten *worm tubs* wurden entfernt und durch effizientere Rekuperatoren ersetzt.

In *worm tubs* strömen die Dämpfe durch lange Kupferspiralen, die in große Fässer mit kaltem Wasser getaucht sind. So entsteht ein schwererer Alkohol. Ein Rekuperator ist ein mit Kupferrohren gefüllter Kupferkasten, durch den Kühlwasser fließt. Mehr Kupfer im Kondensator erzeugt leichteren Alkohol. Die Besitzer von Dalwhinnie rechneten wahrscheinlich nicht damit, dass der Unterschied so groß sein würde, aber Dalwhinnie Single Malt war danach nicht mehr derselbe – und einige Jahre später wechselte man wieder zu den *worm tubs*, die bis heute verwendetet werden.

Die USA waren lange Zeit mit Abstand einer der wichtigsten Märkte für schottischen Whisky, und amerikanische Unternehmen haben immer wieder versucht, schottische Brennereien aufzukaufen. Inzwischen gibt es mehrere Eigentümer von der anderen Seite des Atlantiks, aber Dalwhinnie wurde bereits 1905 von Cook & Bernheimer übernommen. Cook & Bernheimer, 1863 gegründet, war ein Grossist mit Händlern überall in den USA. Das beeindruckende Hauptquartier befand sich im Süden Manhattans, im heutigen Tribeca. Das Unternehmen ist aber auch ein Beweis dafür, wie schnell sich die Alkoholindustrie verändert: Mit dem Beginn der Prohibition 1920 wurde es aufgelöst, und Dalwhinnie bekam wieder schottische Eigentümer.

Bald darauf wurde Dalwhinnie von United Distillers (heute Diageo) aufgekauft. Sie beschlossen 1988, ihren Single Malt als Alternative zu Blended Scotch aktiv zu vermarkten. Sechs Whiskys wurden unter dem Sammelnamen *The Classic Malts* ausgewählt, Dalwhinnie war einer davon. Die Auswahl basierte auf Geographie und Whiskystil, und Dalwhinnie wurde zum Vertreter der Highlands (obwohl es per Definition in Speyside liegt). Gleichzeitig wurde ein Besucherzentrum gebaut, und heute ist Dalwhinnie eine der zehn meistbesuchten Brennereien Schottlands.

DER ORT

Wie eine Arterie fließt die A9 durch den größten Teil Schottlands, von Stirling im Süden nach Scrabster im Norden. Dies ist die Straße hinauf in die Highlands, und die Landschaft und die Aussicht sind einzigartig. Ich wähle manchmal eine alternative Route, wenn ich nach Perth komme und nehme statt der A9 die A93. Man braucht etwas länger, aber die Route ist mindestens genauso schön und nicht so stark befahren. Aber so verpasst man Dalwhinnie, also kehren wir zurück zur A9. Nähert man sich von Perth aus der Brennerei, erreicht die Straße ihren höchsten Punkt auf dem Drumochter-Gipfel, 462 Meter über dem Meeresspiegel. Von dort sieht man links unten Dalwhinnie liegen – aber man darf nicht zu lange auf die Aussicht blicken, sonst verpasst man möglicherweise die Ausfahrt. Dalwhinnies Lage in der Heide, am Rande des mächtigen Cairngorms-Nationalparks, mit den Bergen im Hintergrund, ist eine der schönsten in Schottland.

Man kann aber auch mit dem Nachtzug von London anreisen: Der *Caledonian Sleeper* fährt abends von der Euston Station ab und erreicht nach fast zehn Stunden die kleine Station, fünf Minuten zu Fuß von der Brennerei entfernt. Hoffentlich haben Sie im Zug gefrühstückt. Wenn Sie verschlafen, wachen Sie zwei Stunden später in Inverness auf.

Der Zug von London fährt an Dalwhinnie vorbei nach Inverness.

DER WHISKY

Was ich immer aus Dalwhinnie Single Malt herausschmecke, sind Heidehonig und Zitrusfrüchte. Brennereien mit *worm tubs* neigen dazu, den Whisky in einem relativ hohen Alter abzufüllen, da er in jungen Jahren sehr schwer sein kann. In Dalwhinnies Fall lagert die Standardausgabe 15 Jahre. Dann bringt die Kombination aus langer Lagerung und dem Grundcharakter der frischen Spirituose Noten von süßen und vollmundigen Dessertweinen wie Sauternes hervor. Der Bestseller ist zweifellos der 15-Jährige, aber wie bei vielen anderen Diageo-Marken gibt es auch eine *Distiller's Edition*, die in Oloroso-Sherry-Fässern nachgelagert wurde. Die Kombination aus Honig, Orange und Sherry ist fantastisch. Vor drei Jahren wurde mit *Winter's Gold* eine dritte Variante auf den Markt gebracht. Überraschenderweise empfahl der Hersteller, ihn direkt aus dem Tiefkühler zu servieren. Davon rate ich normalerweise ab, da Kälte den Whisky stumpf macht und einige Aromen in den Hintergrund treten. *Winter's Gold* allerdings wird im gekühlten Zustand öliger und die Orange wird prominenter. Der Whisky ist vollkommen in Ordnung, aber ich glaube, dass es sich bei der gekühlten Servierweise eher um eine clevere Marketingkampagne für die Brennerei handelt, die die dokumentiert niedrigste Durchschnittstemperatur in Schottland ausweist.

INTERESSANTES

Neben dem Verkauf von jährlich über einer Million Flaschen Dalwhinnie Single Malt wird ein großer Teil der Produktion für Blended Whisky verwendet, vor allem für *Buchanan's*. Noch nie davon gehört? Kein Wunder – der größte Markt ist Südamerika, wo die Marke in den letzten Jahren unglaublich an Popularität gewonnen hat. Der Whisky wurde bereits Ende des 19. Jahrhunderts von James Buchanan kreiert, einem der großen Namen in der Geschichte des schottischen Whiskys. Er kam in Kanada als Sohn schottischer Auswanderer zur Welt, aber die Familie kehrte bald in die alte Heimat zurück. Später zog er nach London, um sich im Whiskygeschäft zu etablieren. Buchanan übernahm nicht, wie die meisten seiner Kollegen das Geschäft seines Vaters, sondern baute mit großem Erfolg sein Unternehmen von Grund auf und wurde später sogar geadelt. Im vergangenen Jahr wurden nicht weniger als 20 Millionen Flaschen des nach ihm benannten Whiskys verkauft.

Der elegante James Buchanan lebt heute durch seinen Whisky weiter.

DALWHINNIE 15 YEARS OLD

Frischer Duft, ein wenig Minze, Brot, Stroh, Thymian, später Honig und Orange. Der Geschmack ist weich, angenehm und ausgewogen mit Noten von Honig, Mandel und Pfirsich. Langer Abgang, ein wenig pfeffrig und mit einem Hauch von Rauch gegen Ende.

DALWHINNIE DESTILLER'S EDITION

Einladender Duft nach frisch gebackenem Plundergebäck, Karamell, Rosinen, Milchschokolade und Gras. Der Geschmack ist rund und vollmundig, süß und dennoch frisch, Himbeermarmelade, Marzipan, Donuts, Rumrosinen, geröstetes Roggenbrot mit leicht bitteren Eichennoten zum Schluss.

FAKTEN

Gründung: 1897
Besitzer: Diageo
Adresse: Dalwhinnie, Inverness-shire PH19 1AB
Website: malts.com
Kapazität: 2,2 Millionen Liter
Ausstattung: 1 Maischbottich, 6 Gärbottiche aus Holz, 1 *wash still*, 1 *spirit still*

Glenfarclas

Obwohl Glenfarclas seit 1865 im Besitz der Grant-Familie ist, wurde die Brennerei nicht von ihr gegründet, sondern von Robert Hay, der 1836 die Erlaubnis erhielt, auf der Farm der Macpherson-Grants mit dem Brennen zu beginnen. Als Hay 1865 starb, übernahm der Viehzüchter John Grant die Pacht der Farm. Er hatte kein größeres Interesse an der Brennerei und überließ sie seinem Sohn George. Inzwischen war die aufblühende Blend-Industrie auf Glenfarclas Single Malt aufmerksam geworden. Zu den aktivsten gehörten die Pattison-Brüder in Edinburgh, die 1896 Teilhaber der Brennerei wurden. Zu dieser Zeit hatte die dritte Generation der Grants, die Brüder John und George, übernommen.

Die Pattison-Brüder waren nicht nur umtriebige Unternehmer, zu ihren Methoden gehörten Betrug und Untreue, und in den letzten zwei Jahren des 19. Jahrhunderts brachten sie fast die gesamte schottische Whiskyindustrie zum Erliegen. John und George schafften es, ihre Brennerei zu retten und schworen, sich in Zukunft nie wieder von anderen abhängig zu machen. George führte das Geschäft und bekam in den 1920er-Jahren zwei Söhne, die – Sie ahnen es – George und John genannt wurden. George übernahm nach dem Krieg die Hauptverantwortung für die Brennerei und die Marke, die jetzt weithin bekannt war. Und zwar so bekannt, dass es Kaufangebote hagelte. Aber alle wurden abgelehnt. Glenfarclas ist und bleibt ein Familienunternehmen.

Georges Sohn, der natürlich John heißt, trat 1973 in die Firma ein, und während seiner Zeit wurde immer weniger Whisky für Blends verwendet und stattdessen ein einzigartiger Vorrat an wirklich altem Single Malt aufgebaut. Aus diesem Füllhorn wurden 2006 *Family Casks* und einzelne Fässer aus jedem Jahr von 1952 bis 1994 auf den Markt gebracht. Die Serie wurde mit späteren Jahrgängen fortgesetzt. Seit einigen Jahren ist mit George die sechste Generation der Familie für Vertrieb und

Marketing verantwortlich, während Papa John als Vorstandsvorsitzender die Produktion im Auge behält.

Neben einer großen Vorliebe für die Lagerung in Sherryfässern gibt es eine weitere Erklärung für den kraftvollen und komplexen Geschmack von Glenfarclas. Alle sechs Kessel werden durch eine direkte Flamme unter dem Boden erhitzt. Früher war diese Methode vorherrschend, wurde jedoch fast überall durch Rohre mit heißem Dampf in den Kesseln ersetzt. Neben Glenfarclas wird die alte Methode nur bei Glenfiddich, Springbank und der neuen Dornoch-Mikrodestillerie verwendet. Die intensive Hitze, so Glenfarclas, verleihe ihrem *Newmake*, der sich gut mit der Fruchtigkeit und Würze des Sherryfasses verbindet, Fülle und Gewicht.

George Grant, sechste Generation der Familie

DER ORT

Die Straße von der A95 Richtung Glenfarclas war für mich schon immer eine Straße voller Erwartungen: Gerstenfelder an den Seiten, Brennerei geradeaus und der mächtige Ben Rinnes im Hintergrund. Obwohl ich schon oft hier war, bin ich jedes Mal gleich aufgeregt. Ich mag Glenfarclas. Es ist in Familienbesitz, und fast alles, was hier produziert wird, schmeckt richtig gut. Darüber hinaus ist die geografische Lage für jeden Whiskyfan spannend: Kommt man vom zehn Kilometer nördlich gelegenen Craigellachie, hat man die Craigellachie-Distillery natürlich schon abgehakt und Macallan rechterhand erblickt. Ein paar Minuten später passiert man Aberlour, links daneben liegt Glenallachie. Einen weiteren Kilometer weiter befindet sich rechts ein Wespennest an Brennereien, das man allerdings von der Straße aus nicht sehen kann: Dailuaine, Dalmunach, Knockando, Tamdhu und Cardhu. Wenn man an Glenfarclas vorbeifährt, kommt man direkt zur brandneuen Ballindalloch-Brauerei, dann folgen Cragganmore und Tormore. Dieses Gebiet ist ein Paradies für alle Whiskynerds.

Unter Whiskyliebhabern ist der Ben Rinnes wahrscheinlich der berühmteste Berg Schottlands. Obwohl er nur 840 Meter über dem Meeresspiegel liegt, ist er auf Reisen im südlichen Speyside immer präsent. Von seinen Hängen erhalten mehrere Brennereien ihr Wasser – neben Glenfarclas unter anderem auch Aberlour, Allt-a-Bhainne, Benrinnes und Dailuaine.

DER WHISKY

Für die Abfüllung als Single Malt verwendet Glenfarclas fast ausschließlich Sherryfässer aus europäischer Eiche, die seit 25 Jahren von der Firma José y Miguel Martin in Jerez stammen. Es werden sowohl *first fill* als auch *re-fill*, aber fast immer Oloroso-Fässer verwendet. Mit einer solchen Lagerung produzieren viele Hersteller üblicherweise sogenannte *Sherry Bombs* mit Mengen von getrockneten Früchten, Walnüssen und Leder. Für mich ist es manchmal etwas zu viel. Glenfarclas hat auch einige davon in seinem Repertoire, aber meistens sind es tropische Früchte – viel verführerischer und aufregender. Glenfarclas trägt gern das Alter des Whiskys auf den Etiketten, und das Grundsortiment besteht aus 8-, 10-, 12-, 15-, 21- und 25-Jährigen. In einigen Märkten gibt es *Heritage*, der auch Bourbon-gelagerten Whisky enthält. *105 Cask Strength* wird bei 60 % abgefüllt und ist immer preiswert. Außerdem werden regelmäßig Kleinserien von 30- und 40-Jährigen herausgebracht. Aus der bereits erwähnten Spezialserie der *Family Casks* gibt es heute einzelne Fässer von 1954 bis 2002. Nur wenige Brennereien verfügen über Lager mit so extrem alten und ungewöhnlichen Fässern wie Glenfarclas. Um sechs Generationen der Grant-Familie zu würdigen, wurden vor einigen Jahren sechs limitierte Ausgaben im Alter von 30 bis 59 Jahren lanciert.

INTERESSANTES

Für Liebhaber von Malt Whisky ist die *Scotch Malt Whisky Society* (SMWS) die Quelle vieler unvergesslicher Erlebnisse. Seit 1983 hat dieser Verband Tausende einzigartiger Abfüllungen angeboten – immer *single casks*. Er begann in Schottland, hat jetzt aber Schwestervereine auf der ganzen Welt.

Pip Hills, der Mann, der SMWS gründete, verliebte sich in den 1970er-Jahren in Scotch. Aber erst, als er einen Glenfarclas *straight from the cask* probierte, erkannte er, wie Whisky wirklich schmecken kann. Keine Kühlfiltration, keine Zuckerfarbe und keine Verringerung des Alkoholgehalts – dies war Single Malt in seiner ursprünglichsten Form. Der Unternehmer Pip sah darin eine Geschäftsidee: gute Fässer von verschiedenen Brennereien auswählen, den Whisky in dem Zustand abfüllen und ihn dann den Mitgliedern eines Vereins anbieten. Die erste Abfüllung war natürlich ein Glenfarclas.

Die *Scotch Malt Whisky Society* in Edinburgh ist eine Oase für Whiskyliebhaber.

GLENFARCLAS 105 CASK STRENGTH

Dumpfer Duft mit Herbsttönen (Erde, Blätter, Pilze), danach Minze, gesägte Eiche und dunkle Pflaume. Kräftiger Geschmack mit angenehmem Mundgefühl. Etwas pfeffrig, Eichennoten, dunkle Schokolade, Feigen, brauner Zucker und Espresso.

GLENFARCLAS AGED 12 YEARS

Runder und angenehmer Duft, Karamell, Honig, Vanille, Rosinen, Kokos, Biskuit, Äpfel und Nougat. Angenehmes Mundgefühl mit Nuancen von heller Schokolade, Donuts, getrockneten Aprikosen, Toffee, Apfelkuchen und Zimt.

FAKTEN

Gründung: 1836
Inhaber: J. & G. Grant
Adresse: Ballindalloch, Banffshire AB37 9BD
Website: glenfarclas.com
Kapazität: 3,5 Millionen Liter
Ausstattung: 1 Maischbottich, 12 Gärbottiche aus Edelstahl, 3 *wash stills*, 3 *spirit stills*

Glenfiddich

Manchmal wird Glenlivet als „the single malt that started it all" bezeichnet, und das ist gar nicht so falsch. Diesen Whisky verwendete Andrew Usher in den 1850er-Jahren, um *Old Vatted Glenlivet* zu kreieren – die erste Marke unter den schottischen Whiskys. Danach dauerte es jedoch mehr als 100 Jahre bis zum Durchbruch von Single Malt. Glenfiddich übernahm die Führung. William Grant Gordon aus der dritten Generation der Besitzerfamilie starb 1953 überraschend und seine beiden Söhne Charles und Sandy übernahmen die Verantwortung für William Grant & Sons. Nach einer Anfangsphase teilten sie die Aufgaben. Charlie sorgte dafür, dass in Girvan eine Brennerei gebaut wurde, um die Versorgung mit Grain Whisky für den erfolgreichen Grant's Blended Scotch sicherzustellen. Sandy wollte die Möglichkeiten der Abfüllung und des Verkaufs von Glenfiddich als Single Malt untersuchen.

Er verkaufte 5-jährigen Glenfiddich in der gleichen dreieckigen Flasche, die für den Blended Whisky verwendet wurde, an Pubs in Dufftown, wo sich die Brennerei befindet. Die Gäste mochten den neuen Whisky. 1963 füllte er 8-Jährigen ab, unterschied ihn mit einer grünen Flasche vom Blend und nannte ihn *Glenfiddich Straight Malt*. Es war der erste Single Malt, der weltweit durch intensives Marketing lanciert wurde. Die konservative schottische Whiskyindustrie war verblüfft. Blended Whisky war das Getränk der Stunde, deshalb zögerte die Konkurrenz. Vier Jahre später erwachte DCL und unternahm einen vorsichtigen Versuch mit Cardhu, und um 1980 testeten dann auch Macallan und Glenmorangie ihre Single Malts auf dem Markt. Ab da ging es bergauf, und Single Malt Scotch begeisterte weltweit Millionen Menschen.

Sandy Grant Gordons mutiger Schritt verschaffte Glenfiddich einen Vorsprung – bis heute. Seither ist Glenfiddich jedes Jahr, abgesehen von 2014, als er von Glenlivet überholt wurde, der meistverkaufte Single Malt der Welt. In reinen Zahlen sind das

Sandy Grant Gordon – der Mann hinter *Glenfiddich Straight Malt*.

14 Millionen Flaschen pro Jahr. Aber das ist aber nicht das Wichtigste. Sandy Grant Gordon weckte 1963 ein Interesse an Single Malt, das heute zu einer Massenbewegung geworden ist, in der wir uns in Clubs versammeln, Whisky auf Messen testen und Brennerei-Touren in Schottland organisieren. Neun von zehn Flaschen schottischen Whiskys sind immer noch Blends, aber Malt Whisky macht etwas mehr als 25 % des Gesamtwerts aus.

Glenfiddich ist eine sehr große Brennerei mit mehr als 30 Brennblasen. Jährlich werden fast 14 Millionen Liter produziert, aber das reicht nicht aus. Der Erfolg von Glenfiddich (und auch von Grants Blended Scotch) erfordert eine erhebliche Erweiterung, und in Kürze wird eine weitere Brennerei neben der alten stehen. Mit weiteren 15 Kesseln können beide Einheiten fast 20 Millionen Liter produzieren.

DER ORT

Glenfiddich hat seinen Sitz in Dufftown. Wenn Sie mehr über die nette Gemeinde erfahren möchten, lesen Sie den Abschnitt über Balvenie, das auch William Grant & Sons gehört und nur wenige hundert Meter von Glenfiddich entfernt liegt. Zusammen mit fast 50 anderen Brennereien bilden sie die Whiskyregion Speyside. Dies ist ein recht neuer Begriff. Ausgangspunkt ist der Spey, der drittlängste Fluss in Schottland. Er beginnt am Loch Spey, ein paar Meilen westlich von Dalwhinnie, windet sich dann fast 200 Kilometer nach Nordosten, um westlich von Buckie im Moray Firth zu münden. Im Spey kann man hervorragend fischen (Lachs und Forelle), und er ist der am schnellsten fließende Fluss Großbritanniens. Von Dufftown sind es nur zehn Kilometer zu einer anderen Whisky-Community: Craigellachie hat eine eigene Brennerei, ist aber wahrscheinlich am meisten für das Craigellachie-Hotel bekannt. Es wurde 1893 dort erbaut, wo sich die Flüsse Spey und Fiddich vereinigen, und wurde *das* Hotel für viktorianische Herren, die London verließen, um die schottische Wildnis zu erleben. Heute wird das Hotel oft von Whiskyenthusiasten bewohnt, die Stunden in der berühmten Bar verbringen.

DER WHISKY

Glenfiddich ist der Malt Whisky, den Liebhaber gerne hassen. Das passiert häufig, wenn man die Nummer Eins der Welt ist. Diejenigen, die „sich auskennen", glänzen oft mit originelleren Brennereien, während Glenfiddich ja jeder kennt. Aber es gibt meist einen Grund, warum sich etwas so gut verkauft. Glenfiddich ist gut gemacht und manchmal sogar absolut fantastisch. Ich schmecke oft eine schöne Kombination aus Apfel, Birne und Vanille als Basisnoten heraus. Was danach kommt, hängt von den verwendeten Fässern ab. Das Standardsortiment umfasst 12-, 15-, 18- und 21-Jährige sowie den 14-jährigen *Rich Oak*. Oft sind auch ältere Versionen verfügbar, der 26-jährige *Excellence* sowie die 30-, 40- und 50-Jährigen. Ein Duty-Free-Sortiment umfasst zwei verschiedene Serien, die Cask Collection mit *Select Cask, Reserve Cask, Vintage Cask* und *Finest Solera* oder *Age of Discovery*, die auf der Endlagerung in Bourbon-, Madeira- oder Rotwein-Fässern basieren. Die Besitzer testen auch neue Kombinationen, zum Beispiel im IPA-Experiment, bei dem der Whisky in gebrauchten Ale-Fässern nachlagert.

INTERESSANTES

William Grant, der Glenfiddich 1887 gründete, hatte neun Kinder. Letzte seiner Enkel war Janet Sheed Roberts, die 2012 starb – im Alter von 110 Jahren! Sie war damals der älteste Meensch Schottlands und hatte ein aufregendes Leben hinter sich. Janet studierte Rechtswissenschaften in Edinburgh und war die einzige Frau in ihrer Klasse. In ihrer Freizeit spielte sie Hockey und traf auf dem Platz unter anderem Eric Liddel, dessen Erfolg bei den Olympischen Spielen in Paris im Film *Die Stunde des Siegers* verewigt wurde. Ihr Ehemann wurde einer der Direktoren des Familienunternehmens, und auch Janet selbst beteiligte sich aktiv. Anlässlich ihres 110. Geburtstages brachte Glenfiddich 15 Flaschen eines 55-jährigen Single Malts heraus. Eine davon wurde kurz vor ihrem Tod bei einer New Yorker Auktion für 94.000 US-Dollar verkauft.

Janet Sheed Roberts

GLENFIDDICH AGED 12 YEARS

Grüne Äpfel, Fruchtlimonade, saftige Früchte und Prinzessinnentorte. Der Geschmack ist weich und fruchtig mit Noten von Zucker, kandierten Nüssen, Vanillepudding, Apfelwein, Rohzucker und Fruchtbonbons.

GLENFIDDICH AGED 18 YEARS

Kraftvoller und vollmundiger Duft mit Sherrytönen, Kakao, Wurzelgemüse und etwas Rauch. Voller Geschmack, dunkle Schokolade, Lakritztoffee, Feigen, Datteln und Paranüsse. Langer Abgang mit Noten von reifen Birnen.

FAKTEN

Gründung: 1886
Besitzer: William Grant & Sons
Adresse: Dufftown, Keith, Banffshire AB55 4DH
Web: glenfiddich.com
Kapazität: 13,7 Millionen Liter (mit der neuen Brennerei werden es ca. 20 Millionen Liter sein)
Ausstattung: 2 Maischbottiche, 32 Gärbottiche aus Holz, 11 *wash stills*, 20 *spirit stills*

Glen Grant

Diese Marke kennen die meisten Whiskytrinker – falls sie ihn nicht mit Grants Blended Scotch verwechseln. Die beiden haben nichts miteinander zu tun, und es sind zwei verschiedene Grant-Familien beteiligt.

Der italienische Hotelier Armando Giovinetti war überzeugt, das Interesse seiner Landsleute an Malt Whisky wecken zu könnn. Blended Scotch war in Italien schon lange beliebt, genau wie in den meisten Ländern Europas. Giovinetti fragte Ende der 1950er-Jahre eine Reihe von Brennereien, bekam aber von allen eine Absage. Sie konnten nicht verstehen, warum jemand Malt Whisky trinken wollte und verwendeten ihren Whisky weiterhin für Blends. 1960 schrieb Giovinetti an Douglas Mackessack, der in vierter Generation Eigentümer von Glen Grant war. Mackessack verwies ihn an Charles H. Julian, den Blender der Firma, der ihm über 50 Kartons seines 12-jährigen Whiskys schickte. Julian war wahrscheinlich überzeugt, dass er nie wieder etwas von dem hartnäckigen Italiener hören würde. Aber Giovinetti besuchte im darauffolgenden Jahr die Brennerei, lernte Mackessack kennen und wünschte sich eine weitere Lieferung, diesmal von deutlich jüngerem Whisky. Angesichts der Vorliebe der Italiener für Grappa sollte die nächste Runde einfacher und nicht ganz so geschmackvoll sein. Einhundert Kartons mit fünf Jahre altem Single Malt gingen nach Italien – und der wurde ein voller Erfolg.

Giovinetti begann, als Agent für Glen Grant zu arbeiten und importierte in wenigen Jahren hunderttausende Kartons Glen Grant und Macallan. Noch heute ist Glen Grant ein Verkaufsschlager in Italien, obwohl das Interesse etwas zurückgegangen ist. Und noch immer ist der 5-Jährige der Bestseller. In den 1980er- und 1990er-Jahren kämpfte Glen Grant einige Jahre lang mit Glenfiddich um den Titel des meistverkauften Single Malts der Welt. Heute liegt er nur noch auf Platz 9 der Topliste.

Es ist nicht schwer, in der Geschichte von Glen Grant herausragende Charaktere zu finden. Major James Grant, Sohn eines Gründers, betrieb die Brennerei von 1872 bis 1931. Er machte nicht nur Glen Grant zu einer der größten Brennereien von Speyside, sondern auch eine andere Brennerei (Caperdonich) auf der anderen Straßenseite in Rothes und eröffnete eine Parkanlage, für deren Instandhaltung ein Dutzend Gärtner benötigt werden. Noch heute können Sie beim Besuch der Brennerei durch The Major's Garden schlendern.

Dennis Malcolm wurde 1946 in der Brennerei geboren, wo sein Vater und sein Großvater arbeiteten. Dennis begann dort im Alter von 15 Jahren und von da an ging es nur bergauf. Er wurde schließlich Chef der Brennerei und war zuletzt nicht nur für Glen Grant, sondern für alle Einheiten in der Chivas-Gruppe verantwortlich. Nach einem kurzen Zwischenspiel bei der Konkurrenz kam er zurück, als Campari die Brennerei kaufte. Er ist einer der charismatischsten Whiskymenschen, die ich je getroffen habe. Nach mehr als 50 Jahren im Geschäft wurde er 2016 von der Queen in den *Order of the British Empire* aufgenommen – als Dank für seine Verdienste nicht nur für die Whiskyindustrie, sondern auch für die Gesellschaft.

DER ORT

Mitten im Herzen von Speyside liegt Rothes, eine kleine Gemeinde mit etwas mehr als eintausend Einwohnern. In zwei Minuten ist man hindurchgefahren und genau das würde man wohl machen, wenn es hier nicht vier Brennereien gäbe: Glen Spey, Glenrothes, Glen Grant und Speyburn. Darüber hinaus liegt hier auch Forsyth's, ein Hersteller von Brennblasen. Das Unternehmen kaufte vor kurzem das traditionsreiche, aber heruntergekommene Station Hotel und verwandelte es in ein tolles Boutique-Hotel. Ein hervorragender Ausgangspunkt für einen Aufenthalt in der Gegend. Aber Rothes hat nicht nur Whisky zu bieten, es ist auch ein sehr geschichtsträchtiger Ort. Auf einem Hügel oberhalb von Glen Spey liegt die Ruine von Rothes Castle, wo vierhundert Jahre lang die Earls of Rothes lebten, bis es 1662 bei einem Brand zerstört wurde. Eduard I. wohnte hier im Jahr 1296 während seines Feldzuges gegen die rebellischen Schotten. Auf dem Rückweg brachte er den Stein von Scone mit nach London, auf dem seit Jahrhunderten die schottischen Könige gekrönt worden waren. Es dauerte genau 700 Jahre, bis der Stein an die Schotten zurückgegeben wurde.

Die Kupferkessel werden bei Forsyth's noch von Hand gefertigt.

DER WHISKY

Glen Grant hat nie vorgegeben, einen kräftigen Whisky herzustellen. Stattdessen werden in der Werbung häufig Wörter wie „weich", „rein" und „zart" verwendet. Ein Whisky, der viele Konsumenten anspricht, ohne jedoch gefällig zu sein. Man kann oft Aromen von Äpfeln, Birnen, Zitrusfrüchten und Vanille entdecken. Mit zunehmendem Alter wird Glen Grant zu einem der süffigsten und komplexesten Single Malts, die es gibt. Die Eigentümer selbst haben nicht viel alten Whisky auf Lager, dafür aber Gordon & MacPhail – unabhängige Abfüller in Elgin. Mit ihrem Glen Grant aus den 1940er- und 1950er-Jahren ist man dem Whiskyhimmel so nah wie nur möglich. Man bräuchte aber wohl ein Darlehen, denn ein so alter Whisky kostet horrende Summen. Das offizielle Sortiment besteht aus dem Bestseller *The Major's Reserve* ohne Altersangabe, gefolgt von 10-, 12- und 18-Jährigen. Darüber hinaus erscheinen in regelmäßigen Abständen limitierte Auflagen.

INTERESSANTES

Glen Grants Besitzer der zweiten Generation, Major James Grant, war ein klassischer viktorianischer Gentleman, der die Großwildjagd in Afrika liebte. Während einer Safari im südlichen Afrika begegneten der Major und seine Begleiter zwei kleinen, verwaisten Jungen. Ein armes Ehepaar hatte sich um sie gekümmert, aber der Major meinte in klassischer Kolonialmanier, dass sie in Europa besser aufgehoben sein würden und nahm einen der Jungen mit, während einer seiner Begleiter sich „erbarmte", den Bruder aufzunehmen. In Rothes angekommen besuchte der Junge, Biawa Makalaga, die Schule, arbeitete als Kammerdiener und später als Butler im Haus des Majors. Byway, wie er in Rothes genannt wurde, diente im Ersten Weltkrieg und war sogar Torwart in der örtlichen Fußballmannschaft. In seinem Testament verfügte der Major, dass zukünftige Eigentümer von Glen Grant House Byway als Kammerdiener behalten müssen. Später wurde das Glen Grant House in Wohnungen umgewandelt. Douglas Mackessack, der Enkel des Majors, gab Byway eine der Wohnungen und sorgte dafür, dass ihm täglich Mahlzeiten aus dem Hotel Seafield Arms geliefert wurden. Biawa Makalaga starb 1972.

Biawa Makalaga wurde von den Einwohnern von Rothes *Byway* genannt.

GLEN GRANT THE MAJOR'S RESERVE

Frischer Duft mit starken Noten von Birnen und grünen Äpfeln, aber auch Vanille und etwas Zitrus. Die Fruchtnoten (vor allem Birnen) dominieren den Geschmack, werden aber durch etwas Pfeffer und Vanille ergänzt.

GLEN GRANT AGED 12 YEARS

Frischer Duft nach grünen Äpfeln, Müsli, Brennnesseln, Fruchtbonbons und Seven-up-Limonade. Der Geschmack ist leicht und recht trocken, mit etwas Pfeffer, Birnen, Honigbonbons, Melone, unreifen Bananen, Vanille und Apfelwein.

FAKTEN

Gründung: 1840
Inhaber: Campari Group
Adresse: Elgin Road, Rothes, Banffshire AB38 7BS
Web: glengrant.com
Kapazität: 6,2 Millionen Liter
Ausstattung: 1 Maischbottich, 10 Gärbottiche aus Holz, 4 *wash stills*, 4 *spirit stills*

Glenlivet

Ein Whiskyhersteller, in dessen Gürtel immer zwei Pistolen stecken, lässt uns eher an Amerika als an Schottland denken. Aber im frühen 19. Jahrhundert waren die Highlands manchmal wie der Wilde Westen. Illegale Whiskyproduktion und Schmuggel gehörten zum Alltag. Die Behörden mussten etwas Radikales tun, um die Gesetzlosigkeit einzudämmen. 1822 wurde der *Illicit Distillation Act* verabschiedet, der die Destillation von Whisky ohne Lizenz streng bestrafte. Ein Jahr später ermutigte der *Excise Act* die Hersteller, eine Lizenz zu beantragen, um im Gegenzug erhebliche Steuerermäßigungen zu erhalten. Innerhalb weniger Jahre wurden viele Brennereien legal.

Einer derjenigen, die die neuen Regeln früh akzeptierten, war George Smith. Jahrelang hatte er wie alle anderen illegal gebrannt und geschmuggelt, aber 1824 erhielt er als einer der Ersten eine Lizenz. Langsam steigerte er die Produktion in der Upper Drummin Distillery (Glenlivet gab es zu dieser Zeit noch nicht). Viele setzten jedoch ihre illegale Tätigkeit fort und wollten es nicht stillschweigend hinnehmen, dass jemand den legalen Weg einschlug. Smiths ehemaligen „Kollegen" drohten, seine Destillerie niederzubrennen und ihn zu töten, aber er ließ sich nicht einschüchtern. Ein guter Freund gab ihm zum Schutz zwei Pistolen, die er zehn Jahre lang immer in seinem Gürtel trug. Die Waffen sind heute im Besucherzentrum der Brennerei ausgestellt.

Anderen Produzenten in der Nachbarschaft erging es deutlich schlechter. Einige wurden getötet, während andere sich mehr oder weniger freiwillig aus der Gegend zurückzogen. Gerüchte über George Smiths Whisky verbreiteten sich schnell, und die Nachfrage stieg, so dass er sich gezwungen sah, eine neue und größere Brennerei zu bauen. Ein paar hundert Meter von Upper Drummin entfernt befand sich die kleine Farm Minmore, und dort wurde 1859 die Brennerei errichtet, die bis heute Glenlivet heißt. Der geschäftige Smith starb zwölf Jahre später, aber da hatte sich sein Whisky bereits über die Grenzen hinweg einen Namen gemacht. Dabei war sein alter Freund Andrew Usher eine große Hilfe gewesen, der zu den Ersten gehört hatte, die die Vorteile des Mischens verschiedener Fässer unterschiedlichen Alters vor der Abfüllung erkannt hatten.

George Smith baute die Produktion und den guten Namen von Glenlivet auf, und dann war es an einem seiner Söhne, John Gordon, die Marke für die Zukunft zu stärken und zu schützen. Nicht nur die Kunden, sondern auch die Mitbewerber hatten das Besondere von Glenlivet erkannt. Um auf den Erfolgszug aufzuspringen, fügten auch andere Brennereien ihren Labels den Namen Glenlivet hinzu. Der Name bezieht sich auf das Tal des Flusses Livet (*Glen of the Livet*), aber das hinderte meilenweit entfernt liegende Brennereien nicht daran, vom guten Ruf Glenlivets zu profitieren. John Gordon beantragte 1880 schließlich das ausschließliche Recht auf den Namen. Vier Jahre später bestimmte das Gericht, dass die Brennereien, die den Namen Glenlivet verwenden wollten, ihren eigenen Namen mit einem Bindestrich davor setzen müssten. Heute nutzt nur eine weitere Brennerei manchmal diesen Zusatz: Braes of Glenlivet. Sie befindet sich im selben Tal und hat mit French Pernod Ricard auch denselben Besitzer.

DER ORT

Das Tal des Livet ist für mich einer der schönsten Orte Schottlands. Von der Brücke von Avon im Norden erstreckt es sich 25 Kilometer nach Süden entlang des Flusses und der Straße 9008 bis zum Dorf Tomintoul. Dünn besiedelt und mit üppigen Hügeln und grasenden Schafherden – eine ländliche Idylle, der man nur schwer widerstehen kann. Es gibt auch ausgezeichnete Wanderwege, auf denen man den Spuren der Schmuggler folgen kann. Aber im *Glen of the Livet* geht es nicht nur um Whisky. Im 18. Jahrhundert wurden die Katholiken in Schottland verfolgt. Noch schwieriger war es, katholische Priester auszubilden. In diesem unzugänglichen Gebiet entstand 1716 eine Schule, *The hidden college of Scalan*, in der heimlich katholische Studien gelehrt wurden, bis sich 1799 die Einstellung gegenüber den Katholiken änderte. Das Gebäude ist heute noch erhalten. 2016 wurde das 300-jährige Jubiläum mit einer Messe unter der Leitung des Erzbischofs von Edinburgh gefeiert.

Glen of the Livet war ein Eldorado für Whiskyschmuggler.

DER WHISKY

Glenlivet ist mit zwölf Millionen verkauften Flaschen jährlich einer der weltweit am weitest verbreiteten Single Malts. Der Whisky ist eher fruchtig als kräftig. Gründer George Smith entschied sich früh, moderne Produktionsmethoden einzuführen. Sie liefern einen geschmackvollen, aber recht leichten Whisky, den viele Kunden als angenehm empfinden. Bevor sich das Interesse an Single Malt vor mehr als 20 Jahren durchsetzte, galten Glenlivet und Macallan für viele als das Feinste, was man kaufen konnte. Heute sind beide weltweite Bestseller. Das Sortiment ist groß und enthält *Founder's Reserve* ohne Altersangabe, einen 12-Jährigen, den 15-jährigen *French Oak Reserve*, einen 18-Jährigen, einen 21-jährigen *Archive* und *Glenlivet XXV*. Die Nebenlinie *Nadurra* besteht aus Whiskys, die nicht kaltfiltriert und in Fassstärke abgefüllt wurden, manchmal mit bis zu 60 % Alkoholgehalt. Sie sind in den Versionen Sherry, Bourbon und getorft erhältlich. Außerdem können Reisende zwischen drei verschiedenen Duty-free-Varianten wählen, die unter dem Namen *Master Distiller's Reserve* verkauft werden.

INTERESSANTES

Der vielleicht schillerndste Besitzer war Bill Smith Grant aus der vierten Generation der Familie. Eigentlich sollte sein älterer Bruder John die Leitung der Brennerei übernehmen, aber der starb 1917 bei der Bombardierung des Militärkrankenhauses in Frankreich, in dem er behandelt wurde. Bill war ein Naturtalent als Führungskraft. Eine seiner wichtigsten Leistungen war die Einführung von Glenlivet in Amerika. Sein kluger Schachzug war, der Eisenbahngesellschaft Pullman Company 1934 Miniaturflaschen seines Whiskys anzubieten, die sie während ihrer Reisen servieren konnten. Massen von Neukunden lernten so schottischen Single Malt und insbesondere den 12-jährigen Glenlivet kennen. Noch heute ist Glenlivet der meistverkaufte Single Malt in den USA. Ironischerweise war Bill Smith Grants Lieblingsgetränk Gin Tonic!

Bill Smith Grant erkannte das große Potenzial von Glenlivet in Amerika.

THE GLENLIVET FOUNDER'S RESERVE

Frischer Duft nach Äpfeln, Butter, unreifen Bananen, Kakao und frisch geschnittener Eiche. Der Geschmack ist rund und angenehm, mit leicht bitteren Noten, Schokolade, Kaffeebohnen, Toblerone und gerösteten Nüssen.

THE GLENLIVET FRENCH OAK 15 YEARS OF AGE

Harmonischer Duft nach frisch gespitztem Bleistift, Pfirsich, Aprikose, Biscotti, Schokolade und einem Hauch Balsamico-Essig. Kräftiger Geschmack mit anfänglicher Schärfe, gefolgt von Orange, dunkler Schokoladenmousse und karamellisiertem Zucker.

FAKTEN

Gründung: 1840
Besitzer: Chivas Brothers (Pernod Ricard)
Adresse: Ballindalloch, Banffshire AB37 9DB
Website: theglenlivet.com
Kapazität: 10,5 Millionen Liter
Ausstattung: 1 Maischbottich, 16 Gärbottiche aus Holz, 7 *wash stills*, 7 *spirit stills*

Glen Moray

Es war einmal eine Familie mit drei Geschwistern – nennen wir sie Ardbeg, Glenmorangie und Glen Moray. Ardbeg war der älteste. Schon etwas in die Jahre gekommen, aber ein robustes Stehaufmännchen. Viele mochten ihn, trotz seines manchmal unpolierten Stils. Glenmorangie war schon immer das Lieblingskind. Elegant, sozial und vielseitig – das Herzstück jeder Party. Und dann war da die kleine Schwester Glen Moray, die nie die gleiche Aufmerksamkeit wie die älteren Geschwister bekam. Niemand wusste, was aus ihr einmal werden würde.

So könnte das Märchen von Glen Moray beginnen. Die Brennerei wurde 1897 gebaut, als der Optimismus in der Whiskyindustrie seinen Höhepunkt erreichte. Aber die Stimmung kippte radikal, und schon 13 Jahre später wurde Glen Moray geschlossen. Während des Ersten Weltkrieges konnte nicht produziert werden, daher gingen die Eigentümer schließlich bankrott und boten die Brennerei 1920 zum Verkauf an. Macdonald & Muir hatten fast 30 Jahre Erfahrung und Erfolge wie Highland Queen und Martin's vorzuweisen, besaßen aber keine eigene Brennerei. 1918 hatten sie Glenmorangie gekauft und schlugen nun erneut zu. Der Preis wurde auf 12.000 Pfund festgesetzt, was heute knapp 600.000 Pfund entspricht. Lächerlich wenig, aber die Brennerei war weder in einem Top-Zustand, noch enthielt sie wesentliche Vorräte an reifendem Whisky.

Die Jahre vergingen und Macdonald & Muir erkannten das steigende Interesse an Single Malt. Sie konzentrierten sich voll auf Glenmorangie, der bald auf Platz 4 der Verkaufshitparade stand. Glen Moray war immer noch Zutat vieler Blends, und erst Ende der 1990er-Jahre kreierten sie ein Sortiment von Glen Moray Single Malts. Für das Finish verwendeten sie Weißweinfässer – ungewöhnlich für diese Zeit. Ungefähr zeitgleich kaufte die Muttergesellschaft die von der Schließung bedrohte Ardbeg-Brennerei und verlagerte ihren Fokus darauf, sie produktionsfähig zu machen. Der Manager von Glen Moray, Ed Dodson, übernahm für die ersten sechs Monate die Leitung.

2004 verkaufte das Familienunternehmen alles an das Luxusgüterunternehmen Louis Vuitton Moët Hennessy. Plötzlich musste die kleine Glen-Moray-Brennerei mit viel größeren Konkurrenten um Aufmerksamkeit kämpfen. 2008 wurde sie von einem weiteren französischen Unternehmen, La Martiniquaise, übernommen, das sich mit Whisky auskannte. Bereits 1969 hatte es den Scotch Whisky *Label 5* auf den französischen Markt gebracht. Nun wollten die Besitzer eine Brennerei erwerben, die die Versorgung mit Malt Whisky für ihren Blend sicherstellte. Aber sie erkannten auch, dass Glen Morays Malt auf eigenen Beinen stehen konnte und investierten große Summen in die Erhöhung der Kapazität. Manager Graham Coull übernahm die Verantwortung für den Blend von *Label 5* und den Aufbau eines Single-Malt-Sortiments.

Und er leistete fantastische Arbeit. Nicht nur ist der Whisky gut, es wurde auch ein äußerst erschwingliches Preisniveau gehalten. Die Brennerei ist in den letzten Jahren gut gewachsen und produziert fast sechs Millionen Liter pro Jahr. Wenn sie den derzeit nicht genutzten Maischbottich wieder in Betrieb nimmt, könnte sie neun Millionen Liter erreichen. Nicht viele Brennereien in Schottland haben diese Kapazität. Nach vielen Jahren im Hintergrund hat die kleine Schwester Glen Moray endlich die Bühne betreten.

DER ORT

Glen Moray liegt am Stadtrand von Elgin, der „Hauptstadt" von Speyside und mit über 20.000 Einwohnern die größte Stadt in Morayshire. Sie bietet auch die größte Auswahl an Hotels, Bed & Breakfasts und Restaurants. Das schönste Lokal ist der Gastropub *The Drouthy Cobbler* mit lokalem Bier, 150 Whiskysorten und wirklich gutem Essen. In der South Street befindet sich der unabhängige Abfüller Gordon & MacPhail mit seinem hervorragenden Shop. Seit 1895 pilgern Menschen hierher, um Lebensmittel, Delikatessen, Wein und Spirituosen zu kaufen. Nehmen Sie sich viel Zeit, denn hier kann man ausgiebig stöbern. Eine kleine Warnung: Ein frühmorgendlicher Einkauf vor der Weiterfahrt ist nicht möglich. Das Geschäft öffnet zwar um halb neun, aber laut Gesetz darf erst nach zehn Uhr Alkohol verkauft werden.

Wenn Whiskey nicht ganz oben auf Ihrer Einkaufsliste steht, dann vielleicht Kaschmir. Seit 1797 stellt Johnston of Elgin die schönsten Kleidungsstücke daraus her. Der Laden befindet sich im Osten der Stadt.

Besuchen Sie den legendären Whiskyshop von Gordon & MacPhail.

DER WHISKY

Glen Moray Single Malt ist im besten Sinne leicht trinkbar. Hier verbinden sich Früchte und Vanille ganz wunderbar. Es mag einfach klingen, aber er ist schmackhaft in seiner „natürlichen" Form und eignet sich gut für verschiedene Experimente. Das Angebot ist groß und kann in zwei Gruppen unterteilt werden. Die Malts ohne Altersangabe sind *Classic, Classic Port Finish, Classic Chardonnay Finish* (ein Flirt mit Abfüllungen der 1990er-Jahre), *Classic Sherry Finish* und *Classic Peated*, der erstmals 2015 erschien. Vor 2009 wurde kein rauchiger Glen Moray hergestellt. Zudem gibt es einen 12-, einen 15- und einen 18-Jährigen. Bisweilen erscheinen auch ungewöhnliche Abfüllungen, neben verschiedenen Jahrgängen sind vor allem ein exzellenter 25-jähriger Port-Finish und *Glen Moray Mastery* erwähnenswert. Letzterer, eine Mischung aus fünf verschiedenen Jahrgängen, wurde 2017 anlässlich des 120-jährigen Bestehens der Brennerei lanciert.

INTERESSANTES

Die Kathedrale von Elgin ist eine Ruine – aber eine Ruine mit einer faszinierenden Geschichte. Alexander Stewart war der dritte Sohn von Robert II. und hatte 1371 von seinem Vater große Landstriche im Hochland geerbt. Er wurde zum Lord of Badenoch ernannt und heiratete Euphemie de Ross. Die Ehe blieb kinderlos. Nach sieben Jahren bat er den Bischof von Moray, Alexander Bur, die Ehe zu annullieren, weil er neu heiraten wolle. Bur lehnte ab, und als Alexander seine Frau trotzdem hinauswarf, wurde er vom Bischof verbannt. Die Rache ließ nicht lange auf sich warten. Wütend versammelte Alexander seine Männer um sich und verwüstete im Mai 1390 erst Forres, bevor er gen Osten zur Abtei Pluscarden zog und auch diese zerstörte. Dann brannte er in Elgin die große Kathedrale und Teile der Stadt nieder. Seine unbeherrschten Angriffe brachten ihm den Spitznamen Wolf of Badenoch ein. Alexander starb 15 Jahre später, nachdem er den größten Teil seiner Ländereien verloren hatte.

Die Kathedrale von Elgin wurde vom Wolf of Badenoch verwüstet.

GLEN MORAY AGED 12 YEARS

Frischer Duft nach Birnen, Äpfeln, Kaugummi, Apfelessig und Kokos. Bezaubernder Geschmack, in dem Birnen und Vanille dominieren, aber auch leicht bittere Eichennoten, etwas Pfeffer und Walnüsse.

GLEN MORAY ELGIN CLASSIC PEATED SINGLE MALT

Ein zurückhaltender Duft mit Vanilletönen, trockenem, grasigen Rauch, Malz und (danach) Rosen und Flieder. Weiches und rundes Aroma mit einer eher trockenen Rauchigkeit, ergänzt durch grüne Äpfel, Donuts und Müsli.

FAKTEN

Gründung: 1897
Besitzer: La Martiniquaise
Adresse: Bruceland Road, Elgin, Morayshire IV30 1YE
Website: glenmoray.com
Kapazität: 5,7 Millionen Liter
Ausstattung: 1 Maischbottich, 21 Gärbottiche aus Edelstahl, 6 *wash stills*, 6 *spirit stills*

Knockdhu

Ich habe fast alle der gut 120 Brennereien in Schottland besichtigt – einige öfter als andere. Knockdhu gehört zu denen, die ich am haufigsten besucht habe. Abgesehen vom Whisky, der einer meiner Favoriten ist, ist Gordon Bruce der wichtigste Grund. Er ist seit 2006 Direktor der Brennerei, und sein Engagement und sein Wissen wären ein Gewinn für jedes Whiskyunternehmen. Bei meinem Interesse an schottischem Whisky geht es neben dem Geschmack oft um Geschichte, Menschen und die Natur. Im Laufe der Jahre habe ich, manchmal mit etwas Mühe, auch die technischen Aspekte der Produktion verstanden. Dafür kann ich mich unter anderem bei Gordon bedanken. Immer wieder berichtet er von einem kleinen Kniff, der ihm eingefallen ist, um die Produktion zu verbessern oder effizienter zu machen. Ich habe ihn ein-, zwei-, dreimal gebeten, es noch einmal und vielleicht auch etwas langsamer zu erklären, damit ich es kapiere. Nur wenige Brennereimanager sind von der Technologie der Whiskyherstellung so begeistert wie Gordon. Sein letzter Schritt war die Installation von sogenannten Hydrozyklonen, die mehr feste Partikel aus der Würze filtern. Das Ergebnis sind ein besserer Gärungsvorgang und mehr fruchtige Ester im Alkohol. Diese Technik ist aus der Herstellung von Grain Whisky bekannt, aber hier hörte ich erstmals in Zusammenhang mit Malt Whisky davon.

Ein anderes Mal trieb der Umweltgedanke Gordon zu Innovationen an. Eines der Nebenprodukte bei der Whiskyherstellung sind *spent lees* (der letzte Rückstand aus der *spirit still*), die beträchtliche Mengen Kupfer enthalten. Normalerweise werden sie gesammelt und zu einer Wiederaufbereitungsanlage gefahren. Gordon legte in der Nähe der Brennerei eine Reihe von Feuchtgebieten an, wo er unter anderem Iris pflanzte. Die *spent lees* fließen durch diese Pflanzen, die das Kupfer binden, anstatt es in den Boden abzugeben. Ähnliche Anlagen gibt es auch in Glengoyne und Tomatin.

Gordon Bruce ist einer der innovativsten Destillerie-Manager, die ich je getroffen habe.

Knockdhu wurde bereits 1893 gegründet, machte aber erst Ende der 1980er-Jahre auf sich aufmerksam. Zu diesem Zeitpunkt übernahm Inver House die Brennerei – die erste von insgesamt fünf Destillerien, die das Unternehmen innerhalb von zehn Jahren kaufte. Ihr Fokus lag auf Blended Whisky, bis das Interesse an Single Malt zunahm. Die ersten offiziellen Abfüllungen von Knockdhu erschienen 1990, und da erkannten sie ihr Problem: Der Name der Brennerei (und des Whiskys) war einer bereits etablierten Marke – Knockando – zu ähnlich. Um nicht ständig verwechselt zu werden, beschlossen sie, den Whisky umzubenennen: anCnoc. Durch intensives Marketing konnte anCnoc weltweit viele Follower gewinnen.

DER ORT

Knockdhu ist per Definition eine Speyside-Brennerei, liegt aber ganz allein im Osten der Region. Es ist klassisches Ackerland mit großen Gerstenfeldern und nicht ganz so spektakulärer Aussicht, wie man sie weiter im Herzen der Highlands findet. Die Brennerei ist von der Straße B9002 aus gut sichtbar, und von hier aus kann man sich auch den besten Eindruck machen. Knockdhu bedeutet „schwarzer Hügel“, und direkt nördlich der Brennerei erhebt sich der 430 Meter hohe Knock Hill. Zur nächsten größeren Gemeinde, Keith, sind es ungefähr zwanzig Kilometer. Dort gibt es drei Brennereien und viele Lagerhäuser für Produkte von Chivas Brothers. Keith ist auch die Endstation einer beliebten Museumseisenbahn. Diese fährt nach Dufftown, eine andere Whiskystadt, 18 Kilometer weiter südlich gelegen. Früher war dies ein Abschnitt der Great North of Scotland Railway, die in den 1960er-Jahren eingestellt wurde. Die Museumsbahn fährt im Sommer von Freitag bis Sonntag.

DER WHISKY

AnCnoc ist seit einigen Jahren ein Whisky mit zwei Gesichtern. Der ursprüngliche, fruchtige Charakter erhielt einen extrem rauchigen Zwillingsbruder, und beide leben jetzt Seite an Seite. Die nicht-rauchige Seite wird vertreten von 12-, 18-, 24- und 35-jährigen Whiskys. Daneben gibt es zum Teil sehr limitierte Auflagen wie den *Vintage 1975*. Alle zeichnen sich durch eine wunderbare Fruchtigkeit in Kombination mit Karamell, aber auch durch eine Schwere aus, die sicherlich durch die Verwendung von *worm tubs* für die Kühlung kommt. Die erste Lancierung des rauchigen anCnoc brauchte seine Zeit. Ich erinnere mich an die Fassproben, die ich bei mehreren Besuchen in der Brennerei testen durfte. Jedes Mal sagte ich ihnen, dass sie ihn abfüllen müssten – er war fantastisch! Gordon Bruce stimmte zu, und irgendwann war auch die Geschäftsführung bereit. Die erste Serie erschien 2014 und war schnell ausverkauft. Momentan ist es *Peatheart*, der *the dark side* von anCnoc repräsentiert. Wir sprechen hier nicht von einem Hauch Rauch, sondern von einem Whisky, der mit den schwersten Islay-Malts mithalten kann. Aber ohne den Charakter von Meer, Jod und Algen, denn bei anCnoc stammt der Torf aus Aberdeenshire.

INTERESSANTES

Wie die meisten anderen Brennereien war Knockdhu während des Zweiten Weltkriegs geschlossen und wurde stattdessen als Standort für eine Kompanie der indischen Armee genutzt. Es mag seltsam erscheinen, aber indische Soldaten in Schottland waren während des Krieges keine Seltenheit. Einige von ihnen hatten zu Beginn des Krieges die Aufgabe, mit Pferden und Maultieren beim Transport von Munition und anderen Gütern in Frankreich zu helfen. Bei der Evakuierung in Dunkerque im Juni 1940 ließen die Inder – oder Force K6, wie ihre Einheit genannt wurde – ihre Tiere zurück, die der örtlichen Bevölkerung übergeben wurden, während sie sich selbst auf Schiffen auf den Weg nach England machten. Die meisten zogen weiter nach Schottland, wo sie mit neuen Tieren ausgestattet wurden, darunter Maultiere aus den USA. Sie sollten im Falle einer möglichen Invasion des deutsch besetzten Norwegens dienlich sein. Das war nicht der Fall, und 1944 wurden die meisten von ihnen nach Burma versetzt, um dort die letzte Phase des Krieges zu verbringen.

Indische Soldaten in den Highlands während des Zweiten Weltkriegs

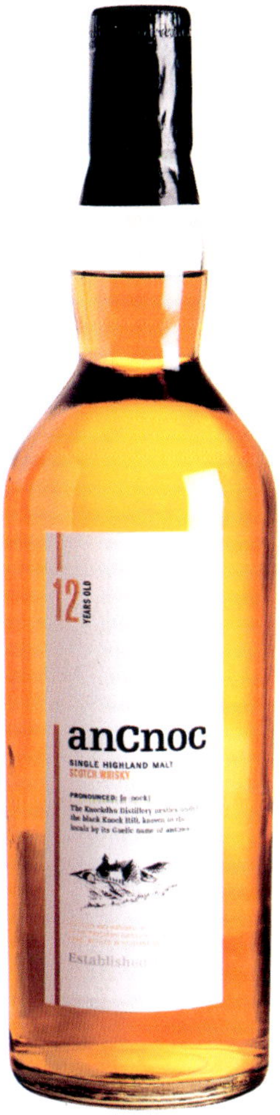

ANCNOC 12 YEARS OLD

Frischer Duft nach Kaugummi, Vanille, Grapefruit und Holunderblüten. Herrliches Mundgefühl mit Noten von Malz, Vanille, Honig, heller Schokolade und Toblerone.

ANCNOC PEATHEART

Frischer Duft mit Noten von Äpfeln, Birnen, Vanille und einer zurückhaltenden Rauchigkeit. Der Geschmack ist frisch und kühl mit Noten von grünen Äpfeln, Vanille, Brennnesseln und Sellerie. Der trockene Rauch nimmt allmählich an Stärke zu. Der Abgang ist mittellang mit einer Kombination aus Vanille, Rauch und Lakritz.

FAKTEN

Gründung: 1893
Inhaber: Inver House Distillers (Thai Beverages plc.)
Adresse: Knock, By Huntly, Aberdeenshire AB54 7LJ
Website: ancnoc.com
Kapazität: 2 Millionen Liter
Ausstattung: 1 Maischbottich, 8 Gärbottiche aus Holz, 1 *wash still*, 1 *spirit still*

Macallan

Macallan hat keine aufregende Geschichte wie die Konkurrenten Glenlivet und Glenfiddich. Die Brennerei wurde zwar bereits 1824 gegründet, aber als der erste „Whiskytourist" der Welt, Alfred Barnard, 1886 zu Besuch kam, war er nicht sehr beeindruckt. In seinem bahnbrechenden Buch *The Whiskey Distilleries of the United Kingdom*, das kurz nach seiner Tour durch alle Brennereien des Landes erschien, widmet er Macallan sieben Zeilen! Keine Brennerei bekam nur so wenig Platz, die meisten sind mit zwei bis vier Seiten vertreten. Zu dieser Zeit gehörte die Brennerei James Stuart, der auch Glen Spey in Rothes betrieb. Nichts gegen Stuart, aber hätte Barnard die Brennerei ein Jahrzehnt später besucht, wäre seine Beschreibung vielleicht anders ausgefallen. Da hieß der Eigentümer Roderick Kemp, der als Besitzer von Talisker die Whiskyproduktion kennengelernt hatte. Kemp erweiterte Macallan und legte großen Wert auf die Sherryfässer, in denen der Whisky reifte.

Als Kemp 1909 starb, ging die Brennerei an eine Stiftung über, und zwei Zweige seiner Familie, Shiach und Harbinson, übernahmen die Leitung. Zu diesem Zeitpunkt hatte Macallan Single Malt einen guten Ruf unter den Blendern erlangt, aber bis in die 1950er-Jahre sah die Brennerei noch fast so aus wie zu Kemps Zeit. Dann wurde von sechs auf zwölf Kessel erweitert. 1966 ging Macallan an die Börse. Gleichzeitig wies Glenfiddich den Weg in die Zukunft, als sie als erste Brennerei ihren Single Malt weltweit vermarktete. Macallan folgte in den 1970er-Jahren, und die Brennerei wurde schrittweise vergrößert, bis sie schließlich 21 Kessel hatte. Der Rest der Welt wurde sie aufmerksam, und die japanische Firma Suntory kaufte sich 1986 mit 25 % in die Brennerei ein. Zehn Jahre später übernahm Highland Distillers (heute Edrington) die restlichen 75 %. Hier endete die Familienhistorie von Macallan, und eine neue und aufregende Geschichte begann.

Die Destillerie hat heute eine völlig einzigartige Position, da sie sowohl den am drittmeisten verkauften Single Malt der Welt führt (zehn Millionen Flaschen pro Jahr) als auch der Traum jedes Whiskyinvestors ist. Der Wille, immense Summen für seltene Whiskyabfüllungen auszugeben, ist ein Phänomen, das in den letzten Jahren massiv zugenommen hat. Auf Platz eins jeder Sammlerliste stehen außergewöhnliche Editionen von Macallan. Nicht zuletzt in Asien besteht großes Interesse. Es gibt einen großen Vorrat alten Macallan, und wenn man in Kristallkaraffen des renommierten Glasherstellers Lalique abfüllt, kann man fast jeden Preis verlangen.

Es läuft also gut bei Macallan, so gut, dass die alte Brennerei nicht mehr ausreicht. Im November 2017 wurde die neue in Betrieb genommen – und sie ist spektakulär! Mit ihren 36 Kesseln kann sie 50 % mehr Whisky produzieren als die alte. Am eindrucksvollsten ist aber die Architektur. Die gesamte Brennerei einschließlich des Besucherzentrums ist als fünf grasbewachsene Hügel angelegt. Es sieht wie eine Mischung aus dem Auenland und den *Teletubbies* aus. Die Idee ist, dass die neue Macallan-Destillerie mit dem schönen Speyside verschmilzt.

DER ORT

Macallan liegt mitten in Speyside, einem Paradies für Malt-Whisky-Liebhaber. Trotzdem kommen jährlich „nur" 15.000 Besucher hierher. Zum Vergleich: Die Top-Konkurrenten in der Region, Glenlivet und Glenfiddich, ziehen jedes Jahr rund 50.000 Besucher an. Aber die alte Brennerei konnte einfach nicht mehr Touristen aufnehmen. Bei dem spektakulären Neubau kann man davon ausgehen, dass die Besucherzahlen in den kommenden Jahren stark ansteigen werden. Neben Macallans Whisky kommen sie in den Genuss der wunderbaren alten gusseisernen Brücke, die im nahegelegenen Ort Craigellachie den Fluss Spey überquert. Sie wurde von dem Ingenieur Thomas Telford, einem der größten Helden des schottischen Industrialismus, entworfen und 1814 fertiggestellt. Heute ist sie ein Baudenkmal und darf nicht mehr befahren werden.

Heute ist die Telford-Brücke über den Spey nur für Fußgänger zugänglich.

DER WHISKY

Bei Macallan Single Malt handelte es lange Zeit ausschließlich um Whisky mit Sherry-Finish. Er war die Grundlage für Macallans Position in der Whiskywelt. Die Reaktionen waren daher heftig, als 2004 die parallele Serie *Fine Oak* auf den Markt kam. Die Whiskys waren sowohl in Sherry- als auch in Bourbonfässern gelagert worden. Der Grund für die Innovation war, dass die Verfügbarkeit von Sherryfässern abnahm und die Preise daher stiegen. Nach einigen Jahren emotionaler Kommentare treuer Macallan-Fans zeigte sich, dass *Fine Oak* durchaus Anhänger gefunden hatte, die die Kombination von unterschiedlichen Fasslagerungen zu schätzen wussten.

Acht Jahre später wagten die Hersteller wieder einen Sprung ins kalte Wasser. Bis 2012 hatte Macallan immer das Alter seiner Whiskys angegeben. Dann stellte sich heraus, dass die gestiegene Nachfrage nach bestimmten Jahrgängen Löcher in den Lagerbeständen verursacht hatte, und sie beschlossen, ein neues Grundsortiment zu schaffen. Alle vier Sorten (*Gold, Amber, Sienna* und *Ruby*) waren in Sherryfässern gelagert worden, und man machte kein Geheimnis aus den Anteilen amerikanischer und europäischer Eiche, aber das Etikett wies keine Altersangabe auf. Es wurde nicht der gleiche Erfolg wie *Fine Oak*. Im Sommer 2018 nahmen sie die vier Sorten aus dem Handel und teilten das Grundsortiment in *Sherry Oak* (12, 18, 25 und 30 Jahre) und *Triple Cask Mature* (12, 15 und 18 Jahre) auf, wie Fine Oak seit kurzem heißt.

2016 kam mit dem *Double Cask 12 Years* eine weitere Basisversion hinzu, die in einer Kombination aus europäischer und amerikanischer Eiche gelagert wird. Darüber hinaus glänzt Macallan mit extrem alten und teuren Abfüllungen. Es gibt zudem eine gute Duty-free-Auswahl: *Oscuro* und *Rare Cask Black* (leicht rauchig) sowie die neue The-Quest-Kollektion mit *Quest*, *Lumina*, *Terra* und *Enigma*.

INTERESSANTES

Neben den Sherryfässern ist die Form der Brennblasen die Hauptursache für Macallans Charakter. Auf jede *wash still* folgen zwei *spirit stills*, die zu den kleinsten der Branche gehören. Nur knapp 4.000 Liter finden in jeder Platz. Außerdem neigt sich der Lyne-Arm (der die Alkoholdämpfe vom Kessel zum Kondensator führt) stark abwärts. Das zeigt, dass ein Rückfluss verhindert werden soll, also keine Dämpfe zurück in den Kessel geleitet werden, wo sie erneut destillieren würden. Durch diese Methode entsteht ein leichterer Alkohol. Die Brennblasen sind auf einer schottischen Pfundnote verewigt – eine Ehre, die noch keiner anderen Destillerie zugeteil geworden ist.

Die Brennblasen der Brennerei haben es sogar auf Banknoten geschafft.

MACALLAN 12 YEARS OLD DOUBLE CASK

Bezaubernder Duft, geröstetes Brot mit Honig, eingelegte Pfirsiche, frisches Gras und Vanille. Der Geschmack hat Noten von Puffweizen, Kokos, heller Schokolade und Honig.

MACALLAN 12 YEARS OLD TRIPLE CASK

Herrlich buttriger Duft, Apfelkuchen mit Vanillepudding, Digestive-Keks, frisches Gras und helle Schokolade. Der Geschmack ist angenehm mit feiner Balance, Karamell, Biskuit, gelben Früchten, Senfkörnern, Lakritz und etwas Pfeffer.

FAKTEN

Gründung: 1824
Besitzer: The Edrington Group
Adresse: Easter Elchies, Craigellachie, Morayshire AB38 9RX
Website: themacallan.com
Kapazität: 15 Millionen Liter (die alte Brennerei fasst zusätzlich 11 Millionen Liter)
Ausstattung: 1 Maischbottich, 21 Gärbottiche aus Edelstahl, 12 *wash stills*, 24 *spirit stills*

Strathisla

Strathisla ist aus gutem Grund Schottlands wahrscheinlich meistfotografierte Brennerei. Mit seinen doppelten Pagodendächern, sich drehenden Wasserrädern, weichen, grünen Rasenflächen und blühenden Obstbäumen sieht es fast aus wie die Landschaft einer Modelleisenbahn. Strathisla ist eine der wenigen in Betrieb befindlichen Brennereien, die bereits im 18. Jahrhundert gebaut wurden, und wenn man durch die Anlage streift, fühlt es sich an, als wäre die Zeit stehengeblieben. Der beengte Heizraum mit Holzbalken an der Decke scheint dem Zahn der Zeit schon länger als 200 Jahre standzuhalten. Aber der Schein trügt. Ein gewaltiger Brand 1876 und eine Staubexplosion drei Jahre später erforderten einen gründlichen Umbau. Das schöne Wasserrad wurde erst 1881 montiert. Aber näher kann man dem klassischen Bild einer schottischen Brennerei kaum kommen. Das denken wohl auch die 20.000 Besucher jährlich. Im Gegensatz zu den modernen Multimedia-Besucherzentren der Konkurrenz entschied sich Strathisla für einen sehr klassischen Stil mit Ledersofas, schönen Teppichen und dunklen Holzpaneelen. Fast wie die Bibliothek eines englischen Herrenhauses. Schön, warm und einladend!

Die Doppelpagodendächer hatten im späten 19. Jahrhundert auch einen praktischen Zweck. Zu dieser Zeit mahlte jede Destillerie ihre Gerste selbst, und zum Trocknen des feuchten Malzes wurde ein Brennofen genutzt, ein hoher, turmartiger Bau mit einer Feuerstelle am Boden. Die Hitze trocknete das auf einem Metallgitterboden ausgestreute Malz. Der Turm war oben offen, damit die heiße Luft und der Rauch aufstiegen. Das Pagodendach sollte für einen effektiven Durchzug sorgen und gleichzeitig vor Regen schützen. Konstrukteur war Charles Cree Doig. Seine Erfindung wurde erstmals 1884 in der Dailuaine Distillery angewendet, einige Jahre später folgte Strathisla. Heute sind die meisten Pagodendächer nur noch schöne Architektur, da nur wenige Brennereien ihr Getreide noch selbst mälzen.

Strathisla Single Malt ist das Herzstück von *Chivas Regal Blended Whisky*. Diese Symbiose besteht schon lange – wahrscheinlich seit 1909, als Chivas Regal das Licht der Welt erblickte. Aber erst 1950 wurde aus der Freundschaft eine Ehe. Zu diesem Zeitpunkt war Chivas Brothers gerade vom kanadischen Spirituosenhersteller Seagrams übernommen worden. Das Unternehmen gehörte vier Brüdern, mit Sam Bronfman an der Spitze. Er war eine dieser *larger-than-life*-Persönlichkeiten. Seine Geschäftspraktiken waren nicht immer sauber (Schmuggel, Mafiakontakte und Bestechungsgelder) und seine Launen berüchtigt. Gleichzeitig war er ein begnadeter Unternehmer, der erkannte, dass der Erfolg von Chivas Regal Seagrams nötigte, die Versorgung mit Malt Whisky sicherzustellen. Die Milton Distillery war lange Zeit ein bedeutender Lieferant gewesen, und als sie aufgrund eines Konkurses plötzlich versteigert wurde, schlug Mr. Sam zu.

Die Brennerei wurde in Strathisla umbenannt und die Anzahl der Kessel verdoppelt. Sie war auch die erste, die im großen Stil Besucher empfing. Ich erinnere mich noch an meinen ersten Besuch im Sommer 1980. Bereits damals ging es mehr um Chivas Regal als um Strathisla Single Malt, und das hat sich im Laufe der Jahre nur verstärkt. Daran ist nichts auszusetzen – es ist eine faszinierende Geschichte, und Chivas Regal ist ein hervorragender Blend.

DER ORT

Die kleine Gemeinde Keith mit 5.000 Einwohnern ist für die Whiskyindustrie von großer Bedeutung. Neben Strathisla gibt es zwei weitere Brennereien – Glen Keith, ebenfalls im Besitz von Chivas Brothers, und Strathmill, die Teil des Diageo-Stalls ist. Zudem betreibt Chivas hier auch eines seiner größten Whiskylager in Schottland und eine Anlage, in der Chivas Regal und andere Blends hergestellt werden. Ungefähr fünf Kilometer westlich in Mulben gibt es noch weitere Lagerhäuser, mit Platz für mehr als eine Million Whiskyfässer.

Das Unternehmen hat seinen Bestand an reifendem Whisky über ganz Schottland verteilt. Man will eben nicht alle Eier in einen Korb legen, falls etwas Unvorhergesehenes passiert. Wie im Januar 2010: Nachdem in kurzer Zeit riesige Schneemengen gefallen waren, brachen die Dächer von 29 Lagerhäusern in Mulben unter dem Gewicht zusammen. Wie durch ein Wunder wurde niemand verletzt, und selbst der Whisky überstand es. Die Reparaturkosten beliefen sich jedoch auf über 9 Millionen Euro.

Es gibt 56 Lagerhäuser in Mulben, die insgesamt 1,25 Millionen Fässer beherbergen.

DER WHISKY

Da Strathisla seine größte Rolle als Signature-Malt im Chivas Regal Blend spielt, gibt es keine große Auswahl an Single Malts. Tatsächlich ist der 12-Jährige der einzige, der verfügbar ist, wenn man nicht in die Brennerei geht, in der normalerweise eine in Fassstärke abgefüllte Version erhältlich ist – zuletzt war es ein 17-Jähriger. Strathislas Stil ist das, was ich als dumpf mit malzigen und herbstlichen Noten beschreiben würde (denken Sie an Pilze und Wurzelgemüse). Aber es gibt auch Schokoladen- und Orangentöne, die ihn spannend machen. Wenn man noch tiefer in diesen Whisky eintauchen möchte, muss man nach unabhängigen Abfüllern suchen. Gordon & MacPhail haben hervorragende, sehr alte Versionen auf den Markt gebracht.

INTERESSANTES

Zu den auffälligeren Besitzern gehört Jay Pomeroy. Er wurde 1895 als Joseph Pomeranz auf der Krim geboren, zog nach England und wurde 1930 britischer Staatsbürger. Einige Jahre handelte er mit verschiedenen Waren und baute ein ordentliches Vermögen auf. Ein Landsmann, der 1941 London besuchte, hielt es für eine gute Idee, eine russische Oper aufzuführen, nachdem sich die Sowjetunion an Englands Seite dem Krieg gegen Hitler angeschlossen hatte. Er fragte Pomeroy, ob der die Show finanzieren könne – und dies war der Beginn dessen erfolgreicher Karriere als Impresario. Pomeroy war in den 1940er Jahren für viele Oper-, Ballett- und Theateraufführungen im West End verantwortlich. Gleichzeitig erkannte er, dass im Whiskygeschäft Geld zu verdienen war. Leider beruhte sein Erfolgsrezept auf der Vermeidung von Alkoholsteuern durch kreative Buchhaltung und den Handel über Zwischenhändler. Von den Behörden verfolgt ging er 1949 in Konkurs und starb sechs Jahre später mit sehr hohen Schulden.

Strathislas Besucherzentrum ist wirklich gemütlich.

STRATHISLA 12 YEARS OF AGE

Ein wenig dumpfer Duft mit Tönen von Herbstwald, Pilzen, Wurzelgemüse und leicht gesüßtem Roggenbrot. Später auch Orange, Kaffee und Keks mit Nougatfüllung. Robuster Geschmack mit Noten von Schokolade, Nüssen und Nutella. Leicht pfeffrig.

CHIVAS REGAL AGED 12 YEARS

Der Duft ist anfangs leicht spritig und roh, gefolgt von Vanille, Toffee, Buttercreme, Knollensellerie, Zitrusfrüchten und Kaffee. Rund und weich auf der Zunge mit Noten von Honigkuchen, Nelken, Kardamom und Pfeffer.

FAKTEN

Gründung: 1786
Besitzer: Chivas Brothers (Pernod Ricard)
Adresse: Seafield Avenue, Keith, Banffshire AB55 5BS
Website: chivas.com
Kapazität: 2,2 Millionen Liter
Ausrüstung: 1 Maischbottich, 10 Gärbottiche aus Holz, 2 *wash stills*, 2 *spirit stills*

Scarba
Colonsay
of Jura
Jura
Bunnahabhain
Ardnahoe
Caol Ila
Port Askaig
Sanaigmore
Jura
Craighouse
Kennacr
Kilchoman
Bridgend
Bruichladdich
Sound of Islay
Bowmore
Bowmore
Port Charlotte
Loch Indaal
Islay
Isle of Gigha
Portnahaven
Ardbeg
Port Ellen
Laphroaig
Lagavulin
The Oa
Kintyre

ISLAY/JURA

Ardbeg

Keine Brennerei hat so ergebene, fast fanatische Anhänger wie Ardbeg. Neue, limitierte Editionen sind sofort ausverkauft. Anschließend wird die Abfüllung in verschiedenen Online-Foren seziert oder direkt mit großem Gewinn weiterverkauft. Aber wie immer, wenn ein Interesse so groß wird, besteht die Gefahr, dass sich der Trend ändert. Es gibt Fans, die kategorisch argumentieren, dass ein guter Ardbeg vor 1974 destilliert worden sein muss, weil der Whisky damals rauchiger war. Andere meinen, die jährliche Veröffentlichung im Zusammenhang mit dem Ardbeg Day habe seinen Zauber verloren. Trotz Kritik wurden im vergangenen Jahr 1,2 Millionen Flaschen verkauft – eine Steigerung von 200 % innerhalb von zehn Jahren. Nicht schlecht für eine Brennerei, die vor ein paar Jahrzehnten noch geschlossen war.

Aber fangen wir vorn an. Ardbeg wurde 1815 von der Familie MacDougall gegründet, aber erst als der unternehmungslustige Colin Hay 35 Jahre später übernahm, wurde Ardbeg eine Brennerei mit großem Potenzial. Nicht wegen ihres Single Malts, denn dieser Trend kam erst viel später, sondern wegen der Blends mit anderen Whiskys. Ende des 19. Jahrhunderts war sie die größte Brennerei auf Islay. Familie Hay führte Ardbeg durch den Ersten Weltkrieg und die Prohibition, zog sich dann aber zurück. 1973 wurde der kanadische Konzern Hiram Walker neuer Eigentümer, und Ardbegs traurigstes Kapitel begann. Fünf Jahre später fusionierten Hiram Walker und Allied Distillers. Der neue Partner besaß bereits Laphroaig, eine bekannte und etablierte Islay-Brennerei, die den Fokus auf sich zog, während Ardbeg sehr stiefmütterlich behandelt wurde.

Ardbeg schloss zwischen 1981 und 1989 vollständig, und in den folgenden sieben Jahren lief die Produktion nur zwei Monate im Jahr. Die Eigentümer hatten ganz offensichtlich das Interesse an der Brennerei verloren und boten sie zum Verkauf an. Und obwohl die Destillerie dringend renoviert werden musste, standen die Käufer Schlange. Die Verkäufer entschieden sich für Glenmorangie Company. Ihr Gebot war nicht das höchste, aber sie verfügten über die finanziellen Möglichkeiten, Ardbeg wieder auf die Beine zu stellen. Im Juni 1997 wurde nach einer umfassenden Renovierung die Produktion wieder aufgenommen. Nach einigen Jahren startete eine brillante Marketingkampagne in Form eines Countdowns. Das Ziel war der erste 10-Jährige der neuen Besitzer, und Abfüllungen mit Namen wie *Very Young*, *Still Young* und *Almost There* kennzeichneten jeden Schritt auf dem Weg zum 10-Jährigen, der 2007 veröffentlicht wurde.

Das Erbe der Ardbeg-Brennerei zu verwalten und sie in das 21. Jahrhundert zu bringen wurde die Aufgabe von Bill Lumsden – „Whiskymacher" in Glenmorangie. Keine leichte Aufgabe. Die Lagerhäuser enthielten Whisky, der manchmal außergewöhnlich, aber oft nur mittelmäßig war. Bill begann, Ardbeg Single Malt von unabhängigen Abfüllern zurückzukaufen und legte gleichzeitig großen Wert auf die für die neue Produktion verwendeten Fässer. In Kürze soll eine wesentliche Erweiterung der Brennerei abgeschlossen sein. Zwei zusätzliche Kessel werden die Kapazität verdoppeln.

DER ORT

Makler predigen immer wieder: Nur der Standort zählt! Alle Brennereien auf Islay mit Ausnahme von Kilchoman liegen an der Küste. Auf einer Insel im Atlantik ist das sehr wichtig. Ardbeg ist eine der *Kildalton Three* (mit Laphroaig und Lagavulin) im Süden der Insel, und alle drei können sich einer wunderbaren Lage rühmen. Bereits von der Hauptstraße hat man einen herrlichen Blick auf Ardbeg, der auch vor Ort nicht schlechter wird. Die weißen Mauern sind so schön, dass man gar nicht darüber nachdenkt, warum die Brennerei drei Pagodendächer hat. Ihre ursprüngliche Verwendung als Ventilator für den Rauch aus dem Brennofen ist längst überholt, denn Ardbeg hat seit 1989 keine eigene Gerste mehr gemälzt. Aber als Dekoration und Erinnerung an alte Zeiten sind sie unschlagbar.

Wenn ich nach Islay komme, esse ich immer bei Ardbeg zu Mittag. Das Besucherzentrum mit dem The Old Kiln Café sollte man sich nicht entgehen lassen. Unter der Leitung der wundervollen Jackie Thomson wird hier hervorragend zubereitetes Essen serviert.

Eins der riesigen Fässer, in dem Ardbeg *An Oa* sein letztes Finish erhält.

DER WHISKY

Ardbeg ist rauchig – manche behaupten, es sei der rauchigste Malt Whisky überhaupt. Ich mag solche Vereinfachungen nicht. Hinter der Rauchigkeit stehen immer andere Geschmacksnuancen, und außerdem hat sie in verschiedenen Whiskysorten immer einen anderen Charakter. Bei Ardbeg findet sich immer eine Fruchtigkeit, die den Rauch abrundet. Das wird durch ein geniales kleines Ding namens *purifier* ermöglicht, das einen Teil des Alkohols zur weiteren Destillation in den Kessel zurückführt. Dies bedeutet einen noch stärkeren Kupferkontakt, wodurch schwere Aromen zugunsten fruchtiger Aromen reduziert werden. Das Grundsortiment von Ardbeg bestand lange Zeit aus einem 10-Jährigen, dem kräftigen, in Sherryfässern gelagerten *Uigeadail* und *Corryvreckan*, der seinen Charakter durch gebrauchte Bourbonfässer und neue, französische Eiche erhält. Mit *An Oa* wurde im Herbst 2017 eine vierte Sorte lanciert, für die Lumsden Whisky aus Bourbon- und Sherryfässern (Pedro Ximenez) mit Destillat gemischt hat, das in neuer, französischer Eiche gereift ist. Danach reifen sie gemeinsam einige Monate in großen Eichenfässern.

Jedes Jahr im Mai erscheint zum sogenannten Ardbeg Day eine temporäre Abfüllung. Hier legt Lumsden sich richtig ins Zeug und verwendet verschiedene Fasstypen. Die neuesten sind *Dark Cove*, *Kelpie* und *Grooves*.

INTERESSANTES

In Bord der 2011 gestarteten Sojus-Rakete efand sich unter anderem ein Reagenzglas mit dem neuen Ardbeg *Newmake*. Ein Reagenzglas derselben Charge stand in Glenmorangies Labor in Edinburgh. Man wollte beobachten, was mit Whisky in der Schwerelosigkeit passiert. Als die Probe drei Jahre später zurück auf der Erde war, stellte Bill Lumsden fest, dass sich die beiden Proben signifikant unterschieden. Unter anderem war der rauchige Charakter des Weltall-Whiskys viel stärker. Was das für die Zukunft bedeutet, ist schwer zu sagen. Betrachten wir es einfach als spannende Grundlagenforschung in der Whiskyproduktion.

Bill Lumsden plant den Raumflug von Ardbeg.

ARDBEG 10 YEARS OLD

Anfangs zurückhaltender und essigartiger Duft. Dann folgen Zitrus-, grüne und Blumennoten, Jod und Teer. Der Geschmack ist frisch und rauchig mit Noten von Vanille, Karamell, Zitrusfrüchten, Anis und Birnen.

ARDBEG UIGEADAIL

Kräftiger und fruchtiger Duft mit Süße. Geräucherte Wurst, Rote Grütze und Hustensaft. Vollmundiger und ausgewogener Geschmack mit feinem Sherrycharakter, in dem sich der Rauch gut mit süßen Rosinnoten verbindet.

FAKTEN

Gründung: 1815
Besitzer: The Glenmorangie Co. (Moët Hennessy)
Adresse: Port Ellen, Islay, Argyll PA42 7EA
Website: ardbeg.com
Kapazität: 1,4 Millionen Liter
Ausstattung: 1 Maischbottich, 6 Gärbottiche aus Holz, 1 *wash still*, 1 *spirit still*

Bowmore

Es ist sehr prestigeträchtig, sich Schottlands älteste noch aktive Brennerei nennen zu können. Mehrere im 18. Jahrhundert gegründete Brennereien haben sich tief in alte Archive eingegraben, in der Hoffnung, Beweise dafür zu finden, dass dieser Titel ihnen zusteht. Heute ist man sich mehr oder weniger einig, dass die Ehre an Glenturret geht, die 1775 die Produktion aufnahm. Vier Jahre später war Bowmore auf Islay fertiggebaut und qualifiziert sich somit für den zweiten Platz. Es gibt allerdings Hinweise darauf, dass der Gründer von Bowmore, David Simpson, die Produktion möglicherweise bereits gestartet hatte, als Daniel Campell mit der Planung für die Gemeinde Bowmore begann. 1768. Und schon haben wir einen neuen Titelträger! Die Eigentümer von Glenturret behaupten jedoch, die illegale Whiskyproduktion habe bereits 1717 dort stattgefunden. Wie auch immer – Bowmore ist definitiv die älteste Brennerei auf Islay.

Die Destillerie hatte im Laufe der Jahre eine Reihe von Eigentümern. Als Hommage an sie tragen die sechs Gärbottiche die Namen Simpson, Mutter, Holmes, Sherriff, Grigor und Morrison. Nach Morrison übernahmen die Giganten die Brennerei. Der Japaner Suntory kaufte Bowmore 1994. 20 Jahre später schloss er sich mit Jim Beam zusammen. Heute ist Beam Suntory der drittgrößte Spirituosenproduzent der Welt, und ihnen gehören Bowmore und sein Konkurrent Laphroaig im Süden Islays. Mit einem Umsatz von etwas mehr als zwei Millionen Flaschen pro Jahr ist Bowmore die Nummer drei auf Islay. Beeindruckend für eine kleine Brennerei, die jährlich knapp zwei Millionen Liter produziert.

Bowmore gehört zu den wenigen Brennereien, die einen Teil ihrer Gerste noch selbst mälzen. Eine kostspielige und zeitaufwändige Methode. Das Malz wird in Bowmore 60 Stunden lang getrocknet. Während der ersten 15 Stunden wird Torf verwendet, der den rauchigen Geschmack verleiht. Den Rest des Malzes, ebenso rauchig, steuert Simpson's Maltings in Berwick-upon-Tweed bei.

Der vielleicht größte Stolz der Brennerei ist Vault No. 1, das am nächsten am Meer gelegene Lagerhaus. Dort lagern viele der Fässer ein gutes Stück unter dem Meeresspiegel. Es ist das älteste in Schottland, wurde 1779 errichtet und ist eines der klassischen *dunnage warehouses* mit gestampftem Lehmboden. Eine der Touren, die Bowmore anbietet, umfasst den Besuch und eine Verköstigung im Vault No. 1, und ich empfehle sie dringend. So können Sie ein Stück Whiskygeschichte genießen und sich eine Erinnerung fürs Leben sichern.

DER ORT

Die Gemeinde Bowmore ist mit knapp eintausend Einwohnern Islays Hauptort. Sie liegt wunderschön in der Bucht von Loch Indaal. Vom Pier aus sieht man Bruichladdich auf der anderen Seite. Hier gibt es eine Reihe von Hotels und B&B für diejenigen, die ein paar Tage bleiben möchten. Die Brennerei hat kürzlich das Harbour Inn übernommen, bietet aber auch Übernachtungen in ihren fünf Bowmore Cottages an. Mein favorisiertes Bed & Breakfast ist Bowmore House. Die beste Whiskybar hat das Bowmore Hotel in der Jamieson Street. Die Besitzer sind hingebungsvolle Whiskyfans, und es stehen mehr als 700 Sorten zur Auswahl.

Das vielleicht seltsamste Gebäude in Bowmore ist die weiße, runde Kirche, 1767 erbaut. Sie ist rund, damit der Teufel sich in keiner Ecke verstecken kann. Gleich nebenan liegt Donald Cuskie begraben, der in Bowmore geboren wurde und während des Zweiten Weltkriegs Pastor der schottischen Kirche in Paris war. Er wurde zu einem Rettungsanker für englische Soldaten, die versuchten, nach England zurückzukehren, nachdem sie im von Deutschland besetzten Frankreich gestrandet waren. Für seine Bemühungen wurde er in den *Order of the British Empire* aufgenommen. Die Medaille kann in der Kirche besichtigt werden.

Am Ende der Hauptstraße steht Bowmores runde Kirche.

DER WHISKY

Bowmore ist der perfekte Whisky für diejenigen, die Rauch, aber nicht zu viel davon mögen. Während die Nachbarn im Süden der Insel, Laphroaig, Ardbeg und Lagavulin, häufig als „Rauchbomben" bezeichnet werden, ist Bowmore ein bisschen subtiler. Der Phenolgehalt (der zur Rauchigkeit beiträgt) ist in Bowmores Gerstenmalz etwa halb so hoch (25 ppm) wie in den anderen drei. Der Geschmack ist geprägt von Heidekraut, tropischen Früchten und Karamell, und der Rauch schmeckt eher nach verbrannter Eiche, nicht wie der anderen drei Brennereien, der eher an Teer und Seetang denken lässt. Das Basissortiment, das weitgehend auf Whiskys mit Altersangabe basiert, beginnt mit *No. 1*, gefolgt von 12-, 15-, 18- und 25-Jährigen. Das Duty-free-Angebot beinhaltet 10-, 15- und 18-Jährige. 2016 wurde die neue Serie *ault Edition* eingeführt, deren erster Whisky *Atlantic Sea Salt* zeigen sollte, was eine Lagerung in meeresnahen Lagerhäusern mit dem Geschmack anstellen kann. Die anderen drei konzentrieren sich auf Torf, Vanille und Zitrusfrüchte. Einige der ältesten und legendärsten Abfüllungen von Bowmore tragen den Namen *Black Bowmore*. Die erste erschien 1993 als 29-Jähriger, und die Serie endete 2016 mit der fünften Auflage, die damals ein beeindruckendes Alter von 50 Jahren erreicht hatte. Rechnen Sie allerdings damit, für eine dieser Flaschen zwischen 9.000 und 28.000 Euro bezahlen zu müssen.

INTERESSANTES

Hinter Bowmores Transformation von einer abgewirtschafteten Brennerei zu einer weltweit bekannten Marke stand Stanley P. Morrison – ein Whiskyhändler, der bereits 1935 in das Geschäft eingestiegen war. Seine Geschäftsidee bestand darin, Whisky von verschiedenen Herstellern zu kaufen und an Blender weiterzuverkaufen. Nach dem Zweiten Weltkrieg stieg die Nachfrage nach Scotch Whisky, und Stanley erkannte, dass er eine stetige Versorgung mit Whisky sicherstellen musste, damit sein Geschäft weiter florierte. Er brauchte eine eigene Brennerei. Während eines Mittagessens im Glasgow Grand Central Hotel 1963 belauschte er zufällig ein Gespräch am Nachbartisch, wo gerade die letzten Einzelheiten des Verkaufs von Bowmore verhandelt wurden. Käufer war die spanische Firma DYC. Stanley rief schnell die Witwe von Jimmy Grigor an, dem letzten Besitzer der Brennerei. Er überzeugte sie, dass die Brennerei in schottischer Hand bleiben müsse und übernahm sie für 63.000 Pfund.

Stanley P. Morrison

BOWMORE AGED 12 YEARS

Voller Duft mit Noten von Heidekraut, Orange, Leder, Zeder, heller Schokolade und etwas Schwefel. Der Geschmack ist rund und anfangs etwas pfeffrig. Honigkuchen, geräucherte Makrele, Biskuitkuchen und Karamell.

BOWMORE AGED 15 YEARS

Kräftiger Duft mit klarer Rauchnote (Hickory), Zeder, Möbelpolitur, Sellerie und schwachen Sherrytönen. Sehr kräftiger Geschmack mit Rauch, Sherry, Lakritz, Nelke und Rosmarin.

FAKTEN

Gründung: 1779
Besitzer: Beam Suntory
Adresse: School Street, Bowmore, Islay, Argyll PA43 7GS
Website: bowmore.com
Kapazität: 2 Millionen Liter
Ausrüstung: 1 Maischbpttich, 6 Gärbottiche aus Holz, 2 *wash stills*, 2 *spirit stills*

Bruichladdich

Islay beherbergt viele Brennereien mit einer langen Geschichte und einem guten Ruf, wie Bowmore, bereits im 18. Jahrhundert gegründet, gefolgt von großen Namen wie Lagavulin, Laphroaig und Ardbeg. Bruichladdich ist anders. Es liegt etwas abgelegen auf der anderen Seite von Loch Indaal, und bis vor kurzem galt der Whisky nicht als besonders attraktiv. Bis im Jahr 2000 zwei Männer aus Londons Weinkreisen die Destillerie übernahmen. Aber fangen wir von vorn an: Die aus Glasgow stammende Familie Harvey besaß Ende des 19. Jahrhunderts zwei Grain-Destillerien, Yoker und Dundashill, benötigte jedoch eine Malt-Brennerei, um die Kontrolle über die gesamte Produktionskette zu haben. Denn für Blended Whiskey sind beide Whiskysorten erforderlich. Sie bauten 1881 Bruichladdich und schafften es, die schwierige Zeit um die Jahrhundertwende zu überstehen, als viele Brennereien schlossen. Die Harveys betrieben die Brennerei bis 1938 und verkauften dann an eine amerikanische Firma. Danach folgten sechs weitere Eignerwechsel.

2000 gehörte Bruichladdich dem Megakonzern Jim Beam Brands, und die Brennerei war seit einigen Jahren geschlossen. Die Amerikaner besaßen bereits eine Destillerie im benachbarten Jura und sahen keinen Grund, Bruichladdich am Laufen zu halten. Das Interesse an Single Malt war noch nicht erwacht. Dann trat der Londoner Mark Reynier in Erscheinung. Er gehörte der dritten Generation einer Familie mit großem Interesse am Weinhandel an, und gründete 1986 zusammen mit seinem Sandkastenfreund Simon Coughlin die Firma La Reserve. Mit der Zeit eröffneten sie vier Geschäfte in London, die auch Whisky verkauften. Mark war Weinliebhaber durch und durch, aber als er 1970 einen Bruichladdich probierte, machte es Klick. Sie gründeten Murray McDavid, einen unabhängigen Abfüller, und die Idee einer eigenen Brennerei begann langsam zu wachsen.

Jim McEwan wurde damit beauftragt, den neuen Bruichladdich zu entwickeln.

Mark konnte den Bruichladdich nicht vergessen. Er besuchte 1985 die Brennerei, und fand sie mehr oder weniger geschlossen. Er machte den verschiedenen Besitzern über zehn Jahre hinweg regelmäßig Angebote, bis er schließlich eine Zusage erhielt. Dann machte er sich auf die Jagd nach Investoren für die erforderlichen 6,5 Millionen Pfund. Am 19. Dezember 2000 landete der letzte Teil des Kaufpreises auf dem Bankkonto – fünf Minuten vor Ablauf der Frist. Eine halbe Stunde später wurde sein Sohn Ruari geboren.

Mark und Simon besaßen nun eine Brennerei, hatten aber keine Ahnung von der Whiskyherstellung. Sie brauchten jemanden mit Erfahrung und fanden Jim McEwan. Er hatte seine Karriere 1963 als 15-Jähriger bei Bowmore begonnen und suchte 38 Jahre später nach einer neuen Herausforderung. Er wurde als Blendmeister eingestellt und leistete Bruichladdich bis 2015 große Dienste.

Seit dem Eigentümerwechsel im Jahr 2000 hat sich Bruichladdich als echter Innovator und Vertreter der Idee positioniert, dass verschiedene Getreidesorten und deren Anbauboden für den Geschmack des Whiskys von Bedeutung sind. Dieser aus der Weinindustrie stammende Terroir-Gedanke ist relativ neu und hat in der Whiskybranche Befürworter und Gegner. Es muss noch genauer untersucht werden, ist aber zweifellos eine spannende Idee.

DER ORT

Bis 2005 lag Bruichladdich ein bisschen abseits. Im Süden liegen *The Kildalton Three*, im Osten die Nachbarn Caol Ila und Bunnahabhainn, und Bowmore thront inmitten der größten Gemeinde der Insel. Aber dann wurde Kilchoman ungefähr zehn Kilometer westlich gebaut, und Bruichladdich war nicht mehr allein. Die Brennerei befindet sich auf der Halbinsel Rinns of Islay. Weite Teile sind Naturschutzgebiet, auch wegen der großen Anzahl von Bläss- und Weißwangengänsen, die hier jedes Jahr überwintern. Die nächste Gemeinde ist Port Charlotte mit dem vielleicht besten Hotel und Restaurant der Insel. Wenn ich auf Islay bin, bevorzuge ich das Bowmore House, ein B&B, das von dem sympathischen Paar Alison und Andrew geführt wird. Ich empfehle das schöne Eckzimmer The Bowmore Suite. Wundern Sie sich nicht, wenn zum Frühstück ein Whisky serviert wird!

DER WHISKY

Bruichladdichs Whisky teilt sich in drei verschiedene Stile: *Bruichladdich*, der nicht-rauchige, *Port Charlotte*, eine stark rauchige Variante, und *Octomore*, superrauchig. In den ersten Jahren nach dem Eigentümerwechsel gab es 20 bis 25 Neueinführungen pro Jahr – völlig unmöglich, da mitzuhalten. Zum Glück wurde das Sortiment strukturiert, vor allem seit der Übernahme durch den Franzosen Remy Martin 2012. Das heutige Grundsortiment besteht aus *Scottish Barley* und *Islay Barley*, die beide in allen drei Versionen erhältlich sind – also sechs verschiedene Whiskys. Das Duty-free-Sortiment umfasst *The Laddie Eight, PC12* und *Octomore 08.2*. Jedes Jahr erscheint zudem eine Reihe von limitierten Ausgaben. Es lohnt sich immer, die Brennerei zu besuchen, um seine eigene Flasche aus Fässern im Besucherzentrum zu füllen. Bei drei so unterschiedlichen Whiskytypen ist es schwierig, einen Grundcharakter auszumachen. Der Nicht-Rauchige hat klare Noten von Honigsüße und Zitrusfrüchten, während *Port Charlotte* an Lagerfeuer erinnert. *Octomore* ist trotz seines hohen Phenolgehalts nicht so eindimensional rauchig, wie man meint, auch süße, tropische Früchte finden hier ihren Platz.

INTERESSANTES

In den 1950er-Jahren wurde mit einem Kupferkesseltyp experimentiert, dem *Lomond still*, eine Mischung aus traditionellem *pot still* und *column still*, der für die Herstellung von Grain Whisky verwendet wurde. Ein paar Brennereien installierten diese neuen Kessel. Die Idee war, in einem Kessel eine Reihe verschiedener Whiskystile herzustellen. Gut in der Theorie, aber das Ergebnis überzeugte nicht, daher wurde die Idee nicht weiterverfolgt. Nachdem einer dieser Kessel lange Jahre unbenutzt in der Inverleven Distillery in Strathclyde gestanden hatte, kaufte Bruichladdich ihn und verwendet ihn heute, um den sehr beliebten Gin *The Botanist* herzustellen. Da *Lomond stills* im Gegensatz zu den schön geformten klassischen *pot stills* hässlich und unhandlich sind, wurde der in Bruichladdich passenderweise *Ugly Betty* getauft.

Der alte Lomond-Kessel „Ugly Betty" wird nur für die Ginproduktion verwendet.

THE CLASSIC LADDIE SCOTTISH BARLEY

Frischer Duft nach Birnen, grünen Äpfeln, Vanille, Zitrusfrüchten und Wandfarbe. Zuerst malzig-süß und pfeffrig, dann folgt eine Welle aus Malz, Vanille und Birnen.

PORT CHARLOTTE SCOTTISH BARLEY

Gesättigt mit herrlichem Duft von Lagerfeuer, Wolljacke, Leinöl und Minze. Kraftvoller und ausgewogener Geschmack nach eingelegten tropischen Früchten, Zabaione, köstlichem Rauch und Harz.

FAKTEN

Gründung: 1881
Besitzer: Rémy Cointreau
Adresse: Bruichladdich, Islay, Argyll PA49 7UN
Website: bruichladdich.com
Kapazität: 1,5 Millionen Liter
Ausrüstung: 1 Maischbottich, 6 Gärbottiche aus Holz, 2 *wash stills*, 2 *spirit stills*

Jura

Als Whiskyinsel hat Jura dem Nachbarn Islay nichts entgegenzusetzen. Auf Islay gibt es acht Brennereien (fast neun) – auf Jura nur eine. Da die Fähre zwischen den Inseln nur fünf Minuten braucht, wäre es jedoch fast eine Schande, nicht hinüberzufahren, wenn man in der Gegend ist. Das genaue Gründungsjahr der Isle of Jura Distillery ist nicht bekannt, aber um 1810 wurde auf dem Gelände die Small Isles Distillery gebaut. Gründer war Archibald Campbell, dessen Familie den größten Teil der Insel besaß. Die jahrhundertelangen Clan-Fehden in Schottland gingen nicht unbemerkt an Jura vorbei, und die Campbells und die MacDonalds stritten lange um die Herrschaft. Die Campbells gewannen, aber heute ist die Insel unter sieben Personen aufgeteilt, von denen nur eine dort wohnt.

Wie in Schottland üblich, übergab Campbell den Betrieb der Brennerei an einen Pächter. Whiskyhersteller kamen und gingen, aber erst 1876, als James Ferguson aus Glasgow die Leitung übernahm, erlangte die Brennerei einen gewissen Bekanntheitsgrad. Er investierte 25.000 Pfund und die Produktion zog an. Das Glück hielt ein paar Jahrzehnte an, bis Ferguson aufgrund wiederholter Streitigkeiten mit Campbell aufgab. Er nahm seine gesamte Ausrüstung mit und verließ 1901 die Insel. Vielleicht hatte dies auch damit zu tun, dass die Whiskyindustrie gerade in eine der schlimmsten Rezessionen aller Zeiten geriet.

Die 1920er- und 1930er-Jahre waren auf Jura eine düstere Zeit, in der viele der Einwohner aus ökonomischen Gründen auswanderten. Auch die Campbells war betroffen, und 1938 verließ Charles Campbell als letzter der Familie die Insel, die sie 300 Jahre lang beherrscht hatte. Aber drei Männer, die jeweils Teile der Insel besaßen, gaben nicht auf. Warum nicht die Brennerei wiedereröffnen? Leichter gesagt als getan. Die gesamte Ausrüstung musste über Islay eingeschifft werden, und das Wetter in diesem Gebiet ist nicht das zuverlässigste. Der Architekt William Delmé-Evans, der in Südengland lebte, erkannte, dass seine Anwesenheit während des Baus notwendig war. Er lernte fliegen, ließ eine Landebahn fünf Kilometer von der Brennerei entfernt bauen, und das Problem war gelöst. Die knapp 400 Bauarbeiter saßen während des gesamten Baus auf Jura fest. Sie waren entweder fanatische Celtic- oder Rangers-Fans, und es gab dauernd Schlägereien.

Im April 1963 begann der Whisky auf Jura wieder zu fließen. Wie vor der Schließung war der Stil – im Gegensatz zu vielen Nachbarn auf Islay – weitgehend nichtrauchig. Erst gegen Ende der 1990er-Jahre wurden Teile der Produktion rauchig destilliert. Später wuchs Anzahl der Kessel auf vier, und dank eines deutlichen Anstiegs der Nachfrage ist ein weiterer Ausbau geplant.

DER ORT

Nach Jura zu kommen ist nicht einfach. Es gibt zwar ein kleines Passagierschiff, das vom Festland zur Insel fährt, aber wenn Sie Ihr Auto mitbringen möchten, gibt es nur eine Alternative: Sie müssen zuerst eine zweistündige Bootsfahrt nach Islay unternehmen und von da fünf Minuten mit einem anderen Boot nach Jura fahren. Aber die Mühe lohnt sich. Jura ist herrlich unzugänglich und bergig im Gegensatz zur fruchtbaren Nachbarinsel Islay. Die fast 200 Einwohner leben friedlich mit mehr als 7.000 Hirschen zusammen, die man auf der 20-minütigen Fahrt zur „Hauptstadt" Craighouse beobachten kann. Hier befinden sich das einzige Hotel, das einzige Geschäft und die Kirche der Insel – und natürlich die Brennerei. Man mag sich fragen, warum jemand an einem so gottverlassenen Ort eine Brennerei gebaut hat. Aber zu Beginn des 19. Jahrhunderts wurde wirklich überall in Schottland Whisky gebrannt, wo Menschen lebten.

Auf Jura kann man Hirschen kaum aus dem Weg gehen.

DER WHISKY

Die letzten 15 Jahre waren eine aufregende Reise für Jura Single Malt. Der Whisky, der zunächst eher verspottet wurde (auch von mir, muss ich zugeben), hat es weit gebracht. Seit 40 Jahren ist Richard Paterson dort Blendmeister. Er und sein Team verbrachten Jahre damit, Whisky aus minderwertigen Fässern in erstklassige Eichenfässer umzufüllen. Das hat Wunder gewirkt, und heute ist Jura-Whisky ein Selbstläufer. Das fällt nicht zuletzt bei den Verkaufszahlen auf: zwei Millionen Flaschen pro Jahr. Im April 2018 wurde das gesamte Sortiment durch eine neue Serie ersetzt, die mit *Journey* beginnt. Diese Abfüllung hat keine Altersangabe und wird ausschließlich in alten Bourbonfässern gelagert. Darauf folgen die 10- und 12-Jährigen, die in Sherryfässern gelagert wurden, ein 18-Jähriger, der sein Finish in Rotweinfässern bekommen hat, und *Seven Wood*, eine Kombination aus sieben unterschiedlichen Fässern: Bourbon und sechs verschiedene französische Eichenarten. Diese neue Serie möchte den klassischen Highland-Stil mit dem subtil-rauchigen Inselcharakter kombinieren.

INTERESSANTES

Der bekannteste Bewohner von Jura war Eric Arthur Blair, besser bekannt als George Orwell. Der berühmte Journalist, Sozialist und Autor dystopischer Zukunftsschilderungen kam im Herbst 1945 zum ersten Mal nach dem Tod seiner Frau Eileen nach Jura. Er war dafür bekannt, dass er das Londoner Gesellschaftsleben missbilligte und fand hier einen Zufluchtsort abseits erzwungener sozialer Interaktionen. Während der nächsten drei Jahre verbrachte er lange Phasen auf einem Bauernhof, den er von einem guten Freund gemietet hatte. Barnhill House liegt im nördlichsten Teil von Jura, am Ende einer acht Kilometer langen unbefestigten Straße. Hier vollendete er auch die Arbeit an seinem berühmtesten Werk, *1984*. Heute kann man das Cottage mieten, darf aber keinen Luxus erwarten: Ein Generator liefert Strom, der gerade für die Beleuchtung ausreicht. Der Kühlschrank wird mit Gas betrieben und der Herd mit Kohle befeuert. Hier stehen Geschichte und Natur im Mittelpunkt.

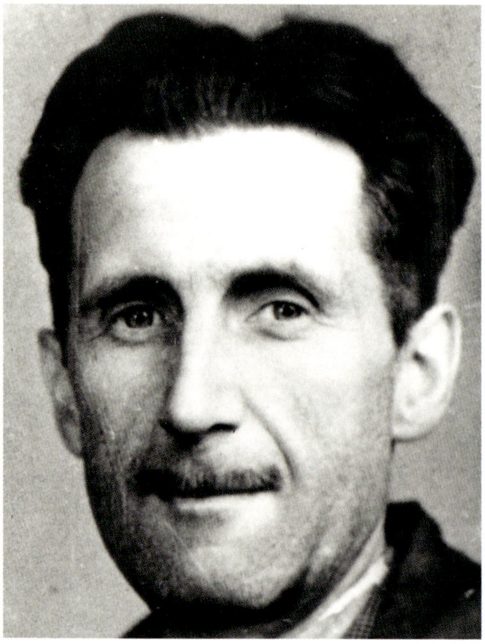

Der Autor George Orwell fand auf Jura Zuflucht vor der Welt.

JURA AGED 10 YEARS

Frisches Aroma von Zitrusfrüchten, Müsli, Vanille, gelben Früchten und leichten Rauchtönen. Der Geschmack ist trocken mit Noten von Nüssen, Lakritz, Toffee, Gewürzen (Thymian und Rosmarin) und Schokolade.

JURA SEVEN WOOD

Frischer Duft nach tropischen Früchten, Biskuit, Traubensaft und Malz. Der Geschmack ist charmant mit Tönen von roten Fruchtgummis, Aprikosen, Honig, Lorbeerblättern, Toffee und etwas Rauch.

FAKTEN

Gründung: 1810
Besitzer: Whyte & Mackay (Emperador Inc.)
Adresse: Craighouse, Isle of Jura PA60 7XT
Website: isleofjura.com
Kapazität: 2,4 Millionen Liter
Ausstattung: 1 Maischbottich, 8 Gärbottiche aus Edelstahl, 2 *wash stills*, 2 *spirit stills*

Lagavulin

Ich werde ihn nie vergessen – mein erster rauchiger Whisky! Ende der 1980er-Jahre schickte mich ein 16-jähriger Lagavulin auf eine Rauchwolke, auf der ich einige Jahre blieb. Ich probierte andere torfige Sorten, lehnte aber alle ab, aus denen ich nicht Seetang, Teer und Asche herausschmeckte. Irgendwann fand ich die Balance wieder, und seitdem ist rauchiger Whisky nur einer von vielen Stilen, die ich mag. Lagavulin aber ist der Whisky, der nicht nur in mir, sondern auch in vielen anderen Whiskyliebhabern die Liebe zum Rauch auslöste. Zwar wurde Laphroaig bereits in den 1920er-Jahren in ordentlichen Mengen verkauft – auch in den USA –, aber 1988 hatte Lagavulin seinen großen Durchbruch. Er wurde ausgewählt, um Islay in der großen Marketingkampagne von United Distillers als einer der *The Classic Malts* zu vertreten. Plötzlich war er überall und verkaufte sich bis 2001 besser als Laphroaig. Dann ging es abwärts.

Die Qualität war immer noch hoch, aber Lagavulin wurde Opfer des eigenen Erfolgs. Die Lager beinhalteten nur noch sehr wenig alten Lagavulin. Das Dilemma der Whiskyproduktion: Hersteller versuchen vorherzusagen, was 12 bis 16 Jahre später benötigt wird. Während der 1980er-Jahre konnten sich die Eigentümer den bevorstehenden Erfolg nicht vorstellen, deshalb wurden in der Brennerei nur zwei Schichten pro Woche gearbeitet. In den 1990er-Jahren wurden es Fünftagewochen, und inzwischen läuft die Produktion die ganze Woche auf Hochtouren. Heute ist Lagavulin der zweitmeistverkaufte Whisky aus Islay, liegt aber noch weit hinter Laphroaig.

In der Geschichte Lagavulins stößt man häufiger auf den Namen „Mackie". Zuerst auf James Logan Mackie, der 1861 Miteigentümer wurde. Aber der große Star wurde sein Neffe Peter. Er übernahm die Brennerei 1889 und brachte im folgenden Jahr *White Horse* auf den Markt, einen Blend, dem Lagavulin Single Malt das typische Aroma gab. Mackie war gleichzeitig Vertreter für den Nachbarn Laphroaig und wollte auch gern diese Brennerei übernehmen. Die Besitzer lehnten ab und warfen Peter Mackie außerdem vor, Laphroaig zugunsten seines eigenen Whiskys zu benachteiligen. Sie kündigten die Vereinbarung – und Mackie war wütend. Er beschloss 1908, eine weitere Brennerei in der Nahe von Lagavulin zu bauen und dort eine exakte Kopie von Laphroaig-Whisky herzustellen. Solche Nachahmungsversuche sind fast immer zum Scheitern verurteilt, und so war es auch bei Malt Mill. Trotzdem produzierte die Brennerei bis zu ihrer Schließung 1962 weiter.

Heute ist Malt Mill der Heilige Gral der Whiskywelt. Gerüchten zufolge sollen sich einige Flaschen in den Händen von Sammlern befinden. Sollte eine Flasche *Malt Mill Single Malt* auf den Markt kommen, wäre der Preis astronomisch. In dem Film *Angel's Share* aus dem Jahr 2012 dreht sich die fiktive Handlung um ein Fass Malt Mill, das zufällig in einem Lagerhaus gefunden wird. Einige Wochen nach der Filmpremiere wurde in der Brennerei eine versteckte Flasche Malt Mill *Newmake* gefunden, die jetzt im Besucherzentrum von Lagavulin ausgestellt ist.

DER ORT

Lagavulin liegt im südlichen Teil von Islay an dem Küstenabschnitt Kildalton. Dort findet man auch zwei weitere Superstars unter den Brennereien – Laphroaig und Ardbeg. Zusammen werden sie *The Kildalton Three* genannt. Den neu gebauten Weg, der die drei Brennereien verbindet, bewandern jedes Jahr während des Islay Festivals im Mai und Juni tausende Menschen.

Aber hier gibt es mehr als nur Whisky zu entdecken. Blickt man von Lagavulin aus nach Osten, sieht man die Ruinen von Dunyvaig Castle auf einer Halbinsel. Von der Burg aus verteidigten sich die Herrscher der Insel im 14. und 15. Jahrhundert, der MacDonald-Clan, gegen ihre Feinde. Sie trugen den Titel Lord of the Isles. John MacDonald, der letzte Lord of the Isles, musste sein Königreich 1493 aufgeben. Darauf folgten zwei Jahrhunderte voller Clankämpfe zwischen den MacDonalds und den Campbells. Der größte Teil von Dunyvaig Castle wurde 1677 abgerissen.

Dunyvaig Castle

DER WHISKY

Es ist schwierig zu sagen, welcher der *Kildalton Three* der Rauchigste ist. Es hängt davon ab, welches Alter man probiert, aber auch vom eigenen Empfinden. Auf jeden Fall handelt es sich hier um schmackhafte und kraftvolle Sorten. Interessanter ist, wie die Whiskys der verschiedenen Brennereien ihren Rauch präsentieren. Bei Lagavulin denke ich immer an Bootsteer, Tauwerk und Lapsang-Souchong-Tee. Er hat eine ausgleichende Süße, die ich sehr mag. Das Sortiment ist nicht besonders umfangreich. Es umfasst einen 16-jährigen Bestseller und eine *Distiller's Edition*, die einige Monate länger in süßen PX-Sherry-Fässern gelagert wurde. Jedes Jahr wird zudem ein 12-Jähriger lanciert, der in Fassstärke abgefüllt wird. 2016, anlässlich des 200-jährigen Bestehens der Brennerei, erschien erstmals ein 8-Jähriger. Er erfreut sich so großer Beliebtheit, dass er nun Teil des Standardsortiments ist. Zuweilen gibt es auch limitierte Editionen, die einem den Atem rauben und ein großes Loch in der Geldbörse hinterlassen. Vor ein paar Jahren war es ein 37-Jähriger, aber der, an den ich mich am liebsten erinnere, war der 25-Jährige, der 2016 erschien. Selten war ich dem Whiskyhimmel so nah!

INTERESSANTES

Ein herausragendes Beispiel keltischer Kultur ist zehn Kilometer nordöstlich von Lagavulin zu besichtigen. Das zweieinhalb Meter hohe Kildalton Cross aus Granit wurde im 8. Jahrhundert errichtet und gilt als das schönste der vielen keltischen Kreuze in Schottland. Es ist auf jeden Fall einen Umweg wert. Wenn man Glück hat, kann man auch eine Kaffeepause einlegen: Oft stellt eine der einheimischen Frauen Thermoskannen und eine Kühlbox mit frisch gebackenen Teilchen in die Nähe des Kreuzes. *Cakes at the Cross* steht auf dem Schild, das gleichzeitig als Preisliste dient. Alles basiert auf der Ehrlichkeit der Besucher.

Nördlich von Lagavulin steht das Kildalton Cross.

LAGAVULIN AGED 16 YEARS

Kräftiger Duft nach Teer, Hickory, Lagerfeuer, gegrilltem Fleisch, Kaffeebohnen und getrockneten Früchten. Vollmundiger Geschmack mit einer wunderbaren Balance aus Rauch und Sherrysüße. Brotgewürz, Pfeifentabak, rote Beeren und Eukalyptus.

LAGAVULIN THE DISTILLER'S EDITION

Etwas zurückhaltender Duft mit dezenter Rauchigkeit, Noten von Pilzen, Humuserde, Leder, Eiche und nasser Wolljacke. Kühle, minzige Sherrytöne kombiniert mit fruchtigem Rauch und Noten von Walnüssen, Zitrusfrüchten, Veilchen und Hickory.

FAKTEN

Gründung: 1816
Besitzer: Diageo
Adresse: Port Ellen, Islay, Argyll PA42 7DZ
Website: malts.com
Kapazität: 2,53 Millionen Liter
Ausrüstung: 1 Maischbottich, 10 Gärbottiche aus Holz, 2 *wash stills*, 2 *spirit stills*

Laphroaig

Islay – eine Insel mit neun Brennereien, zwei jährlichen Whiskyfestivals und einer magnetischen Anziehungskraft auf Whiskyliebhaber aus der ganzen Welt. Um aber die ganze Geschichte zu erfahren, müssen wir weit zurückgehen. Man ist sich heute weitgehend einig, dass die Kunst des Whiskybrennens von Irland nach Schottland importiert wurde. Die Frage ist nur, wann. In einem Brief von 1494 erhielt der Mönch John Cor den Auftrag, für König Jakob IV. *aqua vitae* aus Malz herzustellen. Aber wir wissen, dass bereits lange vorher andere Mönche aus Irland nach Schottland gekommen und in Campbeltown oder Islay an Land gegangen sind. Es ist daher sehr wahrscheinlich, dass Scotch Whisky auf Islay geboren wurde, dieser kleinen Insel im Atlantik.

Obwohl auf der Insel auch nicht-rauchiger Whisky hergestellt wird, dominiert der torfige, kraftvolle Stil. An der Spitze, als scheinbar unangefochten Verkaufsstärkster, steht Laphroaig. Im vergangenen Jahr wurden 3,7 Millionen Flaschen verkauft – fast so viel wie die die Zweit- und Drittplatzierten, Lagavulin und Bowmore, zusammen. Zu den bekannteren Laphroaig-Liebhabern zählt Prinz Charles, der die Brennerei mehrmals besuchte und sie auch zum Hoflieferanten ernannte.

Die Geschichte von Laphroaig begann 1815 mit den Brüdern Alexander und Donald Johnston, deren Familie bis 1954 Eigentümer blieb. Das ist ungewöhnlich, da besonders in den 1920er-Jahren die meisten Brennereien von großen Produzenten aufgekauft wurden. Die fast 140 Jahre der Johnston-Eigentümerschaft waren gelinde gesagt ereignisreich. Donald Johnston fiel in eine Schüssel mit brühend heißem *pot ale* (die Überreste der ersten Destillation) und starb. Sein Sohn Dougald starb, ohne Erben zu hinterlassen. Ein Cousin, Sandy, übernahm die Brennerei, hinterließ aber bei seinem Tod 1907 drei Testamente. Anwälte ermittelten schließlich Sandys Schwestern als Eigentümerinnen. Sie sahen ein, dass sie Hilfe brauchten und holten den Sohn einer der

Schwestern aus Edinburgh hinzu. Ian Hunter war Ingenieur und führte Laphroaig ins 20. Jahrhundert. Er war kein angenehmer Chef, aber seine Beharrlichkeit und Zielstrebigkeit festigten den Status, den Laphroaig heute in der Whiskywelt hat. Er verdoppelte die Kapazität der Brennerei und bereiste die USA, um neue Märkte zu erschließen. Hier entdeckte er die Auswirkungen von Bourbonfässer auf Whisky und wurde diesbezüglich zum Vorreiter der gesamten schottischen Whiskyindustrie.

Nach einer Reihe von Eigentümerwechseln gehört Laphroaig heute zum amerikanisch-japanischen Riesenkonzern Beam Suntory. Etwa 70 % der Produktion entfallen auf Single Malt, der Rest auf Blends. In den letzten Jahren hat die Brennerei auf Hochtouren produziert, aber bei stetig steigender Nachfrage sind diese etwas mehr als drei Millionen Liter wahrscheinlich zu wenig. Gerüchte von einem massiven Ausbau machen die Runde, doch die Eigentümer haben noch nichts bestätigt.

DER ORT

Wenn die Fähre von Kennacraig auf dem Festland nach etwas mehr als zwei Stunden auf Islay anlegt, ist man entweder in Port Ellen im Süden oder in Port Askaig im Norden. Ist Port Ellen Ihr Ziel, befinden Sie sich in der Nähe der berühmten *Kildalton Three*. Wenn Sie nach Osten entlang der Küstenstraße wandern (wo es seit einigen Jahren einen ausgezeichneten Fußweg gibt), kommen Sie zu Laphroaig, der ersten der drei. Da liegt sie, schön eingebettet in eine kleine Bucht. Möglicherweise erregt aber das Feld auf der anderen Straßenseite zuerst Ihre Aufmerksamkeit. Tausende kleine Flaggen aus verschiedenen Ländern stecken im Boden. Hier haben Fans aus aller Welt ihren kleinen „privaten Teil" markiert. Registriert man sich mit einem Code, der jeder Laphroaig-Flasche beiliegt, auf der Website der Brennerei, kann man Mitglied der *Friends of Laphroaig* werden. Man bekommt einen Quadratfuß des Feldes „geliehen" und wird mit einem Schluck Whisky pro Jahr belohnt, wenn man die Brennerei besucht. Egal, ob Sie Mitglied sind oder nicht: Es lohnt sich, Laphroaig zu besichtigen. Sie bietet einige der besten Brennereierlebnisse in ganz Schottland. Sieben verschiedene Touren stehen zur Auswahl. Man kann lernen, wie man Torf im Moor schneidet, Whisky direkt aus dem Fass probieren und seine eigene Flasche Laphroaig abfüllen.

Die Kunst des Torfschneidens kann auf einer der Brennereiführungen erlernt werden.

DER WHISKY

Laphroaig ist eine der wenigen Brennereien, die einen Teil der Gerste – genauer gesagt ein Fünftel – noch selbst mälzt. Der Rest kommt von Port Ellen Maltings, einige Kilometer entfernt. Das Malz ist sehr rauchig. Wie man den Rauch eines Whiskys erlebt, hängt von vielen verschiedenen Dingen ab. Im Gegensatz zu den fruchtigeren Sorten Ardbeg und Lagavulin hat Laphroaig eine trockene Seite, die an Teer und Asche erinnert. Da Laphroaig hauptsächlich in amerikanischer Eiche gelagert wird, ist Vanille oft eine herausragende Geschmacksnote. Das Basissortiment beginnt mit *Select* ohne Altersangabe. Dann folgen ein 10-Jähriger, ein 10-Jähriger in Fassstärke, *Quarter Cask*, der zum Teil in kleineren Fässern gereift ist, *Triple Wood*, für den Sherryfässer verwendet wurden, *Lore*, der einen ähnlichen Hintergrund hat, und der wunderbare 25-Jährige. Nur im Duty-Free erhältlich sind *Four Oak* und *The 1815 Edition*. Beide sind ein Mix aus unterschiedlichen Fässern, haben aber gemeinsam, dass ein Teil in neuer Eiche gelagert wurde. Dies erzeugt intensive Noten und wird oft – mit Vorsicht – zum Würzen verwendet. Zusätzlich zu diesen Abfüllungen erscheinen jedes Jahr eine Sonderedition im Zusammenhang mit dem Islay Festival sowie ältere Ausgaben in limitierter Auflage (zum Beispiel 27- und 32-Jährige).

INTERESSANTES

Obwohl Ian Hunter Verwandte hatte, überließ er die Brennerei Bessie Williamson, als er 1954 starb. Bessie kam bereits 1934 nach Islay und wurde als Ian Hunters Sekretärin eingestellt. Aber er erkannte bald, dass Bessie für wesentlich verantwortungsvollere Aufgaben geeignet war. Nachdem Ian Hunter einen Schlaganfall erlitten hatte, ernannte er sie zur Direktorin der gesamten Brennerei. Sie blieb auf diesem Posten, bis die Brennerei 1972 an eine amerikanische Firma verkauft wurde und ist bis heute eine der wenigen Frauen in Schottland, die je eine Brennerei besessen und betrieben haben.

Bessie Williamson – eine Pionierin der Whiskyindustrie

LAPHROAIG AGED 10 YEARS

Kräftiger und rauchiger Duft mit Noten von Ruß und gelöschten Grillbriketts, Sägemehl, Roggenbrot und Schuhcreme. Der Geschmack ist ausgewogen mit trockenem Rauch, Vanille, Birne, Kokos und grünen Pflanzen (Brennnesseln, Spinat).

LAPHROAIG TRIPLE WOOD

Bezaubernder Duft nach Lagerfeuerrauch mit Sherrytönen, warmer Mooreiche, Algen, gegrillten Schalentieren und Chorizo. Der Geschmack ist lebendig, warm und ein wenig pfeffrig, fruchtig, Vanilleeis, Gewürznelken, Koriander und süßer, aromatischer Rauch.

FAKTEN

Gründung: 1815
Besitzer: Beam Suntory
Adresse: Port Ellen, Islay, Argyll PA42 7DU
Website: laphroaig.com
Kapazität: 3,3 Millionen Liter
Ausstattung: 1 Maischbottich, 6 Gärbottiche aus Edelstahl, 3 *wash stills*, 4 *spirit stills*

Dundee
Perth
Lindores Abbey
Eden Mill
St Andrews
Aberargie
Daftmill
Kingsbarns
Loch Lomond & The Trossachs National Park
A9
A92
Glenrothes
Inchdairnie
M90
A91
Stirling
Loch Lomond
Kirkcaldy
Firth of Forth
Dunfermline
M80
A1
Greenock
Auchentoshan
Livingston
EDINBURGH
A6093
Glenkinchie
Clydeside
M8
Glasgow
GLASGOW
Firth of Clyde
A68
A737
East Kilbride
M77
M74
A72
Galashiels
A71
Kilmarnock
Moorfoot Hills
A702
Isle of Arran
Ayr
The Borders
Hawick
Sanquhar
A76
A7
Girvan
Ailsa Bay
A713
M74
Galloway Forest Park
A714
Dumfries
A77
Annandale
Gretna Green
The Moors
Newton Stewart
A69
Rhinns of Galloway
Stranraer
Solway Firth
Carlisle
Bladnoch
Wigtown
A75
Kirdcudbright
Luce Bay
Wigtown Bay
M6
Workington
Penrith
Cumbrian Mountains

LOWLANDS

Auchentoshan

Auchentoshan ist einzigartig unter den schottischen Brennereien. Nur hier wird jeder Tropfen Alkohol nicht zwei- sondern dreifach destilliert. Einige Destillerien benutzen die Dreifachdestillation für einen Teil ihrer Produktion, z. B. Springbank und BenRiach. In Irland ist diese Technik seit langem übliche Praxis. Wie funktioniert sie genau? Bei einer doppelten Destillation werden die Spirituosen zuerst in einer *wash still* destilliert. So wird ein Alkoholgehalt von ca. 20 % erreicht. Darauf folgt eine weitere Destillation in einer *spirit still*, bis der Alkoholgehalt am Ende bei ca. 68 % liegt. Bei der Dreifachdestillation wird dazwischen ein weiterer Kessel eingesetzt (*intermediate still*). Je mehr man destilliert, desto höher wird der Alkoholgehalt. Am Ende hat man reinen Alkohol (Ethanol), der nach nichts schmeckt. So weit geht man bei Auchentoshan nicht. Nach der dritten Destillation liegt der Alkoholgehalt bei etwa 80 %. Viele schwerere Aromen sind auf dem Weg verschwunden, und ihr *Newmake* ist köstlich und leicht. Oft heißt es, die früheren Lowland-Brennereien hätten alle dreifach destilliert. Aber das stimmt nicht. Die meisten gaben sich schon immer mit zwei Kesseln zufrieden.

In den ersten 140 Jahren war Auchentoshan eine Brennerei, die – wenn auch unter verschiedenen Eigentümern – ruhig und methodisch ihren Whisky herstellte. Erst 1960 änderte sich das, als große Brauereigruppen ihre Interessen auch auf Brennereien ausweiteten. Gleichzeitig bauten sie landesweit Ketten mit Tausenden von Pubs auf, wo der Whisky einen prominenten Platz neben dem Bier erhielt. Auchentoshan wurde von der Brauerei Tennent übernommen, die bald ihrerseits von Bass Charrington übernommen wurde.

Der Trend „Brauereien kaufen Whiskybrennereien" hielt nicht lange an. 1984 kam die Firma Morrison Bowmore ins Spiel. Sie hatte Erfahrung mit Whisky und besaß bereits zwei Brennereien, Bowmore und Glen Garioch. Der Gründer, Stanley P. Morrison, starb bereits 1971, aber seine beiden Söhne Tim und Brian übernahmen und sind noch heute in der Branche tätig, jedoch mit neuen Brennereien. Das Erbe von Papa Stanley hingegen ist längst in japanisch-amerikanische Hände übergegangen, und alle drei Brennereien gehören jetzt dem Riesenkonzern Beam Suntory – dem drittgrößten Spirituosenhersteller der Welt. Ich glaube, dass die Besitzer alles richtig machen. Auchentoshan Single Malt hat in den letzten Jahren deutlich mehr Aufmerksamkeit bekommen. Möglicherweise ist die Aussprache des Namens ein Problem. Wenn Sie beim Bestellen „ockentoshan“ sagen, sind Sie ziemlich nah dran.

Lowland-Whisky war lange Zeit schwer zu finden. Von den vielen Brennereien des 19. und frühen 20. Jahrhunderts sind nur noch Auchentoshan und Glenkinchie übrig. Dank zahlreicher Neugründungen in den letzten Jahren gibt es heute aber wieder fast zwanzig Destillerien in der Region.

DER ORT

In Schottland liegen Brennereien gewöhnlicherweise an schönen und ruhigen Orten mit Bergen oder Meer im Hintergrund. Auchentoshan steht zwischen dem Fluss Clyde und der geschäftigen A82 zwischen Glasgow und Inverness. Die Lage könnte also besser sein. Aber sobald man dort ist, weiß man, warum hier jährlich 30.000 Besucher einen Zwischenstopp einlegen. Die Nähe zu Glasgow macht die Brennerei zu einem selbstverständlichen Ziel für Whiskyenthusiasten. Zudem ist Auchentoshan mit seiner Dreifachdestillation einzigartig, und der Abschluss der Besichtigungstour in der eleganten runden Bar lohnt sich.

Bis vor kurzem war Auchentoshan Glasgows nächstgelegene Brennerei, aber im Herbst 2017 wurde die Clydeside Distillery mitten in der Stadt eröffnet, deren Eigentümer Stanleys Sohn Tim Morrison ist. Darüber hinaus wird in Kürze eine Brennerei des unabhängigen Abfüllers Douglas Laing gegenüber von Clydeside eröffnet. Zudem gibt es die Glasgow Distillery im Hillington Business Park.

Die Clydeside Destillerie, ein Neuzugang in Glasgows Whiskywelt

DER WHISKY

Die Dreifachdestillation macht den Grundwhisky von Auchentoshan sehr leicht im Geschmack. Daher erhält fast jeder Whisky seine erste Lagerung in amerikanischer Eiche, die „freundlicher“ zum Alkohol ist als die würzige und gerbstoffreiche europäische Eiche. Man erkennt Aromen von Zitrusfrüchten, Vanille und Gerstenmalz. Das Grundsortiment besteht aus *American Oak* ohne Altersangabe (wahrscheinlich um die sechs Jahre alt) sowie 12-, 18- und 21-jährige Whiskys. Zudem gibt es den beliebten *Three Wood*, der den größten Teil seines Lebens in Bourbonfässern verbringt und einen zusätzlich Boost erst in Oloroso-Sherry- und abschließend in Fässern mit süßem PX-Sherry bekommt. Das Duty-free-Angebot ist in den letzten Jahren stark zurückgegangen. Momentan gibt es *Blood Oak* mit einem Finish in Rotweinfässern und den teuren 24-jährigen *Noble Oak* mit Schlusslagerung in Oloroso-Fässern. Im Sommer 2017 wurde *Bartender's Malt* auf den Markt gebracht, der als Grundlage für Whiskycocktails dienen soll. Die Zusammenarbeit mit Barkeepern reicht weit zurück, weil ein dreifach destillierter Malt offensichtlich gut mit anderen Zutaten harmoniert. Der älteste jemals abgefüllte Auchentoshan war ein 50-Jähriger, der 2007 erschien. Das Sherryfass ergab allerdings nur 171 Flaschen.

INTERESSANTES

Am 13. März 1941 startete die deutsche Luftwaffe mit 400 Bombern einen schweren Angriff auf die Werften und Munitionsfabriken in Clydebank, zehn Kilometer westlich des Glasgower Stadtzentrums. Durch Auchentoshans exponierte Lage in der Nähe des Flusses wurde auch die Brennerei von den Bomben getroffen. Drei Lagerhäuser mit mehr als einer Million Liter Whisky wurden zerstört. Aber das ist natürlich nichts im Vergleich zu zehntausenden Obdachlosen und 528 Toten. Nach zwei Tagen Bombardement waren von den 12.000 Häusern in der Gemeinde nur sieben unbeschädigt. Es dauerte bis 1948, bis die Brennerei wieder voll in Betrieb war, und die Spuren der dramatischen Tage sind noch heute sichtbar. Einer der Bombenkrater ist heute ein Teich, aus dem die Brennerei ihr Kühlwasser holt.

Clydebank erlebte die gleiche Art Blitzangriff wie London.

AUCHENTOSHAN 12 YEARS OLD

Frischer und einladender Duft mit Zitrusfrüchten, frisch gebackenem Biskuit und geschnittenem Gras. Der Geschmack ist weich mit Vanille und Honigsüße, gefolgt von Haferflockenkeksen, Donuts und leichten Sherrytönen. Kurzer und süßer Abgang mit Noten von Honigkuchen.

AUCHENTOSHAN THREE WOOD

Bezaubernder Duft mit tropischen (Mango und Aprikosen) und getrockneten Früchten (Feigen und Rosinen), Walnüssen und Kakao. Die getrockneten Früchte treten in den Vordergrund, gefolgt von grünen Äpfeln und Zitrusfrüchten. Recht trocken und würzig (Kreuzkümmel, Nelke).

FAKTEN

Gründung: 1823 · **Besitzer:** Morrison Bowmore (Beam Suntory)
Adresse: Dalmuir, Clydebank, Glasgow G81 4SJ
Website: auchentoshan.com
Kapazität: 2 Millionen Liter
Ausstattung: 1 Maischbottich, 4 Gärbottiche aus Holz und 3 aus Edelstahl, 1 *wash still*, 1 *intermediate still*, 1 *spirit still*

Bladnoch

Diese Geschichte würde von einer geschlossenen Brennerei handeln, wenn es nicht einen australischen Joghurthersteller gegeben hätte. 1993 schloss United Distillers die Pforten der Brennerei Bladnoch. Sie war klein und veraltet, und zudem hatten die Eigentümer ausreichend Kapazität in ihren anderen Brennereien. Hier hätte die Geschichte von Bladnoch enden können, hätte der Ire Raymond Armstrong im folgenden Jahr nicht seinen Urlaub in Südschottland verbracht. Er fuhr an Bladnoch vorbei, verliebte sich und kaufte sie gemeinsam mit seinem Bruder. Er wusste nichts über Whiskyherstellung, aber das machte auch nichts, denn sie wollten die Destillerie eigentlich zu einer Ferienanlage umbauen. Aber schnell wurde klar, wie viel Bladnoch den Einheimischen bedeutete. Hier war seit 1817 Whisky hergestellt worden, und die Dorfbewohner überzeugten den neuen Besitzer davon, dabei zu bleiben. Aber es gab einen Haken: Die Vorbesitzer hatten in den Verkaufsbedingungen ein Verbot zukünftiger Whiskyproduktion festgelegt. Eine Überzeugungskampagne begann, und schließlich erhielt Raymond die Erlaubnis, maximal 100.000 Liter pro Jahr zu destillieren.

Inspiriert und voller Enthusiasmus machte sich Raymond daran, die Brennerei instandzusetzen, und im Dezember 2000 floss wieder Alkohol. Bald erkannte er, dass es mit 100.000 Litern finanziell knapp werden könnte. Er baute ein Besucherzentrum und begann, Flächen der vielen großen Lagerhäuser an andere Whiskyproduzenten zu vermieten. Die Haupteinnahmen stammten damit nicht mehr aus der Whiskyherstellung. Raymond destillierte immer weniger, und im Jahr 2009 beschloss er, die Produktion zumindest vorübergehend einzustellen. Die Brüder waren sich über die Zukunft der Brennerei nicht einig. Colin war immer eher ein stiller Teilhaber gewesen, der Raymonds Visionen nicht teilte. Am Ende forderte er gerichtlich, das Unternehmen in die Insolvenz gehen zu lassen und die Brennerei zu verkaufen, und im März 2014 endete die Geschichte. Raymond war enttäuscht. Ein Familienstreit hatte seinem Traum ein Ende gesetzt.

Im Juli 2015 wurde bekannt, dass der Australier David Prior der neue Eigentümer der Brennerei ist. Prior hatte eine erfolgreiche Joghurtmarke aufgebaut und anschließend für 80 Millionen Dollar verkauft. Er selbst wusste nichts über Whiskyherstellung, umgab sich aber mit kenntnisreichen Menschen. Ian Macmillan, einer der erfahrensten Blender Schottlands, wurde als Destillerie-Manager eingestellt. Zunächst machte er sich ein Bild über den Zustand der Brennerei und den gelagerten Whisky. Er erkannte schnell, dass die meisten Geräte ersetzt werden mussten. Der Whisky war von unterschiedlicher Qualität, und er füllte einen großen Teil in bessere Fässer um. Im Sommer 2017 nahm die Brennerei den Betrieb wieder auf. Obwohl der Schwerpunkt auf nicht-rauchigem Whisky liegen wird, plant Macmillan, zwölf Wochen im Jahr torfgetrocknetes Malz zu verwenden.

DER ORT

Während in Speyside eine Brennerei neben der nächsten steht, muss man in Südschottland wirklich danach suchen. Oft liegen sie mehrere Autostunden auseinander. Bladnoch liegt wenige Kilometer von der kleinen Gemeinde Wigtown entfernt in der südwestlichsten Ecke Schottlands. Wigtown wurde 1998 zu *Scotland's National Book Town* ernannt. Hier gibt es etwa 20 Buchhandlungen und jedes Jahr im September ein Buchfestival. Die Stadt hat aber auch eine dunklere Geschichte. Nach der schottischen Reformation 1560 stritten sich Episkopale und Presbyterianer um die Führung der schottischen Kirche. Die Atmosphäre war so angespannt, dass es Mitte des 17. Jahrhunderts zu einem Bürgerkrieg kam. In Wigtown wurden 1685 zwei Presbyterianerinnen (*covenanters*), Margaret Lachlan und Margaret Wilson, der Rebellion beschuldigt und dazu verurteilt, an Pfähle im Fluss Bladnoch gebunden in der steigenden Flut zu ertrinken. Sie sind seitdem als *The Wigtown Martyrs* bekannt, und ein großes Denkmal erinnert heute an ihr schreckliches Schicksal.

Das Denkmal von Margaret Lachlan und Margaret Wilson in Wigtown

DER WHISKY

Es ist nicht einfach, den Charakter von Bladnoch Single Malt zusammenzufassen. Zu viele Besitzer haben sehr unterschiedliche Whiskys produziert. Raymond Armstrong profitierte lange vom Whisky der Vorbesitzer aus den 1980er- und 1990er-Jahren. Erst 2008 brachte er drei 6-Jährige aus eigener Produktion heraus, von denen einer sehr rauchig ist. Seit David Prior die Brennerei 2015 übernommen hat, wurden einige neue Abfüllungen lanciert, die allesamt von Ian Macmillan stammen. *Samsara* ohne Altersangabe ist eine Mischung aus Lagerung in kalifornischen Bourbon- und Rotweinfässern. Der 15-jährige *Adela* ist zu 100 % Oloroso-gelagert, während der 25-jährige *Talia* eine Mischung aus Bourbon, Sherry und neuer amerikanischer Eiche ist. Im Herbst 2017 wurde ein Jubiläums-Whisky auf den Markt gebracht, ein *Vintage 1988*, der sein Finish in Moscatel-Fässern erhalten hat. Es scheint ein wenig so, als müsse der erfahrene Macmillan mit verschiedenen Fass-Finishes experimentieren, um dem Whisky einen zusätzlichen Schubs zu geben. Aber es hat wirklich gut funktioniert. Man darf gespannt sein, wie der neue Whisky in ein paar Jahren schmeckt.

INTERESSANTES

Es gibt eine Verbindung zwischen Bladnoch und Schweden, die bis in die 1950er-Jahre zurückreicht. Nach dem Zweiten Weltkrieg kaufte das Unternehmen Ross & Coulter die seit 1937 geschlossene Brennerei. Da sich auch die neuen Eigentümer nicht für die Wiederaufnahme der Produktion interessierten, wurden die beiden Brennblasen 1955 nach Schweden verkauft. Vin & Sprit hatte beschlossen, schwedischen Whisky herzustellen, und die Kessel wurden in Södertälje installiert. Hier wurde *Skeppets Whisky* geboren, der eine kurze (neun Jahre), aber sagenumwobene Geschichte hat. Damalige Kenner waren nicht begeistert, aber heutige zeigen etwas mehr Wertschätzung. Vielleicht hat Whiskyhistoriker Hasse Nilsson recht, wenn er sagt, dass sich der schwedische Whiskygeschmack verändert hat und heute eher rauchiger und kraftvoller Whisky bevorzugt wird.

Skeppets Whisky, hergestellt in Bladnochs alten Brennblasen

SAMSARA

Fruchtig süß im Duft mit Noten von Pfirsich und gelben Pflaumen, Vanille und Zitrusfrüchten. Der Geschmack liefert zusätzliche Früchte, aber auch Gewürze (Ingwer und Muskatnuss), Lakritz und Pfeffer.

ADELA

Sehr duftreich mit Nuancen von Walnüssen, Schokoladenkuchen, getrockneten Früchten, Leder und Honig. Cremiges Mundgefühl, getrocknete Aprikosen, Apfelkuchen, Gewürznelken, Schokolade und Lakritz.

FAKTEN

Gründung: 1817
Besitzer: David Prior
Adresse: Bladnoch, Wigtown, Wigtonshire DG8 9AB
Website: bladnoch.com
Kapazität: 1,5 Millionen Liter
Ausrüstung: 1 Maischbottich, 6 Gärbottiche aus Holz, 2 *wash stills*, 2 *spirit stills*

Glenkinchie

Als die Milton Distillery, Glenkinchies Vorgänger, 1825 gegründet wurde, waren nicht weniger als 115 Whiskybrennereien in den Lowlands in Betrieb. Im Jahr 2000 waren nur noch zwei übrig: Auchentoshan und Glenkinchie. Die meisten der geschlossenen Destillerien hatten Grain Whisky aus Weizen, Malz und Gerste produziert. In diesem Teil des Landes wurde die kommerzielle Whiskyproduktion geboren. Man benötigte große Mengen der einfacheren Getreideversion, um ihn mit dem aromatischeren Malt Whisky zu Blended Scotch zu mischen. Zunehmend effizientere Produktionsmethoden wie das *continuous distilling* führten dazu, dass kleine Getreidebrennereien zusammengelegt wurden und so die Anzahl der Brennereien sank. Eine bessere Anbindung an den Zugverkehr ermöglichte es zudem, eine große Anzahl von Brennereien in den unzugänglichen Highlands zu halten und neue zu bauen.

Aber die Zeiten änderten sich. Aus zwei Brennereien sind in nur zehn Jahren fast 20 geworden und weitere sollen gebaut werden. Dass gerade Auchentoshan und Glenkinchie übrig geblieben sind, liegt vor allem an ihrer Nähe zu den Städten Glasgow und Edinburgh. Glenkinchie wurde außerdem 1988 Teil der Serie *The Classic Malts*. Einziger Konkurrent für den Lowlands-Spot dieser Serie war Rosebank. Die meisten Leute sind sich wahrscheinlich einig, dass Rosebank (1993 geschlossen) den besseren Whisky hergestellt hat, aber es war einfacher, Besucher nach Glenkinchie zu lotsen.

Der erste Teil von Glenkinchies Geschichte ist nicht sehr aufregend. Die Brüder John und George Rate bauten eine einfache Brennerei auf ihrer Farm und führten sie bis 1853, als sie an einen Mann namens Christie verkauft wurde. Dieser hatte kein Interesse an Whisky und verwandelte Teile der Brennerei in ein Sägewerk. Es dauerte fast drei Jahre, bis wieder Whisky in der Brennerei floss. Eine Gruppe von Geschäftsleuten aus Edinburgh übernahm sie und ließ in den 1890er-Jahren die hohen roten

Backsteingebäude errichten, die heute die Brennerei prägen. Sie erhöhten auch die Kapazität durch die Installation von zwei großen Brennblasen. Die *wash still* ist noch immer die größte in Schottland.

David Lloyd George

Im neuen Jahrhundert brachen schwere Zeiten für die schottische Whiskyindustrie an. Die Nachfrage sank, aber die Produktion blieb hoch, und das Ergebnis waren große Lagerbestände. Finanzminister David Lloyd George setzte 1911 das *People's Budget* für größere soziale Reformen durch, dass unter anderem mit erhöhten Alkoholsteuern finanziert werden sollte. Dass dies den Whiskykonsum nicht förderte, war Lloyd George egal – er war Abstinenzler.

Die Whiskyproduzenten mussten sich organisieren, um in der neuen Ära zu bestehen. Glenkinchie gründete zusammen mit vier anderen Lowland-Brennereien die *Scottish Malt Distillers*. Sie schafften es durch den Ersten Weltkrieg, wurden aber 1925 Teil der großen Gruppe Distillers Company Limited (DCL), die später zu Diageo wurde, dem heutigen Eigentümer von Glenkinchie.

DER ORT

Glenkinchie liegt in dem Teil Schottlands, der Lothian genannt wird. Es erhielt seinen Namen nach König Lot, der der Artussage nach dort herrschte. Er war König Artus' Schwager und Vater von Sir Gawain, einem der Ritter der Tafelrunde. Lothian war schon immer eine der fruchtbarsten Gegenden Schottlands; East Lothian wird auch *The Garden of Scotland* genannt.

Die Fahrt von Edinburgh nach Glenkinchie dauert nur etwa eine halbe Stunde. Seit ein paar Jahren gibt es sogar einen Bus, der Sie das ganze Jahr über dreimal täglich von der Stadt zur Brennerei und zurück bringt. Sehr praktisch – aber man sollte buchen. Dieser Teil Schottlands gehört ehrlich gesagt nicht unbedingt zu den spektakulärsten, aber es gibt ein großes Plus: die Nähe zu Edinburgh. Die Stadt hat alles zu bieten: Geschichte, Sehenswürdigkeiten, schöne Gebäude, Restaurants und nicht zuletzt *The Scotch Whisky Experience*. Nur wenige Schritte vom prachtvollen Edinburgh Castle entfernt ist sie seit 1988 eine Hommage an den schottischen Whisky. Sie wird manchmal als Touristenfalle bezeichnet, aber ich finde, dass sie eine großartige Würdigung des Getränks ist, das ich so liebe. Sie können zwischen fünf verschiedenen Touren wählen, sich in einer Whiskyschule anmelden, die weltweit führende Whiskysammlung besichtigen, in einem ausgezeichneten Shop einkaufen oder einfach einen Schluck an der Bar oder ein Whiskydinner im Restaurant Amber genießen.

DER WHISKY

Sieht man sich die Ausrüstung der Brennerei an, ist es nicht ganz leicht, die Natur von Glenkinchie Single Malt zu verstehen. Große Kessel ohne viel Kupferkontakt ergeben oft einen *Newmake* mit leichten Schwefeltönen. Danach gelangt der Alkoholdampf über abwärts geneigte Lyne-Arme in die *worm tubs*, um dort zu kondensieren. Diese erzeugt normalerweise robusten Alkohol. Doch der reife Glenkinchie ist leicht und frisch mit floralen und Zitrusnoten. Ein Grund dafür ist die klare Würze aus dem Maischbottich. Dafür muss so viel wie möglich von den trüben Getreiderückständen entfernt werden, bevor die Gärung beginnt. Zudem dauert die Gärung bei Glenkinchie ziemlich lang (etwa 65 Stunden), was auch zu fruchtigeren Noten beiträgt. Das Sortiment ist klein. Es besteht aus einem 12-Jährigen, der in alten Bourbonfässern gelagert wurde, und, wie immer bei Diageos Classic Malts, einer *Distiller's Edition*. Letztere erhielt nach langer Fasslagerung ein Finish in Amontillado-Sherry-Fässern.

INTERESSANTES

In Glenkinchie steht ein 1:6-Modell einer Whiskybrennerei, etwa 18 Meter lang. Es wurde 1924 für die British Empire Exhibition in London gebaut und war bis 1946 im Science Museum ausgestellt. Anschließend wurde es eingepackt und unter anderem in Glenlossie und Mortlach gelagert, bevor es Mitte der 1970er-Jahre in Glenkinchie wiederaufgebaut wurde. Es veranschaulicht detailliert alle Schritte des Brennprozesses und ist nicht nur ein Paradies für Modellbauer, sondern zeigt auch sehr schön, wie die Whiskyproduktion in Schottland seit Hunderten von Jahren bis heute abläuft.

Das Brennereimodell von 1924 ist ein Publikumsmagnet der Glenkinchie Distillery.

GLENKINCHIE 12 YEAR OLD

Sanfter Duft nach getrocknetem Gras, Zitrusfrüchten, etwas Vanille und Käse (Parmesan oder Gruyère). Der Geschmack ist spannender, süße aber frische Honignoten, Veilchenpastillen, Fruchtbonbons, Vanillesauce und getrocknete Kräuter (Thymian, Majoran).

GLENKINCHIE DISTILLER'S EDITION

Blumiger Duft mit Noten von Gras, Minze, Sherry und etwas Orange. Der Geschmack ist lebendig, süß und weinig, mit einem Hauch von Pfeffer und roter Grütze. Mittellanger Abgang mit Tönen von Toffee und Nüssen.

FAKTEN

Gründung: 1837
Besitzer: Diageo
Adresse: Pencaitland, Tranent, East Lothian EH34 5ET
Website: malts.com
Kapazität: 2,5 Millionen Liter
Ausstattung: 1 Maischbottich, 6 Gärbottiche aus Holz, 1 *wash still*, 1 *spirit still*

Kingsbarns

Beim Bau einer neuen Brennerei ging es früher in erster Linie um den Zugang zu einer guten Wasserquelle. Im späten 19. Jahrhundert wurde die Nähe zur Eisenbahn wichtig, um den Transport von Gerste, Kohle und Whisky zu erleichtern. Heute ist noch etwas anderes wichtig. Als Doug Clement Kingsbarns plante, sah er Touristenströme vor sich, die seine Brennerei besuchen würden. Dreizehn Jahre lang hatte er als Caddy in St. Andrews und auf den umliegenden Golfplätzen gearbeitet. Er sah Mengen von Golfenthusiasten und Touristen, die jedes Jahr in den Osten von Fife kamen. Was fehlte, war eine Whiskybrennerei mit Besucherzentrum. Also beschloss er, eine zu bauen.

2008 fand Clement südlich von St. Andrews einen heruntergekommenen Bauernhof aus dem späten 18. Jahrhundert mit herrlichem Blick auf die Nordsee. Er kontaktierte den Besitzer, Sir Peter Erskine, und erhielt die Zusage. Um die Finanzierung anzustoßen, rief er die wohlhabenden Golfer an, die er in St. Andrews herumgeführt hatte, und sammelte über 90.000 Euro. Dies reichte aus, um eine Baugenehmigung zu beantragen, die er 2010 erhielt. Clement machte sich weiter auf die Jagd nach Kapital, versuchte es mit Crowdfunding, aber bekam damit nicht genug zusammen. Nicht einmal ein Zuschuss von 650.000 Euro von der schottischen Regierung im Jahr 2012 konnte das Projekt retten. Für Clement sah es düster aus, bis William Wemyss ins Spiel kam. Der besaß eine Firma, die sich ursprünglich auf Wein konzentriert hatte, aber mit der Zeit auch als unabhängiger Whiskyabfüller aktiv wurde. Wemyss' Traum war es, eine eigene Brennerei zu besitzen, und dies war seine Gelegenheit. Mit einer Finanzspritze von 2,8 Millionen Euro übernahm er die Firma, und Clement sollte alles in trockene Tücher zu bringen.

Das erste Mal lief ich 2013, noch noch vor dem ersten Spatenstich, mit Doug Clement über die Anlage. Sein Enthusiasmus und seine Erleichterung, dass das Projekt endlich lief, waren nicht zu übersehen. Trotz klaffender Löcher in den Wänden, einer abgehängten Decke und Mengen von Tauben war zu sehen, dass es fantastisch werden würde. Mein nächster Besuch 2015 bestätigte das. Der Charme des 18. Jahrhunderts war zum großen Teil behutsam bewahrt worden, während das Besucherzentrum alle modernen digitalen Technologien nutzte.

Als Kingsbarns im März 2015 mit dem Brennen begann, war sie die sechste Brennerei in den Lowlands – einer Region, in der es Mitte des 19. Jahrhunderts rund 120 Brennereien gegeben hatte. Aber als die Eisenbahn expandierte, übernahmen die Highlands zunehmend die Führung, und die meisten Lowland-Bennereien mussten schließen. Heute gibt es im Süden wieder fast 20 aktive, meist kleine Brennereien. Kingsbarns produziert aktuell 200.000 Liter pro Jahr, hat aber Kapazität für mehr. Zudem wurde dort im Sommer 2017 eine Gin-Brennerei eröffnet. Hier entsteht *Darnley's Gin*, der bis vor kurzem in London hergestellt wurde.

DER ORT

Kingsbarns liegt in Fife, dem Teil Ostschottlands, der im Süden an den Firth of Forth und im Norden an den Firth of Tay grenzt. Manchmal wird diese Halbinsel als das „Königreich von Fife" bezeichnet, weil es als eines der historischen Königreiche der sagenumwobenen Pikten angesehen wird. Sie regierten den größten Teil Schottlands, bis die Wikinger im 8. Jahrhundert die Herrschaft übernahmen. Heute ist Fife aufgrund seiner Nähe zu Edinburgh ein beliebtes Wochenend-Ausflugsziel für Großstädter. Eine kleine Gemeinde mit malerischen Hotels liegt neben der nächsten, und natürlich kann man überall Golf spielen. Es gibt mehr als 50 Plätze, angefangen mit dem legendären *Old Course* in St. Andrews, wo Golf „erfunden" wurde.

Ein Besuch von St. Andrews lohnt sich aber auch so. Die Kathedrale stammt aus dem 11. Jahrhundert und die Universität wurde bereits 1410 gegründet. Wenn man in Fife ist, um Kingsbarns zu besichtigen, sollte man auch einige der Brennereien in der Umgebung besuchen. Daftmill in der Nähe von Cupar und Inchdairnie in Glenrothes haben keine Besucherzentren (obwohl es sich möglicherweise lohnt, eine Anfrage per E-Mail zu senden), aber Eden Mill hat eines. Hier kann man sowohl an der Whisky- und Ginproduktion als auch an der Bierbrauerei teilnehmen.

Gleich nordwestlich von Kingsbarns liegt der berühmte Golfplatz von St. Andrews.

DER WHISKY

Das Ziel der Besitzer ist, einen klassischen Lowland-Whisky zu produzieren – blumig, fruchtig und subtil. Das Rezept dafür ist die lange Gärung (bis zu 85 Stunden), die langsame Destillation mit viel Kupferkontakt und der frühe Cut des Mittellaufs. Sie verwenden hauptsächlich Bourbonfässer für die Lagerung, nutzen aber auch sogenannte STR-Fässer. STR steht für *shaved, toasted* und *re-charred*. Man schabt das Innere gebrauchter Rotweinfässer aus Portugal aus, toastet sie schonend und brennt sie dann über offenem Feuer erneut aus.

Ihr *Newmake* wurde schon früh abgefüllt, und im Laufe der Zeit wurden auch ältere Whiskys auf den Markt gebracht. Es dauerte jedoch bis zum 23. März 2018, bis ihre Spirituose drei Jahre alt wurde und sich legal Whisky nennen durfte. Während ich dies schreibe, ist ihre erste Veröffentlichung namens *Founder's Reserve* noch nicht erschienen, aber ich bin sicher, dass sie im Verkauf ist, wenn Sie dies lesen. Die erste Charge ist jedoch denjenigen vorbehalten, die Anteile am Kingsbarn's Founder's Club gekauft haben.

INTERESSANTES

Einer der Whiskys aus dem Portfolio der Brennerei ist ein Blend namens *Lord Elcho*. Der Name stammt von David (Lord Elcho), einem Verwandten von William Wemyss. Während dessen Studienzeit in Rom 1741 traf er James Stuart, den Erben des schottischen Throns. Später wurde dieser als Bonnie Prince Charlie bekannt, der die Engländer um die Herrschaft Schottlands herausforderte. Als James nach Schottland zurückkehrte, um den Thron zurückzugewinnen, war Elcho sein Adjutant. Er stand an der Seite des Prinzen in der Schlacht von Culloden – die der Nagel im Sarg schottischer Freiheitsträume werden sollte. Nach der Niederlage floh Elcho zusammen mit anderen Jakobitern nach Frankreich und kehrte nie wieder nach Großbritannien zurück. Er starb 1787 im Alter von 65 Jahren in Paris.

Doug Clement (links) und William Wemyss beim ersten Spatenstich für die neue Destillerie.

KINGSBARNS NEWMAKE

Herrlicher Duft nach Äpfeln, Haferbrei mit etwas Honig, Zitrusfrüchten und kandierten Nüssen. Der Geschmack ist recht kräftig mit etwas Honigsüße, danach kommen Birnen, grüne Äpfel sowie Nüsse dazu.

KINGSBARNS SPIRIT DRINK 2 YEARS

Würziger Duft mit Noten von Zitrone, Äpfeln und geröstetem Müsli, etwas Essigwürze. Fruchtig-süßer Geschmack (Pfirsich, Aprikose), Honig, französischer Nougat und Vanille. Danach trockener.

FAKTEN

Gründung: 2014
Besitzer: Familie Wemyss
Adresse: East Newhall Farm, Kingsbarns, St. Andrews KY16 8QE
Website: kingsbarnsdistillery.com
Kapazität: 600.000 Liter
Ausstattung: 1 Maischbottich, 4 Gärbottiche aus Edelstahl, 1 *wash still*, 1 *spirit still*

WEITERE DESTILLERIEN IN SCHOTTLAND

NÖRDLICHE HIGHLANDS

Balblair

1790 • Inver House Distillers • 1,8 Millionen Liter

1 Maischbottich, 6 Gärbottiche aus Holz, 1 *wash still*, 1 *spirit still*

Eine der ältesten Brennereien Schottlands und die einzige, die ihr gesamtes Sortiment als Vintages abfüllt. Das aktuelle Sortiment umfasst die Jahrgänge 1983, 1990, 1999 und 2005.

Dornoch

2016 • Phil und Simon Thompson • 30.000 Liter

1 Maischbottich, 7 Gärbottiche aus Holz, 1 *wash still*, 1 *spirit still*

Diese winzige Brennerei befindet sich in einer kleinen Feuerwache in der Nähe des Dornoch Castle Hotel, das auch den Thompson-Brüdern gehört. Neben Whisky werden auch Gin und andere Spirituosen hergestellt.

Glen Ord

1838 • Diageo • 11 Millionen Liter

2 Maischbottiche, 22 Gärbottiche aus Holz, 7 *wash still*s, 7 *spirit still*

Seit einer umfangreichen Expansion eine der größten Malzbrennereien Schottlands. In der Umgebung liegt auch eine Mälzerei. Ein großer Teil der Produktion wird als *Singleton of Glen Ord* abgefüllt, unter anderem als 12-, 15- und 18-Jähriger.

Glen Wyvis

2017 • Glen Wyvis Distillery Ltd. • 140.000 Liter

1 Maischbottich, 6 Gärbottiche aus Edelstahl, 1 *wash still*, 1 *spirit still*

Befindet sich in Dingwall. Die Brennerei gehört 3.000 Menschen aus der Gemeinde und aus anderen Teilen der Welt. Die erste schottische Brennerei, die mit 100 % erneuerbarer Energie betrieben wird.

Royal Brackla

1812 • John Dewar & Sons • 4,1 Millionen Liter

1 Maischbottich, 6 Gärbottiche aus Holz und 2 aus Edelstahl, 2 *wash still*s, 2 *spirit stills*

Fristete ein sehr zurückgezogenes Dasein, bis 2015 eine Reihe neuer Single Malts herauskam – 12-, 16- und 21-Jährige. Stellt auch Malt für Blends her.

Scapa

1885 • Chivas Brothers • 1,3 Millionen Liter

1 Maischbottich, 12 Gärbottiche aus Edelstahl, 1 *wash stills*, 1 *spirit still*

Eine von zwei Brennereien in Orkney (neben Highland Park). Kürzlich mehr in Augenschein getreten durch ein neues Besucherzentrum und zwei Abfüllungen ohne Altersangabe – *Skiren* und der rauchige *Glansa*.

Teaninich

1817 • Diageo • 10,2 Millionen Liter

1 Maischefilter, 18 Gärbottiche aus Holz und 2 aus Edelstahl, 6 *wash stills*, 6 *spirit stills*

Die alte Brennerei wurde 1970 durch eine neue ersetzt, die 2015 umfangreich ausgebaut wurde. Eine von zwei Brennereien, in denen Maischefilter anstelle von Maischbottichen verwendet werden. Einzige offizielle Abfüllung ist ein 10-Jähriger.

Wolfburn

2013 • Aurora Brewing Ltd • 135.000 Liter

1 Maischbottich, 4 Gärbottiche aus Edelstahl, 1 *wash still*, 1 *spirit still*

Die nördlichste Festlandbrennerei Schottlands. Die erste Abfüllung erfolgte 2016. Produziert sowohl nicht-rauchigen als auch rauchigen Whisky.

ÖSTLICHE HIGHLANDS

Arbikie

2015 • Familie Stirling • 200.000 Liter

1 Maischbottich, 4 Gärbottiche aus Edelstahl, 1 *wash still*, 1 *spirit still*

In Familienbesitz befindliche Destillerie, produziert sowohl Whisky als auch Gin. Der Gin ist bereits auf dem Markt, während der Whisky ungewöhnlich lange braucht – wahrscheinlich bis 2029, da der erste ein 14-Jähriger sein soll.

Ardmore

1898 • Beam Suntory • 5,5 Millionen Liter

1 Maischbottich, 14 Gärbottiche aus Holz, 4 *wash stills*, 4 *spirit stills*

Der Großteil der Produktion ist seit Langem mittelstark getorft und wird hauptsächlich im Blended Whisky Teachers verwendet. Offizielle Abfüllungen umfassen *Legacy*, *Triple Wood* und einen 12-Jährigen mit Portwein-Finish.

Fettercairn

1824 • Whyte & Mackay • 3,2 Millionen Liter

1 Maischbottich, 11 Gärbottiche aus Holz, 2 *wash stills*, 2 *spirit stills*

Fast die gesamte Produktion wird für verschiedene Blends verwendet. Einzige offizielle Abfüllung aktuell ist *Fior* ohne Altersangabe.

Glenglassaugh

1875 • Brown Forman • 1,1 Millionen Liter

1 Maischbottich, 4 Gärbottiche aus Holz und 2 aus Edelstahl, 1 *wash still*, 1 *spirit still*

Die Brennerei war 22 Jahre lang geschlossen, bevor sie 2008 wiedereröffnet wurde. Heute hat sie dieselben Eigentümer wie BenRiach und GlenDronach. Das Sortiment umfasst die nicht-rauchigen *Revival* und *Evolution* und den rauchigen *Torfa*.

Lone Wolf

2016 • Brewdog plc • 450 000 Liter

Würze aus der Brauerei, 1 *wash still* mit Kolonne, 1 *spirit still* mit Kolonne

Die schnell wachsende Bierbrauerei Brewdog eröffnete die Brennerei und verwendet das eigene Bier (bevor Hopfen hinzugefügt wird), um Whisky herzustellen. Gin, Wodka und Rum stehen ebenfalls auf der Karte.

Macduff

1960 • John Dewar & Sons • 3,4 Millionen Liter

1 Maischbottich, 9 Gärbottiche aus Edelstahl, 2 *wash stills*, 3 *spirit stills*

Vor allem als Hersteller von Malt Whisky für den sehr populär gewordenen Blend *William Lawson* bekannt. Seit 2015 gibt es auch ein Sortiment an Single Malts – 10-, 12- und 18-Jährige.

WESTLICHE HIGHLANDS

Abhainn Dearg

2008 • Mark Tayburn • 20.000 Liter

2 Maischbottiche, 2 Gärbottiche aus Holz, 1 *wash still*, 1 *spirit still*

Eine der am schwierigsten zu erreichenden und zugleich kleinsten Destillerien Schottlands. Bisher wurden ein 3-Jähriger und 2018 ein 10-Jähriger veröffentlicht.

Ardnamurchan

2014 • Adelphi Distillery • 500.000 Liter

1 Maischbottich, 4 Gärbottiche aus Holz und 3 aus Edelstahl, 1 *wash still*, 1 *spirit still*

Eigentümer ist der unabhängige Abfüller Adelphi Distillery, der für seine gleichbleibend hohe Qualität bekannt ist. Eine der umweltfreundlichsten Brennereien Schottlands. Will auch zukünftig die traditionellen Malzböden nutzen.

Glengyle

2004 • Mitchell's Glengyle Ltd • 750.000 Liter

1 Maischbottich, 4 Gärbottiche aus Holz, 1 *wash still*, 1 *spirit still*

Liegt nur 100 Meter von Springbank entfernt und hat denselben Besitzer. Die Jahresproduktion beträgt nur rund 60.000 Liter. Die aktuellste (und auch älteste) Abfüllung ist ein 12-Jähriger.

Glen Scotia

1832 • Loch Lomond Group • 800.000 Liter

1 Maischbottich, 9 Gärbottiche aus Edelstahl, 1 *wash still*, 1 *spirit still*

Eine von nur drei Brennereien in Campbeltown. Seit 2014 haben die neuen Besitzer Brennerei und Sortiment rundum erneuert. Aktuelle Abfüllungen sind *Double Cask*, *Victoriana* und 15-, 18- und 25-Jährige.

Isle of Harris

2015 • Isle of Harris Distillers Ltd. • 230.000 Liter

1 Maischbottich, 5 Gärbottiche aus Holz, 1 *wash still*, 1 *spirit still*

Eine von zwei Brennereien auf den Äußeren Hebriden. Ein Gin wurde bereits auf den Markt gebracht. Der erste Whisky mit dem Namen *Hearach* soll folgen.

Isle of Raasay

2017 • R&B Distillers • 200.000 Liter

1 Maischbottich, 6 Gärbottiche aus Edelstahl, 1 *wash still*, 1 *spirit still*

Die einzige Brennerei auf Raasay, einer Insel östlich von Skye. Der Whisky ist leicht rauchig (15 ppm). Die Eigentümer planen eine weitere Brennerei in The Borders im Süden des Landes.

Loch Lomond

1965 • Loch Lomond Group • 5 Millionen Liter

1 Maischbottich, 21 Gärbottiche aus Edelstahl, 1 *wash still*, 1 *spirit still*, 6 *Lomond stills*, 1 *Coffey still*

Eine Brennerei mit einem sehr ungewöhnlichen Aufbau. Zudem gibt es eine Grain-Whisky-Brennerei mit einem Fassungsvermögen von 18 Millionen Litern. Das Sortiment ist groß und in drei Marken unterteilt: *Loch Lomond*, *Inchmurrin* und *Inchmoan*.

Ncn'ean

2017 • Ncn'ean Distillery Ltd • 100.000 Liter

1 Maischbottich, 4 Gärbottiche aus Edelstahl, 1 *wash still*, 1 *spirit still*

Die Brennerei befindet sich auf dem Anwesen von Drimnin Estate mit Blick auf die Isle of Mull. Inhaberin ist Annabel Thomas, eine ehemalige Unternehmensberaterin aus London. Die Abfüllung des ersten Whiskys ist für das Frühjahr 2020 geplant.

Tobermory

1798 • Distell International • 1 Million Liter

1 Maischbottich, 4 Gärbottiche aus Holz, 2 *wash stills*, 2 *spirit stills*

Die einzige Brennerei auf der Isle of Mull, bekannt für die Herstellung von zwei sehr unterschiedlichen Whiskytypen – *Tobermory* ohne Raucharoma und der sehr rauchige *Ledaig*.

Torabhaig

2016 • Mossburn Distillers • 500.000 Liter

1 Maischbottich, 8 Gärbottiche aus Holz, 1 *wash still*, 1 *spirit still*

Eine von zwei Brennereien auf der Insel Skye (neben Talisker). Produziert einen stark rauchigen Whisky (30 ppm). Die Eigentümer planen eine weitere Brennerei in The Borders in Südschottland.

SÜDLICHE HIGHLANDS

Blair Athol

1798 • Diageo • 2,8 Millionen Liter

1 Maischbottich, 6 Gärbottiche aus Edelstahl, 2 *wash stills*, 2 *spirit stills*

Mit ihrer perfekten Lage an der A9 zwischen Edinburgh und Inverness zieht die Brennerei jährlich 70.000 Besucher an. Der größte Teil der Produktion wird für *Bells Blend* verwendet, und die einzige offizielle Abfüllung ist ein 12-Jähriger.

Glenturret

1775 • The Edrington Group • 340.000 Liter

1 Maischbottich, 8 Gärbottiche aus Holz, 1 *wash still*, 1 *spirit still*

Schottlands älteste Brennerei mit einem Besucherzentrum, das sich auf Famous-Grouse-Produkte konzentriert. In den letzten Jahren haben die Single Malts etwas mehr Aufmerksamkeit bekommen, und das Sortiment besteht nun aus drei Abfüllungen ohne Altersangabe sowie einem 10-Jährigen.

Strathearn

2013 • Tony Reeman-Clark • 30.000 Liter

1 Maischbottich, 2 Gärbottiche aus Edelstahl, 1 *wash still*, 1 *spirit still*

Extrem kleine Brennerei mit einem experimentierfreudigen Besitzer, der gerne bestehende Normen in Frage stellt. Bisher war Gin der Verkaufsschlager. Der erste Whisky (3 Jahre) wurde Ende 2016 auf den Markt gebracht.

SPEYSIDE

All-a-Bhainne

1975 • Chivas Brothers • 4,2 Millionen Liter

1 Maischbottich, 8 Gärbottiche aus Edelstahl, 2 *wash stills*, 2 *spirit stills*

Die erste offizielle Abfüllung erschien erst im Juli 2018 – der Rest der Produktion wird für Blends verwendet, unter anderem für *100 Pipers*.

Auchroisk

1974 • Diageo • 5,9 Millionen Liter

1 Maischbottich, 8 Gärbottiche aus Edelstahl, 4 *wash stills*, 4 *spirit stills*

Wird fast ausschließlich in Blends verwendet, nur ein 10-Jähriger wird als Single Malt abgefüllt. Die Brennerei war eine Zeitlang die Backup-Anlage für die Produktion von Gordon's Gin, wurde aber nie dafür genutzt.

Aultmore

1896 • John Dewar & Sons • 3,2 Millionen Liter

1 Maischbottich, 6 Gärbottiche aus Holz, 2 *wash stills*, 2 *spirit stills*

Eine recht anonyme Brennerei, die dem Whisky-Publikum erst bekannt wurde, als die Eigentümer 2014 drei Abfüllungen (12, 18 und 25 Jahre) herausbrachten.

Ballindalloch

2014 • Macpherson-Grant • 100.000 Liter

1 Maischbottich, 4 Gärbottiche aus Holz, 1 *wash still*, 1 *spirit still*, *worm tub*

Gründer und Inhaber sind die Macpherson-Grants vom nahe gelegenen Ballindalloch Castle. Nennt sich selbst manchmal eine *Single Estate Distillery*, da die gesamte Gerste auf dem eigenen Land angebaut wird.

Balmenach

1824 • Inver House • 2,8 Millionen Liter

1 Maischbottich, 6 Gärbottiche aus Holz, 3 *wash stills*, 3 *spirit stills*, *worm tubs*

Die einzige der fünf Destillerien der Besitzer, die keine offizielle Abfüllung hat. Seit fast zehn Jahren wird hier auch ein Gin namens *Caorunn* hergestellt.

Benrinnes

1826 • Diageo • 3,5 Millionen Liter

1 Maischbottich, 8 Gärbottiche aus Holz, 2 *wash stills*, 4 *spirit stills*, *worm tubs*

Fast alles wird für Blends verwendet. Die einzige offizielle Abfüllung ist ein 15-Jähriger, der in seinem Stil *Dailuaine* und dem „alten" *Mortlach* ähnelt.

Braeval

1973 • Chivas Brothers • 4,2 Millionen Liter

1 Maischbottich, 13 Gärbottiche aus Edelstahl, 2 *wash stills*, 4 *spirit stills*

Von Seagrams zur gleichen Zeit erbaut wie Allt-a-Bhainne, um Malt für Blends herzustellen, der hier bis heute gebrannt wird. Die einzige offizielle Abfüllung erhält man im Chivas-Besucherzentrum.

Cardhu

1824 • Diageo • 3,4 Millionen Liter

1 Maischbottich, 8 Gärbottiche aus Holz und 2 aus Edelstahl, 3 *wash stills*, 3 *spirit stills*

Der erste Single Malt, den Diageo weltweit auf den Markt brachte (Mitte der 1960er-Jahre). Wurde sehr beliebt in Spanien und Frankreich. Das Sortiment besteht aus zwei Abfüllungen ohne Altersangabe sowie aus 12-, 15- und 18-Jährigen.

Cragganmore

1869 • Diageo • 2,2 Millionen Liter

1 Maischbottich, 6 Gärbottiche aus Holz, 2 *wash stills*, 2 *spirit stills*

Einer der originalen sechs *The Classic Malts*. Wird hauptsächlich für den Blend *Old Parr* verwendet, der in Lateinamerika verkauft wird. Wird auch als 12-Jähriger und Distiller's Edition (mit Portwein-Finish) abgefüllt.

Craigellachie

1891 • John Dewar & Sons • 4,1 Millionen Liter

1 Maischbottich, 8 Gärbottiche aus Holz, 2 *wash stills*, 2 *spirit stills*

Gegründet von Peter Mackie, um Malt für seinen beliebten Blend *White Horse* herzustellen. Heute finden wir ihn auch in *Dewars White Label* und *William Lawson*. Seit einigen Jahren gibt es ihn auch als Single Malt – als 13-, 17- und 23-Jährigen.

Dailuaine

1852 • Diageo • 5,2 Millionen Liter

1 Maischbottich, 8 Gärbottiche aus Holz und 2 aus Edelstahl, 3 *wash still*s, 3 *spirit stills*

Eine große und recht anonyme Brennerei. Hier gibt es auch eine große Anlage, die Abfallprodukte aus der Produktion in Tierfutter umwandelt. Einzige offizielle Abfüllung ist ein 16-Jähriger.

Dalmunach

2015 • Chivas Brothers • 10 Millionen Liter

1 Maischbottich, 16 Gärbottiche aus Edelstahl, 4 *wash still*s, 4 *spirit stills*

Eine beeindruckende, spannende und wunderschöne Brennerei, die vor kurzem an der Stelle errichtet wurde, an der Imperial seit 1897 gestanden hatte. Die gesamte Produktion soll für Blended Whisky verwendet werden.

Dufftown

1896 • Diageo • 6 Millionen Liter

1 Maischbottich, 12 Gärbottiche aus Edelstahl, 3 *wash still*s, 3 *spirit stills*

Eine von sechs Brennereien in Dufftown. Fokus liegt auf Malt für Blends. Seit 2006 ist Dufftown einer von drei Single Malts, die Teil der Marke *The Singleton* sind. Das Sortiment umfasst 12-, 15- und 18-Jährige sowie *Tailfire*, *Sunray* und *Spey Cascade*.

Glenallachie

1967 • The Glenallachie Consortium • 4 Millionen Liter

1 Maischbottich, 8 Gärbottiche aus Edelstahl, 2 *wash still*s, 2 *spirit stills*

Eine ziemlich junge Brennerei, die von Chivas Brothers hauptsächlich zur Herstellung von Malt Whisky für Blends genutzt wird. Sie wurde 2017 von Billy Walker von BenRiach gekauft und hat kürzlich drei Single Malts auf den Markt gebracht.

Glenburgie

1810 • Chivas Brothers • 4,2 Millionen Liter

1 Maischbottich, 12 Gärbottiche aus Edelstahl, 3 *wash still*s, 3 *spirit stills*

Die derzeitigen Gebäude stammen aus dem Jahr 2004 und die Brennerei stellt hauptsächlich Malt Whisky für Ballantine's Blend her. Kürzlich wurde eine 15-jährige Abfüllung herausgebracht.

Glendullan

1897 • Diageo • 5 Millionen Liter

1 Maischbottich, 8 Gärbottiche aus Holz und 2 aus Edelstahl, 3 *wash still*s, 3 *spirit stills*

Die derzeitige Brennerei wurde 1972 gebaut. Die alte wird von Diageos Ingenieurteam genutzt. Produziert Malt für Blends, ist aber auch einer von drei Single Malts der *The-Singleton-Serie*. Das Sortiment umfasst 12-, 15- und 18-Jährige sowie ein paar Duty-free-Versionen.

Glen Elgin

1898 • Diageo • 2,7 Millionen Liter

1 Maischbottich, 9 Gärbottiche aus Holz, 3 *wash stills*, 3 *spirit stills*, *worm tubs*

Wird seit den 1970er-Jahren von den Eigentümern abgefüllt. Wurde in den frühen 2000ern einer der vier *Hidden Malts*. Heute wird nur ein 12-Jähriger als offizielle Variante verkauft. Wichtiger Bestandteil von *White Horse*.

Glen Keith

1957 • Chivas Brothers • 5,8 Millionen Liter

1 Maischbottich, 6 Gärbottiche aus Edelstahl und 9 aus Holz, 3 *wash stills*, 3 *spirit stills*

Lange Zeit als Versuchsanlage eingesetzt (Dreifachdestillation, Malt-Destillation in *column stills* etc.). War 14 Jahre lang geschlossen, wurde aber 2014 wiedereröffnet. Keine regulären offiziellen Abfüllungen.

Glenlossie

1876 • Diageo • 3,7 Millionen Liter

1 Maischbottich, 8 Gärbottiche aus Holz, 3 *wash stills*, 3 *spirit stills*

Eine Brennerei, die seit jeher dafür vorgesehen war, Malt für Blends herzustellen, insbesondere für Haig und Dimple. Wie bei allen Diageo-eigenen Brennereien gibt es eine offizielle Abfüllung – 10 Jahre.

Glenrothes

1878 • The Edrington Group • 5,6 Millionen Liter

1 Maischbottich, 12 Gärbottiche aus Holz und 8 aus Edelstahl, 5 *wash stills*, 5 *spirit stills*

Die Brennerei ist seit langem im Besitz von Edrington/Highland Distillers. Die Marke wurde zeitweise von Berry Brothers geführt. Bekannt dafür, dass ihr Sortiment auf Vintages basiert, ist sie jedoch kürzlich auf Whisky umgestiegen, dessen Alter auf dem Etikett angegeben ist.

Glen Spey

1878 • Diageo • 1,5 Millionen Liter

1 Maischbottich, 8 Gärbottiche aus Edelstahl, 2 *wash stills*, 2 *spirit stills*

Eine der anonymsten Brennereien in Schottland. Meist enthalten in *J&B* und *Spey Royal*. Ein 12-Jähriger ist als offizielle Abfüllung erhältlich.

Glentauchers

1897 • Chivas Brothers • 4,2 Millionen Liter

1 Maischbottich, 6 Gärbottiche aus Holz, 3 *wash stills*, 3 *spirit stills*

Hat die manuellen Produktionsmethoden bewusst beibehalten. Dorthin schicken Brennereieigentümer ihre angehenden Manager, um praktische Erfahrungen zu machen. Kürzlich wurde ein 15-Jähriger vorgestellt, ansonsten ist Glentauchers ein wichtiger Bestandteil von Ballantine's.

Inchgower

1871 • Diageo • 3,2 Millionen Liter

1 Maischbottich, 6 Gärbottiche aus Holz, 2 *wash still*s, 2 *spirit stills*

Ist mit seinem robusten Stil der charakteristische Malt in Bells Blend. Die einzige offizielle Abfüllung ist ein 14-Jähriger.

Kininvie

1990 • William Grant & Sons • 4,8 Millionen Liter

1 Maischbottich, 10 Gärbottiche aus Holz, 3 *wash still*s, 6 *spirit stills*

Die Destillerie selbst besteht eigentlich nur aus einem Brennhaus, das direkt neben Balvenie liegt. Die übrige Ausstattung befindet sich in den Balvenie-Gebäuden. Die Produktion wird für Blends verwendet. Vor ein paar Jahren erschienen die ersten offiziellen Abfüllungen – ein 23-Jähriger und (für Duty-free-Shops) ein 17-Jähriger.

Knockando

1898 • Diageo • 1,4 Millionen Liter

1 Maischbottich, 8 Gärbottiche aus Holz, 2 *wash still*s, 2 *spirit stills*

Wichtiger Malt für J&B-Blends, der aber seit langem auch als Single Malt beliebt ist, insbesondere in Frankreich und Spanien. Das Sortiment umfasst 12-, 15-, 18- und 21-Jährige.

Linkwood

1821 • Diageo • 5,6 Millionen Liter

1 Maischbottich, 11 Gärbottiche aus Holz, 3 *wash still*s, 3 *spirit stills*

Linkwood genoss unter Blendern immer einen guten Ruf und ist nach einigen Erweiterungen in den letzten Jahren heute eine der größeren von Diageo. Das meiste fließt in Blends, aber es gibt einen offiziellen 12-Jährigen.

Longmorn

1894 • Chivas Brothers • 4,5 Millionen Liter

1 Maischbottich, 10 Gärbottiche aus Edelstahl, 4 *wash stills*, 4 *spirit stills*

Lebte lange Zeit im Schatten von Glenlivet und Aberlour, verfügt jetzt aber über ein Sortiment mit *The Distiller's Choice* (ohne Altersangabe), einem 16- und einem 23-Jährigen.

Mannochmore

1971 • Diageo • 6 Millionen Liter

1 Maischbottich, 8 Gärbottiche aus Holz und 8 aus Edelstahl, 4 *wash still*s, 4 *spirit stills*

Die jüngere von zwei Schwesterbrennereien (Glenlossie ist die andere). Sehr wenig wird als Single Malt verkauft (ein 12-Jähriger ist die einzige offizielle Abfüllung), der Großteil wir für Blends verwendet.

Miltonduff

1824 • Chivas Brothers • 5,8 Millionen Liter

1 Maischbottich, 16 Gärbottiche aus Edelstahl, 3 *wash stills*, 3 *spirit stills*

Fast die gesamte Produktion geht an Ballantine's, aber vor knapp einem Jahr haben die Eigentümer einen 15-jährigen Single Malt herausgebracht.

Mortlach

1823 • Diageo • 3,8 Millionen Liter

1 Maischbottich, 6 Gärbottiche aus Holz, 3 *wash stills*, 3 *spirit stills, worm tubs*

Wird für *Johnnie Walker Black Label* verwendet und wurde 2014 zusätzlich als Single Malt in vier Versionen neu aufgelegt: *Rare Old* (ohne Altersangabe), 18- und 25-Jährige sowie *Special Strength* (für Duty-free-Shops).

Roseisle

2009 • Diageo • 12,5 Millionen Liter

2 Maischbottiche, 14 Gärbottiche aus Edelstahl, 7 *wash stills*, 7 *spirit stills*

Die größte Malt-Brennerei von Diageo wurde an einem Standort errichtet, an dem bereits eine große Mälzerei existierte. Die gesamte Produktion wird für Blends verwendet. Der Hauptstil ist ein leichter Speyside.

Speyburn

1897 • Inver House • 4,5 Millionen Liter

1 Maischbottich, 4 Gärbottiche aus Holz und 15 aus Edelstahl, 1 *wash still*, 2 *spirit stills, worm tubs*

Ein Single Malt, dessen größter Markt die USA sind. In den letzten Jahren wurde das Sortiment erweitert und besteht aus *Bradan Orach*, 10- und 15-Jährigen. Darüber hinaus gibt es *Arranta* und *Companion* für die USA sowie *Hopkins Reserve* und *Traveller* für den Duty-free-Verkauf.

Speyside

1976 • Speyside Distillers • 600.000 Liter

1 Maischbottich, 4 Gärbottiche aus Edelstahl, 1 *wash still*, 1 *spirit still*

Der Bau der Brennerei begann 1962 und wurde erst 28 Jahre später fertiggestellt. Die neuen Eigentümer haben das Sortiment seit 2012 erheblich erweitert. Großer Markt in Asien.

Strathmill

1891 • Diageo • 2,6 Millionen Liter

1 Maischbottich, 6 Gärbottiche aus Edelstahl, 2 *wash stills*, 2 *spirit stills*

Die einzige offizielle Abfüllung ist ein 12-Jähriger, der Rest wird für Blends verwendet, unter anderem J&B.

Tamdhu

1897 • Ian Macleod Distillers • 4 Millionen Liter

1 Maischbottich, 9 Gärbottiche aus Holz, 3 *wash stills*, 3 *spirit stills*

Existierte bisher eher im Schatten, bis die derzeitigen Eigentümer 2011 übernahmen. Das Sortiment besteht aktuell aus einem 10-Jährigen und einem *Batch Strength* ohne Altersangabe.

Tamnavulin

1966 • Whyte & Mackay • 4 Millionen Liter

1 Maischbottich, 9 Gärbottiche aus Edelstahl, 3 *wash stills*, 3 *spirit stills*

Gehört zu den unbekanntesten Brennereien in Schottland. Hauptsächlich Hersteller von Malt Whisky für Blends. Seit 2016 gibt es eine offizielle Abfüllung: *Double Cask*.

Tomintoul

1965 • Angus Dundee Distillers • 3,3 Millionen Liter

1 Maischbottich, 6 Gärbottiche aus Edelstahl, 2 *wash stills*, 2 *spirit stills*

Gleicher Besitzer wie Glencadam. Ein Single-Malt-Sortiment, das in den letzten Jahren massiv gewachsen ist. Gut zehn verschiedene Abfüllungen, darunter 10-, 14-, 16-, 21- und 25-Jährige sowie ein rauchiges Spezialsortiment namens *Old Ballantruan*.

Tormore

1958 • Chivas Brothers • 4,8 Millionen Liter

1 Maischbottich, 11 Gärbottiche aus Edelstahl, 4 *wash stills*, 4 *spirit stills*

Eine der auffälligsten Brennereien in Schottland mit einer außergewöhnlichen Architektur. 2014 wurden zwei offizielle Abfüllungen veröffentlicht, ein 14- und ein 16-Jähriger, die jedoch keine größere Verbreitung fanden.

ISLAY/JURA

Ardnahoe

2018 • Hunter Laing • 700.000 Liter

1 Maischbottich, 4 Gärbottiche aus Holz, 1 *wash still*, 1 *spirit still*, *worm tubs*

Die neunte Brennerei auf Islay befindet sich zwischen Bunnahabhain und Caol Ila und wurde im Sommer 2018 eröffnet. Der Eigentümer ist der unabhängige Abfüller Hunter Laing. Brennereimanager ist der legendäre Jim McEwan, der den neuen Bruichladdich erschuf.

Bunnahabhain

1881 • Distell International • 2,7 Millionen Liter

1 Maischbottich, 6 Gärbottiche aus Holz, 2 *wash stills*, 2 *spirit stills*

Dafür bekannt, sowohl rauchigen als auch nicht-rauchigen Whisky herzustellen. Das große Sortiment umfasst 12-, 18-, 25- und 40-Jährige sowie den rauchigen *Toiteach* und *Ceobanach*. Zudem gibt es eine Reihe limitierter Ausgaben und drei Duty-free-Versionen: *Cruch-Mhòna*, *Eirigh Na Greine* und *An Cladach*.

Caol Ila

1846 • Diageo • 6,5 Millionen Liter

1 Maischbottich, 8 Gärbottiche aus Holz und 2 aus Edelstahl, 3 *wash stills*, 3 *spirit stills*

Größte Brennerei auf Islay, die sich jahrelang ausschließlich auf Malt für Blends konzentrierte. Heute gibt es zudem eine gute Auswahl an offiziellen, rauchigen Single Malts: 12-, 18- und 25-Jährige sowie die *Distiller's Edition*, *Moch* und einen *Cask Strength*.

Kilchoman

2005 • Kilchoman Distillery Co. • 200.000 Liter

1 Maischbottich, 6 Gärbottiche aus Edelstahl, 1 *wash still*, 1 *spirit still*

Der Besitzer Anthony Wills mälzt einen Teil der verwendeten Gerste selbst und plant nun, die Brennerei auf die doppelte Größe zu erweitern. Das Sortiment umfasst *Machir Bay* und *Sanaig* sowie den Duty-free-Whisky *Saligo Bay*. Alle sind rauchig.

LOWLANDS

Aberargie

2017 • The Perth Distilling Company • 750.000 Liter

1 Maischbottich, 6 Gärbottiche aus Edelstahl, 1 *wash still*, 1 *spirit still*

Die Brennerei gehört Brian Morrison, dessen Vater einst Bowmore, Auchentoshan und Glen Garioch betrieb, und seinem Sohn Jamie. Sie sind auch unabhängige Abfüller, zu deren Marken Carn Mor gehört.

Ailsa Bay

2007 • William Grant & Sons • 12 Millionen Liter

1 Maischbottich, 12 Gärbottiche aus Edelstahl, 8 *wash stills*, 8 *spirit stills*

Eine der größten Malt-Brennereien Schottlands, die sich im selben Gebiet wie die größte Grain-Destillerie Girvan befindet. Die einzige offizielle Abfüllung ist der stark rauchige *Ailsa Bay*.

Anandale

2014 • Annandale Distillery Co. • 500.000 Liter

1 Maischbottich, 6 Gärbottiche aus Holz, 1 *wash stills*, 2 *spirit stills*

David Thomson und seine Frau Theresa restaurierten drei Jahre lang eine alte Brennerei von 1836. Die ersten Abfüllungen von sowohl rauchigen als auch nicht-rauchigen Single Malts sind für 2018 geplant.

Borders

2017 • The Three Stills Co. • 2 Millionen Liter

1 Maischbottich, 8 Gärbottiche aus Edelstahl, 2 *wash stills*, 2 *spirit stills*

Erste Whiskybrennerei seit 180 Jahren in The Borders, Teil des südlichen Schottlands. Neben einem klassischen, nicht-rauchigen Tiefland-Whisky wird hier auch Gin hergestellt.

Clydeside

2017 • Morrison Glasgow Distillers • 500.000 Liter

1 Maischbottich, 8 Gärbottiche aus Edelstahl, 1 *wash still*, 1 *spirit still*

Die Brennerei befindet sich in Glasgow, direkt am Fluss Clyde, in der Nähe der Queens Docks, von wo aus früher Whisky in die ganze Welt verschifft wurde. Ein klassischer Tiefland-Whisky. Besitzt auch ein hervorragendes Besucherzentrum

Daftmill

2005 • Francis Cuthbert • 65.000 Liter

1 Maischbottich, 2 Gärbottiche aus Edelstahl, 1 *wash still*, 1 *spirit still*

Die erste moderne Farmbrennerei in Schottland, in der Cuthbert selbstangebaute Gerste für die Produktion verwendet. Nach langem Warten wurden 2018 die ersten Abfüllungen lanciert.

Eden Mill

2014 • Paul Miller • 80.000 Liter

1 Maischbottich, 2 Gärbottiche aus Edelstahl, 2 *wash still*s, 1 *spirit still*

Die erste kombinierte Brauerei/Brennerei, die in Schottland eröffnet wurde. Eine umfassende Erweiterung ist geplant. Es sind bereits verschiedene Arten von Gin auf dem Markt, aber noch kein Whisky.

Glasgow

2015 • The Glasgow Distillery Co. • 270.000 Liter

1 Maischbottich, 7 Gärbottiche aus Edelstahl, 1 *wash still*, 1 *spirit still*

Die erste neue Malt-Brennerei in Glasgow seit über 100 Jahren. Sie liegt im Gewerbegebiet Hillington Business Park und hat bisher Wodka und Gin, aber keinen Whisky lanciert.

Inchdairnie

2015 • John Fergus & Co. • 2 Millionen Liter

1 Maischbottich, 4 Gärbottiche aus Edelstahl, 1 *wash still*, 1 *spirit still*, 1 *Lomond still*

Wird von Branchenveteran Ian Palmer betrieben, der gerne mit verschiedenen Arten von Hefe, Wintergerste und Dreifachdestillation experimentiert. Es werden zwei Whiskysorten hergestellt – eine für Blends und eine für die Abfüllung von Single Malts.

Lindores Abbey

2017 • The Lindores Distilling Co. • 150.000 Liter

1 Maischbottich, 4 Gärbottiche aus Holz, 1 *wash still*, 2 *spirit still*s

Besitzer Drew McKenzie Smith verwendet nur Gerste, die auf seinem eigenen Grundstück angebaut wurde. Der Whisky (dessen Veröffentlichung noch einige Jahre dauern wird) soll leicht und fruchtig sein.

Dank

Ein großes Dankeschön geht an die folgenden Personen, die auf verschiedene Weise zu diesem Buch beigetragen haben:

Beatriz Alarcan-Zlatkis, Laurie Aufschneider, Duncan Baldwin, Nathan Currie, Lucie Ellis, Daniel Gyhlenius, Andy Hannah, Jens Henricsson, Louise Leinoff, Eva Lenneman, Iain Macallister, Iain MacAskill, Des McCagherty, Paul Maclean, Christy MacFarlane, Dennis Malcolm, Tim Morrison, Sietse Offringa, Laura Roberts, Kirsty Saville, Alison Spowart, Steven Shand, Hugo Simberg, Thomas Sundblom, Jonas Tonell, Martina Talmet, Ruth Thomson und Emma Ware.

Ein besonderer Dank gilt meiner geduldigen (und stolzen) Familie, Pernilla und Alice, und unserem treuen Labrador Vilda, der mir an meinem Schreibtisch immer Gesellschaft geleistet hat.

Bildquellen
Bruichladdich 184, 185
Caithness Horizons Museum and Art Gallery 51
Chivas Brothers 156
Clydeside Distilling 203
Dennis Malcolm 152
Dewars 106
Diageo Archives 24, 26 vä, 31, 140, 212
Edrington 26 hö
Forsyths 151
Glenmorangie Co. 43, 44, 177, 178
Gordon & MacPhail 136, 159
Ian Gavan 166 vä
Ian Macleod 87 vä
Imperial War Museum 48, 104
J&G Grant 143
Laphroaig 198
Mark Power 166 hö
Paul Maclean 112
Scotch Malt Whisky Society 144
Shutterstock 3, 8, 11, 12, 13, 14, 15, 17, 19, 20, 22, 35, 39, 47, 52, 55, 56, 73, 74, 79, 80, 84, 87 hö, 91, 92, 95, 99, 100, 109, 110, 117, 139, 155, 160, 167, 180 vä, 181, 194, 197, 204, 207, 215
Spritmuseum, Klas-Göran Tinbäck 208
SWA 6–7, 30 hö
Sören Solkaer 46
The Whisky Lounge 30 vä
Tim Morrison 182
United States Library of Congress 114
Whiskies of Scotland 65
Wm Cadenhead 96
Wm Grant & Sons 127, 128 hö, 146 hö, 147, 148

Register